中共北京市委党校、北京行政学院
学术文库系列丛书

青年学术丛书·经济

YOUTH ACADEMIC SERIES-ECONOMY

企业异质性与中国出口省际失衡研究

马相东 著

人民出版社

策划编辑:郑海燕
封面设计:肖　辉
责任校对:张杰利

图书在版编目(CIP)数据

企业异质性与中国出口省际失衡研究/马相东 著.-北京:人民出版社,2012.3
ISBN 978-7-01-010693-9

Ⅰ.①企…　Ⅱ.①马…　Ⅲ.①企业经济-影响-出口贸易-研究-中国
　Ⅳ.①F752.62

中国版本图书馆 CIP 数据核字(2012)第 031879 号

企业异质性与中国出口省际失衡研究
QIYE YIZHIXING YU ZHONGGUO CHUKOU SHENGJI SHIHENG YANJIU

马相东　著

人民出版社 出版发行
(100706　北京朝阳门内大街166号)

北京新魏印刷厂印刷　新华书店经销

2012年3月第1版　2012年3月北京第1次印刷
开本:710毫米×1000毫米 1/16　印张:12.25
字数:220千字

ISBN 978-7-01-010693-9　定价:30.00元

邮购地址 100706　北京朝阳门内大街166号
人民东方图书销售中心　电话 (010)65250042　65289539

序　言

马相东博士基于其博士论文修改整理而成的学术专著《企业异质性与中国出口省际失衡研究》就要出版了。付梓前，作者嘱我写一篇序言。无论是作为马博士的博士论文指导老师，还是作为多年的学术研究合作者，抑或作为交往密切的朋友，我都是责无旁贷的。因此，虽然俗务繁忙，近年的研究工作也没有专注于这一主题，说不上有多少见解，我还是欣然应允。以此小文复命交差。

马博士的大作，论题是很专深、很前沿的学术问题，实非外行所能说三道四。不过，如果了解和熟悉国际贸易理论的发展脉络，对中国经济特别是对外经济发展及问题有所关注，会发现，本书的主题又是非常熟悉、非常清晰、非常现实的。这种既理论又现实的题目，使本书不仅在理论上具有跟踪前沿、除旧布新的意义，在实践上也可以对中国对外贸易发展及问题提供一个新的分析视角和新的解释。

众所周知，国际贸易理论以李嘉图的比较优势原理和赫克歇尔—俄林原理、克鲁格曼的新贸易理论，以及克鲁格曼—赫尔普曼的联合贸易模型为几个主要里程碑。沿着这几种主要的贸易模型，经济学家对国际贸易起源与贸易结构的研究不断深入，从最初的绝对优势到相对优势、自然禀赋，再到产业优势与产业内贸易，研究视角层层递进，如抽丝剥茧般不断深入到贸易发生和结构状况的深层因素。不过，直到20世纪末期的克鲁格曼—赫尔普曼模型，仍然是在宏观的国家层面与中观的产业层面研究问题，而没有深入到微观的企业层面，未能从企业角度分析国际贸易的形成与贸易结构特征。这不能不说是一个遗憾。因为，国际贸易进出口，虽然表现为两国之间的交易，但毕竟是由一个个生产经营主体（企业）来完成的。是否开展国际贸易以及如何进出口，都是企业从自身利益最大化角度出发自主选择的结果。因此，谈论国际贸易问题,特别是具体的贸易结构、水平等问题,如果离开了对企业的分析,总有些隔靴搔痒的感觉。

20世纪末和21世纪初兴起的企业异质性贸易理论,就是对上述理论研究不尽如人意状况的一种反应,是填补空白的开创性工作。其意义应当从整个国际贸易理论发展与不断深化这一高度来看待。企业异质性贸易理论的提出者强调,既往国际贸易理论忽略企业与企业间现实存在的巨大差异,假设企业都是同质的,这些假设都与现实不符,基于这种假设对企业开展进出口活动的解释也似是而非、语焉不详。实际上,理论分析和实证研究都表明,企业是异质的,企业之间在规模、劳动生产率、人力资本、资本密集度、所有权性质乃至历史等方面都存在显著差异,这些差异与企业是否参与对外贸易进出口以及对外直接投资等国际经营活动都存在密切联系。一个行业或者一个地区内企业的状况,最终决定着该行业或地区的贸易模式、贸易结构、贸易深度以及贸易的福利效应等等。因此,从企业异质性角度深入研究和解析国际贸易的发展状况,代表了当前国际贸易理论发展的新趋势和最前沿。

这一国际贸易新理论和新视角,已经在近年来介绍到我国,一些研究者也开始进行相关研究。不过,总体上说,我国学术界对于这一理论的研究,特别是以这一新理论分析和解释中国对外贸易的发展,无论从数量还是从质量上都很不够。从这个意义上看,马相东博士的新著问世,将在很大程度上弥补国内相关研究的不足。

在我看来,马博士的这部著作,主要有两方面贡献。

其一,系统介绍、论述了异质性企业贸易模型的思想,从国际贸易理论发展的角度,阐述了异质性企业贸易模型的意义,对该理论做了简要而中肯的评论。这对于国内读者更充分地了解该理论具有很大帮助。

其二,更重要的是,本书结合中国企业发展的现实,对中国企业的异质性特征进行了研究,并运用异质性企业贸易理论的思想,通过严格的经济学实证方法,对中国省际出口失衡的现实做出新的解释。这种解释,尽管还有许多不完善之处,有些结论或仍需研究和探讨,但这种研究成果的出现,无疑具有创新的意义。

特别难能可贵的是,本书在采用国外新思想研究中国问题时,没有拘泥于既有观点,而是结合中国现实对其做出完善和补充。比如,作者指出,中国企业的异质性,既有各国通常共有的如资本密集差异、人力资本差异、规模差异、劳动生产率差异等等因素,还有国外不多见的行政垄断性差异、政策差异等重要因素。如果在研究中国问题时不考虑这些中国特有的因素,对问题的解释就很可能模糊不清,甚至南辕北辙。

总而言之,我认为这是一部具有学术价值和应用价值的著作,值得学术界和政策研究者参考。当然,本书是马博士的第一部学术专著,这样那样的缺点、纰漏甚至错误恐都在所难免。研究结论是否站得住脚,具有多大的可靠性也需要实践经验。我希望本书的问世能够引起学术界的兴趣,吸引更多人开展相关问题的研究。我也希望马相东博士能够以此为起点,继续已经开始的研究工作,有更多、更好的研究成果奉献给社会。

王跃生

2011年孟春于北京大学

目 录

序 言 ··· 1

第一章 导 言 ··· 1
第一节 问题的提出 ·· 1
第二节 结构安排和主要内容 ·· 4
第三节 研究方法、主要贡献与不足 ································· 6

第二章 异质性企业贸易理论:研究述评与展望 ······················ 8
第一节 新、"老"国际贸易理论的简要点评 ······················· 8
第二节 异质性企业贸易理论早期研究述评 ······················ 10
第三节 异质性企业贸易理论的最新扩展 ························· 28
第四节 简评及研究展望 ··· 32

第三章 中国企业异质性:以中国企业500强为例 ···················· 34
第一节 问题的提出和文献综述 ······································ 34
第二节 中国国内同产业企业的异质性分析 ····················· 36
第三节 中国与发达国家同产业企业的异质性比较 ············ 45
第四节 中国国内出口企业与一般企业异质性分析 ············ 53
第五节 小 结 ··· 58

第四章 中国出口省际失衡:1978~2010年 ····························· 83
第一节 问题的提出和文献综述 ······································ 83
第二节 中国出口的三大主要成就 ··································· 89
第三节 中国出口省际失衡问题及其影响 ························ 106
第四节 中国出口省际失衡的决定因素 ··························· 125
第五节 小 结 ·· 138

第五章　企业异质性与中国出口省际失衡：基于 1997~2010 年省级面板数据的经验分析 ……… 140
　第一节　问题的提出和文献综述 ……………………… 140
　第二节　模型设定和数据说明 ………………………… 142
　第三节　模型检验与选择 ……………………………… 144
　第四节　计量结果与比较分析 ………………………… 150
　第五节　小　结 ………………………………………… 155
第六章　总结和政策建议 ………………………………… 158
　第一节　全书基本思想和研究结论 …………………… 158
　第二节　未来中国出口省际地区结构调整的方向和重点 …… 159

参考文献 …………………………………………………… 162
后　记 ……………………………………………………… 188

第一章 导 言

第一节 问题的提出

贸易模式(Trade Patterns)一直是经济学领域争论的关键问题之一,迄今为止,国际贸易研究领域仅有的两位诺贝尔经济学奖得主贝蒂·俄林(Bertil G. Ohlin)和保罗·克鲁格曼(Paul R. Krugman)获奖的主要原因都与其对贸易模式的开创性研究有关[①]。贸易结构(Trade Structure)的分析实际上就是对贸易模式的分析,这是国际贸易理论研究和经验分析中延续最久的重要领域之一。其中,贸易结构的决定因素问题则是这一领域中的核心问题之一。技术差异和要素禀赋、规模经济和垄断竞争、产品差异和需求多样性等都是用于描述贸易结构决定因素的关键词。与上述关键词相对应,李嘉图(Ricardo)比较优势理论和赫克歇尔—俄林定理(Heckscher—Ohlin Theorem,简称H—O定理)等传统贸易理论、克鲁格曼新贸易理论,以及赫尔普曼(Helpman)和克鲁格曼的联合贸易模型(Integrated Model,简称H—K模型)则是19世纪初期至20世纪末期近200年间,有关贸易模式和贸易结构研究的三种最具代表性和最有影响力的国际贸易理论。

无论是李嘉图模型、H—O模型等传统贸易理论,还是克鲁格曼模型等新贸易理论,以及H—K模型,都假定企业具有同质性(representative)。尽管这一假定便利研究,却与现实国际贸易活动中所观察到的同产业内部各企业之

[①] 国际贸易研究领域的两次诺贝尔经济学奖分别为:第一次于1977年授予瑞典经济学家贝蒂·俄林(Bertil G. Ohlin)和英国经济学家詹姆斯·米德(James E. Meade),以表彰他们对国际贸易理论和国际资本流动所做的开创性研究;第二次于2008年授予美国普林斯顿大学保罗·克鲁格曼(Paul R. Krugman)教授,以表彰"他在分析贸易模式和经济活动的区位等方面"所做出的开拓性贡献。详情参见http://nobelprize.org/nobel_prizes/economics/laureates/。

间在企业规模、劳动生产率和工资水平、资本和技术密集程度等诸多多样性现象并不相符。同时,上述这些理论模型对诸如贸易自由化通过资源重新配置促进产业劳动生产率水平的提高等其他的一些特征事实,也难以解释。

20世纪90年代中期以来,大量基于企业生产和贸易层面数据的微观经验研究发现,不同发展水平国家的同产业内部各企业相互之间在企业规模、劳动生产率水平等各方面特征上存在着显著的异质性。例如,Bernard,Eaton,Jenson和Kortum(简称BEJK,2003)发现,1992年美国所有制造业企业中,企业规模(以企业的营业收入衡量)的标准偏差是167%、劳动生产率(以每工人所创造的增加值衡量)的标准偏差是75%;Wagner(2007)则认为,从实证的角度,除了企业规模和劳动生产率等差异之外,企业的异质性还应体现在企业历史、人力资本、资本密集度和所有权性质等各个方面。

与此同时,企业的异质性也与企业参与诸如出口、进口中间产品或对外直接投资(FDI)等国际交易活动的企业决策息息相关。一些研究发现,出口企业并非所有企业的随机样本,能够从事出口或FDI等国际交易活动的企业只是同产业企业中的一小部分;而且,较之同一产业中那些不从事国际交易活动的同类企业,这些从事国际交易活动企业的规模相对更大、劳动生产率水平相对更高。[1] 如Bernard和Jensen(1995)针对美国企业的研究发现,同一产业内的出口企业与非出口企业也差异显著:较之后者,前者表现出企业规模更大、劳动生产率和工资水平更高以及技术和资本更为密集等各种显著差异性特征。Bernard,Jensen,Redding和Schott(简称BJRS,2007)发现,2000年美国550万家企业中,只有4%的企业从事出口,而在这些出口企业中,仅前10%大企业的出口额就占了总出口额的96%。

更为重要的是,这些异质性对贸易模式和贸易结构、贸易福利所得和收入分配等各方面产生着重要的影响。由此,国际贸易理论和实证研究重点,由传统研究的国家和产业等宏观层面日渐转入到企业和产品等微观层面,企业异质性对贸易模式和贸易结构的影响问题成为21世纪以来国际贸易理论和实证研究的最前沿课题和最热门话题之一。其中,企业异质性对贸易的广度边

---

[1]对很多国家来说,这种模式既表现在企业层面,也体现在工厂层面,本书主要集中考察出口企业和非出口企业之间的异质性,尽管在跨国公司和从外国供应商进口中间产品的企业之间也存在相似的差异。

际和深度边际的影响成为最近几年国际贸易研究的重点关注问题。

另外,中国作为全球最大的发展中国家,自1978年改革开放三十多年以来,经济发展取得举世瞩目成就的同时,对外贸易也发展迅猛。根据中国国家统计局数据,中国货物进出口1978~2011年期间年均增长18.2%、2011年达到36420.6亿美元。其中,货物出口1978~2011年期间年均增长18.3%、2011年达到18986.0亿美元,其世界地位从1978年的全球第26提升到2009年的全球第一,2010年和2011年继续保持全球货物出口第一大国位置。随着对外贸易总量的不断增加,中国的进出口贸易结构,尤其是出口贸易结构及其决定因素问题,也成为国内外学者关注的热点问题之一。

尽管中国对外贸易发展迅猛,但是,从1978~2011年的贸易统计数据中,我们可以发现,中国出口的贸易结构,无论是在出口企业经营所在地省际地区结构和出口目的国国际地区结构方面,还是服务贸易与货物贸易结构和内外资结构以及国际收支结构等各方面,都存在一些问题。其中,省际地区结构失衡问题尤为突出:从出口企业经营地所在省份看,主要集中在东南沿海地区十省份,如1985~2011年期间,该地区十个省份的货物出口额占全国货物出口总额的比重年均高达83.9%;从出口企业经营地所在城市看,主要集中在4个经济特区和14个沿海开放城市,如1985~2011年期间,这18个城市,从城市数量占比上看,仅占全国287个地级及以上城市的6.6%,但其货物出口额占全国货物出口总额的比重年均却达到40.9%,其中,4个经济特区城市,城市数量全国占比虽然只有1.4%,但货物出口全国占比却高达15.9%。中国货物出口的省际地区结构失衡或过度集中在东南沿海地区十省份,在一定程度上导致或者说加深了中国各省份之间,以及东部、中部和西部各地区之间的经济差距。那么,有哪些因素造成这种失衡呢?

目前,国内外有较多的文献研究了中国出口贸易结构变化的决定因素。然而,现有文献中,中国企业的异质性问题没有被引起足够的关注,关于这方面研究的文献并不多;从企业异质性角度来研究中国各省份出口贸易的深度边际和省际失衡问题的文献则更少。

事实上,中国各行业内部,无论是国内各企业之间,还是与发达国家企业相比,在企业规模、劳动生产率水平、资本密集程度和所有权性质等各个方面都存在着明显的异质性。不仅如此,较之发达国家企业,中国企业除在企业规模和劳动生产率水平等方面存在较大差异之外,还在国有垄断性和吸引FDI

等两方面具有较为显著的特性。那么,企业的这些异质性特征对中国的对外贸易结构等问题会产生怎么样的影响呢?同时,由于中国企业国有垄断性和吸引 FDI 等异质性特性的存在,这种影响是否也会与发达国家企业异质性对国际贸易的影响有所不同呢?为此,本书在国内外已有研究的基础上,运用国际上较为先进和流行的方法,试图对这些问题进行有益的探索。

第二节 结构安排和主要内容

本书除第一章导言、第六章总结和政策建议之外,主体部分由四篇相对独立的学术论文组成,围绕企业异质性和中国出口省际失衡主题,分别从理论研究述评与展望、数据统计与分析以及模型设定与实证检验等方面对异质性企业贸易理论、中国企业异质性、中国出口省际失衡以及企业异质性与中国出口省际失衡等四个方面进行了比较深入的研究和分析,相互之间又具有一定的内在逻辑联系,其基本框架和主要内容如下。

第一章是"导言",简单介绍问题提出的背景和意义、著作结构安排和主要内容,以及研究方法、主要贡献和不足等。研究方法主要包括数据统计与分析、模型设计和计量检验等现代经济学分析方法。

第二章是"异质性企业贸易理论:研究述评与展望",其主要结构和基本内容如下。第一节,对 19 世纪初期至 20 世纪末期近 200 年间,有关贸易模式和贸易结构研究的三种最具代表性和最有影响力的国际贸易理论,即李嘉图比较优势理论和 H—O 定理等传统贸易理论、克鲁格曼新贸易理论以及 H—K 模型等贸易理论和模型,进行简要回顾和点评。第二节,从企业异质性的经验发现和相关理论模型两方面,考察 21 世纪以来贸易模式与国际贸易理论研究领域方面最为前沿的异质性企业贸易理论的相关研究,并对其进行简要的述评,其中,重点分析 Melitz(2003)模型,在此基础上对其扩展模型进行梳理和述评。第三节,从理论研究和实证检验两方面考察异质性企业贸易理论的最新进展和扩展。第四节,对异质性企业贸易理论的最新研究进展做一个简要评述并对其未来研究方向和前景做一个初略展望。本章节为全书的研究和分析奠定理论基础。

第三章是"中国企业异质性:以中国企业 500 强为例",其大体结构和主要内容如下。第一节,问题的提出和文献综述。第二节,中国国内同行业各企业相互之间的异质性分析,分别以2002~2010年中国企业500强中入围的钢铁制造业和烟草加工业企业为考察对象,分析中国企业的规模、劳动生产率水平、资本和技术密集程度等各方面的异质性。第三节,中国企业与发达国家同行业各企业相互之间的异质性比较分析,以2002~2010年中国企业500强和世界企业500强为例,在简要分析汽车、石油、钢铁、贸易和电子等十个行业内部中国企业和发达国家企业在规模和劳动生产率水平方面的差距之后,重点考察中国企业国有垄断性和吸引FDI等两方面的特性。第四节,中国国内出口企业与一般企业异质性比较分析,以2005年和2010年中国进出口企业500强和出口企业200强与中国企业500强为例,考察中国出口企业与一般企业在规模、所有权性质和地域分布等方面的特性。最后,是该章节的小结。第三章主要为后文的分析和研究做铺垫。

第四章是"中国出口省际失衡:1978~2010年",其大体思路和主要内容如下。第一节,问题的提出和文献综述。第二节,总结改革开放三十多年来中国货物出口所取得的三大主要成就。一是出口规模不断扩大,国际地位持续提升,发展成为全球货物出口第一大国。二是对外开放不断提高,外汇储备持续增加,逐步成为全球外汇储备第一大国。三是商品结构不断优化,产品技术持续提升,稳步走向世界贸易强国。第三节,分析21世纪以来中国出口所面临的五大主要问题与挑战。在简要分析中国出口的国际市场结构失衡和贸易摩擦问题、服务贸易发展滞后和环境污染问题、过度依赖外资和外需与内需不足问题,以及国际收支双顺差与国民福利损失等四个问题之后,重点分析中国出口的省际失衡与地方经济发展的东西差距问题。中国出口省际失衡主要表现为,主要集中在东南沿海地区十个省份或4个经济特区和14个沿海开放城市;其主要影响是,在一定程度上导致或者说加深了中国各省份之间,以及东部、中部和西部各地区之间的经济差距。第四节,分别从企业异质性微观层面、商品运输方式行业中观层面和国家政策支持宏观层面等三个方面考察中国出口省际失衡的产生原因和影响因素。最后,是该章节的小结。本章节为第五章的经验分析和实证检验提供证据支持。

第五章是"企业异质性与中国出口省际失衡:基于1997~2010年省级面板数据的经验分析",其基本构思和主要内容是:第一节是问题的提出和文献综述;第二节是模型设定和数据说明;第三节是模型检验与选择;第四节是计量结果与比较分析;第五节是该章节的小结。该章节延续第四章的研究,采用

1997~2010年中国31个省份的面板数据,考察企业规模、劳动生产率和工资水平、资本和技术密集程度、所有权性质等企业异质性因素对中国各省份货物出口的深度边际和省际地区结构失衡的影响。计量结果发现:一方面,与现有研究相类似,企业规模、劳动生产率水平、工资水平以及所有权性质等四个因素对中国货物出口的深度边际和省际失衡的影响显著且为正相关,这既符合Melitz(2003)异质性企业贸易理论,也有力解释了本书第四章所述的中国出口省际失衡的相关特征事实;另一方面,与现有研究不同,中国出口企业的资本和技术(人力资本)密集程度对中国各省份出口贸易的深度边际影响并不显著,主要原因可以解释为,与发达国家不同,中国出口产品并非资本和技术密集型产品,而主要是劳动密集型产品。

第六章是"总结和政策建议",简要总结全书的基本思想和研究结论之后,提出一些具有一定参考价值的政策建议:一是着力提高中西部地区的企业劳动生产率和工资水平,从企业微观层面改善中国出口的省际失衡问题;二是大力发展航空运输和公路运输,从行业中观层面优化中国出口的省际地区结构;三是借鉴东部经验,发展外向型经济,从国家宏观政策层面上支持中西部内陆省份经济发展和外贸增长。

第三节 研究方法、主要贡献与不足

本书主体章节所采用的研究方法各有侧重。

第二章,重点是追踪当代国际贸易理论研究前沿和实证分析最新方法,掌握国内外学者,尤其是西方学者,研究的最新动态,其研究方法主要是取"他山之石",以便"攻玉"。

第三章和第四章,重点是数据统计与分析。研究方法是数据收集、整理和分析,实地调研和案例分析以及国际比较等,通过翔实的数据分析和国际比较,全面考察和分析中国企业的异质性和货物出口的省际失衡两个问题。

第五章,重点是模型设计和实证检验。研究方法是,为保证变量序列的平稳性,通过LLC检验、Breitung检验、Hadri检验、IPS检验以及Fisher—ADF检验和Fisher—PP检验等六种方法对面板数据进行单位根检验,接着,运用Pedroni回归残差统计量和Kao残差协整检验对面板数据的协整关系进行进一步检验,在此基础上构建时期固定效应模型,利用翔实的面板数据,对出口企业的规模、劳动生产率水平等各种因素对中国各省份出口贸易的深度边际的影响进行计量检验,并进行格兰杰因果检验。

本书的学术贡献主要在以下四点。一是从国际贸易理论发展的角度,系统介绍、论述了21世纪以来国际贸易理论最为前沿的异质性企业贸易理论的思想与意义,并对该理论做了简要评论和未来研究展望,为相关研究提供比较系统的理论基础。二是从企业异质性角度研究中国出口贸易的深度边际和省际失衡问题,弥补了国内外此领域现有研究的不足。同时,通过建立正确的计量模型,运用翔实的中国省级面板数据,得出了一些创新性的结论。三是比较全面、系统研究了中国本国同一产业各企业相互之间在规模、劳动生产率水平、资本和技术密集程度等各方面的异质性问题,并着重考察了中国企业较之发达国家企业在国有垄断性与吸引FDI方面的特性以及其影响。四是从企业微观、行业中观和国家宏观等三个层面考察中国出口省际失衡问题的决定因素,并相应地提出了一些有新意的政策建议。

由于水平和时间原因,难免存在一些不足之处。比如,理论建模方面相对薄弱。又如,企业异质性指标设计有待于进一步细化等等。

第二章 异质性企业贸易理论：
研究述评与展望

瑞典皇家科学院于2008年10月13日宣布,将该年度诺贝尔经济学奖授予美国普林斯顿大学保罗·克鲁格曼(Paul R. Krugman)教授,以表彰"他在分析贸易模式和经济活动的区位等方面"所做出的开拓性贡献,这是诺贝尔经济学奖自1969年设立以来第二次授予国际贸易研究领域的经济学家。[①]无独有偶,俄林和克鲁格曼两位经济学大师获奖的主要原因都与其对贸易模式的开创性研究有关。本章节在简要点评自19世纪初至20世纪末近两百年间,关于贸易模式研究方面最具代表性和影响力的三种国际贸易理论之后,重点介绍21世纪以来以Melitz(2003)和Bernard et al.(2003)两类模型为代表的异质性企业贸易模型;接着,对异质性企业贸易理论的最新研究进展和扩展进行梳理和简要述评;最后,对未来国际贸易理论研究方向和前景做一个初略展望。

第一节 新、"老"国际贸易理论的简要点评

如第一章所述,贸易模式一直是经济学领域所争论的关键问题之一,贸易结构的分析实际上就是对贸易模式的分析,这是国际贸易理论和经验研究中延续最久的重要领域之一。李嘉图比较优势理论和H—O定理等传统贸易理论、克鲁格曼的新贸易理论以及H—K模型等理论则是19世纪初期至20世纪末期近两百年间,有关贸易模式和贸易结构研究的三种最具代表性和最有

[①] 第一次国际贸易研究的诺贝尔经济学奖于1977年授予瑞典经济学家贝蒂·俄林(Bertil G. Ohlin)和英国经济学家詹姆斯·米德(James E. Meade),以表彰他们对国际贸易理论和国际资本流动所做的开创性研究。详情参见http://nobelprize.org/nobel_prizes/economics/laureates/。

影响力的国际贸易理论。

19世纪初英国经济学家大卫·李嘉图(David Ricardo)提出的比较优势理论、20世纪二三十年代瑞典经济学家伊·赫克歇尔(Eli F. Heckscher)和贝蒂·俄林(Bertil G. Ohlin)创立的H—O定理等传统国际贸易理论认为,一国对外贸易是建立在各国国家层面的差异基础之上的,而国家差异产生的原因,则或者是技术差异("李嘉图"比较优势),或者是要素禀赋差异("赫克歇尔—俄林"比较优势)。前者由李嘉图在其代表作Ricardo(1817)中首次提出,根据其模型,即使一国所有产业的生产率水平都高于其他国家,该国也能够通过专注于其最擅长领域生产、从与其他国家进行国际贸易交往中受益、实现国家福利改进,李嘉图比较优势理论简单明了,成为国际贸易理论最重要的基石之一。后者由俄林在其专著Ohlin(1933)中系统阐述,H—O定理表明,资本充裕的国家在资本密集型商品上具有相对优势,劳动力充裕的国家在劳动力密集型商品上具有相对优势,一个国家在进行国际贸易时出口密集使用其相对充裕和便宜的生产要素的商品,而进口密集使用其相对缺乏和昂贵的生产要素的商品。H—O定理成功地解释了当时的贸易模式,从而成为继李嘉图比较优势理论之后影响力最大的国际贸易理论之一,也是俄林获得1977年诺贝尔经济学奖的重要原因之一。

然而,自20世纪60年代以来,研究人员注意到,国际贸易中出现了与李嘉图模型和H—O模型所预测的传统贸易模式不断偏离现象:大部分国际贸易发生在结构相似的贸易伙伴国之间,产业内贸易不断扩大(Grubel and Lloyd,1975)。其中,发达国家相互之间产业内贸易尤为明显,例如,美国、德国和日本等发达国家之间相互进、出口汽车。对此,20世纪70年代末期,Krugman(1979)、Krugman(1980)、Dixit和Norman(1980,第9章)和Lancaster(1980)等先后各自独立形成了一系列新的思想:即使不存在传统的比较优势,规模经济和不完全竞争也可以促进国际贸易的产生;Ethier(1979)和Ethier(1982)则构建了基于中间产品而非最终产品的规模经济产业内贸易模型,从而逐步建立了新贸易理论。新贸易理论文献中,Krugman(1979)具有里程碑意义,该文用十分简单的、基于规模报酬递增和垄断竞争假设的数学模型,清晰地论证了国际贸易不仅可能在资源相似的各国之间(如美国和加拿大)发生,而且还可以在各国之间同一产业内部进行。新贸易理论清晰明了地解释了产业内贸易现象和当时现实世界中的贸易模式,彻底改变了国际贸易理论的面貌,这也是克鲁格曼获得2008年诺贝尔经济学奖最主要原因之一。

但是,传统贸易理论和新贸易理论对贸易模式的一些重要特征事实,比如,贸易自由化对产业间净就业变化和各要素收入分配的影响,以及发生在发达国家之间、常为跨国公司所掌控的知识密集型产品之间的产业内贸易等,也难以提供完美的解释。对此,产业间贸易和产业内贸易的联合贸易模型应运而生。该模型最早由 Krugman(1981)提出,并由 Helpman(1984)和 Markusen(1984)等进一步扩展。Helpman 和 Krugman(1985)将上述模型及其他扩展模型进行了有机整合并进行进一步新的扩展,构建了 H—K 模型。H—K 模型意义重大,正如 Helpman(1999)所阐述的,"考虑到技术差异、要素价格不同和贸易成本等因素的修正之后,H—K 模型的分析框架提供了对一般国际贸易模式非常优美的解释,很快成为该领域理论研究和经验分析的典范",瑞典皇家科学院则认为,H—K 模型提供了在更广范围内对双边贸易流量进行经验研究的基础。

然而,无论是李嘉图模型、H—O 模型等传统贸易理论,还是克鲁格曼模型等新贸易理论,以及 H—K 模型,都假定企业具有同质性。尽管这一假定便利研究,却与现实世界中所观察到的同产业内各企业间的企业规模、劳动生产率和工资水平、资本和技术密集程度等诸多多样性现象并不相符。同时,这些理论模型对诸如贸易自由化通过资源重新配置促进产业劳动生产率水平的提高等其他的一些特征事实,也难以解释。因此,原有的贸易理论再一次遇到了新的挑战。

应对上述挑战,21 世纪以来,国际贸易学界对贸易模式和贸易流量的理论和实证研究重点,从传统的国家和产业等宏观层面研究日渐转入到企业和产品等微观层面研究,其中,以 Melitz 模型(2003)和 Bernard、Eaton、Jenson 和 Kortum 模型(简称 BEJK,2003)为代表的两类异质性企业贸易模型最具影响力和代表性,能较好地解释当代国际贸易现实世界中的贸易模式和劳动生产率增长等诸多特征事实,下文对这两类模型做全面介绍和简要评述。

第二节　异质性企业贸易理论早期研究述评

一、关于企业异质性的经验发现

20 世纪 90 年代中期以来,大量基于企业生产和贸易层面数据的微观经验研究发现,不同发展水平国家的同产业内部各企业之间在企业规模、劳动生产率水平等各方面特征存在着显著的异质性。例如,BEJK(2003)发现,1992年美国所有制造业企业中,企业规模(以营业收入衡量)的标准偏差是167%、劳动生产率水平(以每工人所创造的增加值衡量)的标准偏差是75%[①];而且,即使将考察的产业范围缩小,企业的这种异质性程度也并没有多大减弱,比如对美国企业,当将考察范围限定在400多个不同产业时,前文所提及到的75%的劳动生产率差异仅仅减少到66%。Wagner(2007)则认为,从实证的角度,除了企业规模和劳动生产率水平等差异之外,企业的异质性还应体现在企业历史、人力资本、资本密集度和所有权性质等各个方面。

与此同时,企业的异质性也与企业参与诸如出口、进口中间产品或对外FDI等国际交易活动的企业决策息息相关。一些研究发现,出口企业并非所有企业的随机样本,能够从事出口或对外FDI等国际交易活动的企业只是同产业企业中的一小部分;而且,较之同一产业中那些不从事国际交易活动的同类企业,这些从事国际交易活动企业的规模相对更大、劳动生产率水平相对更高。[②] 如 Bernard 和 Jensen(1995)针对美国企业的研究发现,同一产业内的出口企业与非出口企业也差异显著:较之后者,前者表现出企业规模更大、劳动生产率和工资水平更高,以及技术和资本更为密集等各种显著差异性特征。随后,Richardson 和 Rindal(1995)、Bernard 和 Jensen(1997)、Bernard 和 Jensen(1999)、BEJK(2003)和 Helpman, Melitz 和 Yeaple(简化为 HMY,2004)和 Bernard, Jensen, Redding 和 Schott(简化为 BJRS,2007)等对美国企业,Bernard 和 Wagner(1997)、Bernard, Jensen 和 Wagner(1997)等对德国企业,Clerides, Lack 和 Tybout(1998)对哥伦比亚、墨西哥和摩洛哥企业,Aw, Chung 和 Roberts(2000)对韩国和中国台湾企业,以及 Pavcnik(2002)对智利企业、Eaton, Kortum 和 Kramarz(2004)对法国企业等都进行了类似研究并得出相似结论。如 HMY(2004)发现,1994 年美国最大的 1996 家企业中,出口企业比非出口企业的规模大两倍、劳动生产率水平高 39%;BJRS(2007)发现,2000 年美国

---

① 更准确地讲,是营业收入对数的标准差为 1.67;劳动生产率对数的标准差为 0.75。
② 对很多国家来说,这种模式既表现在企业层面,也体现在工厂层面,本书主要集中考察出口企业和非出口企业之间的异质性,尽管在跨国公司和从外国供应商进口中间产品的企业之间也存在相似的差异。

550万家企业中,只有4%从事出口,而在这些出口企业中,仅前10%大企业的出口额就占了总出口额的96%。

上述这种出口状态与企业异质性特征(尤其是较高劳动生产率水平和较大企业规模)之间的强相关性自然导致随之而来的因果问题。大量的研究已经考察了这个问题,他们通常集中于考察企业相对于其出口市场进入决策的跨时期劳动生产率水平变化。事实上,这些研究都发现一种强自我选择效应:企业在进入出口市场之前,其劳动生产率水平就已经相对更高。尽管有些研究,尤其是对发展中国家的研究,发现企业劳动生产率随着出口市场进入而提高这一规律[1],但是,一部分研究进一步驳斥了这种假设。然而,正如 Bustos (2006)、Verhoogen(2007)以及 Trefler 和 Lileeva(2007)所强调的,从最近一些使用基于当前或预期出口市场参与的决策来研究企业技术创新活动所给定的证据来看,这种基于出口市场进入时间选择的差异已经变得有些模糊。在这种情况下,劳动生产率水平和出口决策均为内生的,而且出口市场进入的时间选择也不再用于确认因果关系。不过,目前所获得的经验证据清楚地表明,正是最初更为高效的企业才会做出关于技术创新(更为技术密集使用)和出口情形的联合决策。也就是说,最低效的企业往往没有开展这方面的活动。

另一部分使用微观层面数据的新近经验文献则考察了贸易自由化对上述这种企业异质性与出口状态之间联系的影响。这种情形下,贸易自由化引起处于同一产业中竞争的出口企业与非出口企业的重新配置[2]。如 Pavcnik (2002)发现,贸易自由化引起市场份额在各企业之间的重新配置(通过进入、退出、出口市场进入和市场份额重新配置等所引起的)可以解释智利1979~1986年出口竞争行业劳动生产率水平提高(25%)中的绝大部分。然而,对各国(如智利)来说,由于贸易体制的重大变化也是其宏观经济政策变化的一部分,因此,仍然很难将这种企业间重新配置所引起的劳动生产率水平提高与贸

---

[1] Topalova, P.: "Trade Liberalization and Firm Productivity: The Case of India", *IMF Working Paper*, 2004. Girma, S., D. Greenaway and R. Kneller: "Does Exporting Increase Productivity? A Micro-econometric Analysis of Matched Firms", *Review of International Economics*, Vol. 12, No. 5, 2004, pp. 855 – 866. Biesebroeck, J.: "Exporting Raises Productivity in Sub-Saharan African Manufacturing Firms", *Journal of International Economics*, Vol. 67, No. 2, 2005, pp. 373 – 391.

[2] See Tybout, J. R.: "Plant-and Firm-Level Evidence on 'New Trade Theories'", in Choi, E. K. and J. Harrigan (eds.), *Handbook of International Trade*, Oxford: Basil Blackwell chapter 13, 2003.

易自由化的直接效应联系起来。但是，一个明显的例外是 Bernard,Jensen 和 Schott(2006)，他们证明，贸易自由化导致贸易成本降低，显著提高美国非出口企业退出国内市场或转向国外市场出口的可能性，促进资源向劳动生产率水平较高的出口企业重新配置，从而提高整个行业的平均劳动生产率水平。

二、异质性企业贸易模型

显然，此前的同质性企业贸易模型，无论是李嘉图模型、H—O 模型等传统贸易理论，还是克鲁格曼模型等新贸易理论，以及 H—K 模型，都解释不了这种微观层面的贸易模式。这种新的挑战推动着贸易理论的进一步向前发展，由此应运而生的以 BEJK(2003) 和 Melitz(2003) 为代表的两类异质性企业贸易理论模型，加入企业层面的劳动生产率差异等企业异质性因素，考察贸易自由化对劳动生产率和国家福利的影响，分析出口和 FDI 等不同的市场进入方式的贸易模式，在当前国际贸易理论和实证研究中占据着重要地位，成为 21 世纪以来贸易结构与国际贸易理论研究的最前沿课题和最热门话题。

BEJK(2003)、Bernard 和 Jensen(2004)、Eaton 和 Kortum(2008) 等所构建的一类模型，将随机企业的劳动生产率差异等企业异质性特征加入到 Eaton 和 Kortum(2002) 的多国李嘉图模型中，建立异质性企业的静态贸易模型，考察了贸易自由化对企业劳动生产率的影响。这类模型中，所有企业在李嘉图框架下采用不同技术生产同一种产品，任何国家的消费者从全球所有国家的最低成本生产者中购买商品。由于存在贸易成本，对于这些生产同一产品的企业，只有那些在不同国家都有子公司的企业才能存活下来，从而该类模型强调这种成为排他性供应商所产生的企业间竞争。

BEJK(2003) 模型采用比较静态分析法，引入李嘉图技术差异、"冰山"出口成本和 Bertrand 竞争，研究了贸易自由化对全球贸易和美国出口、劳动生产率和就业等各方面的影响。如果全球范围内贸易壁垒削减 5%，则引起世界贸易增加 15%，同时导致美国 3.3% 的企业倒闭，但是存活下来的企业中，未出口企业中超过 5% 的企业将转向出口，总体生产率水平也由于低生产率企业倒闭和高生产率企业扩大出口而提高 4.7%；不过，贸易自由化对就业影响较小、就业率只下降 1.3%。BEJK 模型意义重大，应用范围极其广泛，既适合分析美国制造企业的微观层面数据，也适合各国国际贸易的宏观数据及一般生产，成为异质性企业贸易理论研究的重要基础之一。在此基础上，Bernard 和 Jensen(2004)重点考察了美国制造业劳动生产率水平和出口贸易之间的关系,其研究发现,从 1983 年至 1992 年,美国制造产业 40% 多的全要素生产率(TFP)增长是由市场份额朝着生产率更高的出口企业进行的资源再配置引起的。

  Melitz(2003)、Helpman,Melitz 和 Yeaple(简化为 HMY,2004)、Antras 和 Helpman(2004),以及 Melitz 和 Ottaviano(2005)等所构建的另一类异质性贸易模型则采用 D—S(Dixit 和 Stiglitz,1977)垄断竞争分析框架,避开对生产同一种产品的企业之间直接竞争的分析,即每个企业生产其自身独特产品,将企业异质性加入到 Krugman(1979)和 Krugman(1980)的单一产业内贸易模型,建立了异质性企业的动态贸易模型,考察企业劳动生产率水平对企业进入、退出及出口等企业决策和贸易模式的影响。这类模型中,任何特定国家的消费者所能购买到的产品种类随着该国自身特征和与其贸易伙伴国间的贸易成本而内生变化。企业面临着进入的沉淀成本,以及其未来生产率变化的不确定性。由于存在进入的沉淀成本,只有具有较高生产率水平的企业才能存活下来,那些生产率最低的企业面临负利润,从而退出。由于存在出口成本,在那些存活下来的企业中,只有效率相对更高的企业选择出口,而其余的企业仅仅服务于其国内市场。对这些企业来说,出口之所以不能赢利,或者是因为其涉及固定或沉淀成本,或者是因为在企业包括运费成本在内的价格下进口需求降为零。

  上述两类异质性企业模型都预测,贸易自由化将引起前文所述的企业间市场份额的重新配置:劳动生产率最低的企业将被迫退出,新企业进入出口市场,以及市场份额重新配置到劳动生产率更高的企业。这些重新配置产生总劳动生产率提高和福利改进。这两类模型也预测到一个关于双边贸易流的重要经验规则:这些贸易流的差异表现在每种贸易商品价值的差异(贸易的深度边际)以及所有贸易商品数量的差异(贸易的广度边际)①。

  本节重点介绍 Melitz(2003)模型,之后,对其同类其他模型做简要梳理。

---

① 参见 Bernard, A. B., J. B. Jensen and P. K. Schott, 2003, "Falling Trade Costs, Heterogeneous Firms, and Industry Dynamics", *NBER Working Paper*, No. 9639. Broda, C., and D. E. Weinstein, 2006, "Globalization and the Gains from Variety", *Quarterly Journal of Economics*, 121(2), pp. 541 – 585. Eaton, J., S. Kortum and F. Kramarz, 2004, "Dissecting Trade: Firms, Industries, and Export Destinations", *American Economic Review*, 94 (1), pp. 150 – 154.

(一) Melitz(2003) 模型

1. 模型的建立

(1) 需求

该模型假设消费者偏好为 CES 效用函数：

$$U = \left[\int_{\omega \in \Omega} q(\omega)^\rho d\omega\right]^{1/\rho}$$

其中，ω 表示商品，Ω 表示商品集，$0 < \rho < 1$，两种商品的替代弹性为：$\sigma = 1/(1-\rho) > 1$，消费者消费的所有商品 $Q \equiv U$，总价格水平为：

$$P = \left[\int_{\omega \in \Omega} p(\omega)^{1-\sigma} d\omega\right]^{1/1-\sigma} \quad (2-1)$$

消费者的最优消费和支出水平为：

$$q(\omega) = Q \left[\frac{p(\omega)}{P}\right]^{-\sigma},$$

$$r(\omega) = R \left[\frac{p(\omega)}{P}\right]^{1-\sigma}, \quad (2-2)$$

其中，$R = PQ = \int_{\omega \in \Omega} r(\omega) d\omega$ 代表总的支出水平。

(2) 生产

考虑一个不变的企业集，每个企业生产不同的商品 ω。生产仅需要一种生产要素，劳动，总的劳动要素用 L 表示，劳动供给无弹性。用成本函数表示企业的生产技术，劳动是产出的线性函数，$q:l = f + q/\varphi$。假定所有企业面临相同的固定成本 $f > 0$，企业劳动生产率的不同用 $\varphi > 0$ 表示。如不考虑企业生产率的不同，每个企业面临的需求曲线的替代弹性不变，都是 σ，企业都追求利润最大化。价格水平可以用下式表示：

$$P(\varphi) = \frac{w}{\rho \varphi} \quad (2-3)$$

这里，w 代表工资率，企业利润可以用下式表示：

$$\pi(\varphi) = r(\varphi) - l(\varphi) = \frac{r(\varphi)}{\sigma} - f$$

这里，$r(\varphi)$ 表示企业收入，$r(\varphi)/\sigma$ 表示可变利润。

企业收入 $r(\varphi)$ 和利润 $\pi(\varphi)$ 取决于公式 (2-2) 所示的总的价格水平和收入：

$$r(\varphi) = R(P\rho\varphi)^{\sigma-1} \quad (2-4)$$

$$\pi(\varphi) = \frac{R}{\sigma}(P\rho\varphi)^{\sigma-1} - f \qquad (2-5)$$

另外,两个企业的产出比和收入比取决于这两个企业生产率的差异:

$$\frac{q(\varphi_1)}{q(\varphi_2)} = \left(\frac{\varphi_1}{\varphi_2}\right)^{\sigma}, \frac{r(\varphi_1)}{r(\varphi_2)} = \left(\frac{\varphi_1}{\varphi_2}\right)^{\sigma-1} \qquad (2-6)$$

(3) 总水平

在均衡条件下,公式(2-1)中总的价格水平可以用下式表示:

$$P = \left[\int_0^\infty p(\varphi)^{1-\sigma} M\mu(\varphi) d\varphi\right]^{\frac{1}{1-\sigma}}$$

这里,M 表示一个行业企业的数量,同时也是商品的数量,生产率分布函数为 $\mu(\varphi)$。

使用公式(2-3)表示的价格公式,总价格水平可以进一步表示为:

$$P = M^{1/(1-\sigma)} p(\tilde{\varphi}),$$

这里,$\tilde{\varphi} = \left[\int_0^\infty \varphi^{\sigma-1} \mu(\varphi) d\varphi\right]^{\frac{1}{\sigma-1}} \qquad (2-7)$

$\tilde{\varphi}$ 独立于企业数量 M,表示企业生产率水平的加权平均数,代表了总的生产率水平,权数反映不同生产率企业的相对产出水平。

$$P = M^{\frac{1}{1-\sigma}} p(\tilde{\varphi}), R = PQ = Mr(\tilde{\varphi}),$$
$$Q = M^{\frac{1}{\rho}} q(\tilde{\varphi}), \prod = M\pi(\tilde{\varphi}),$$

这里,$R = \int_0^\infty r(\varphi) M\mu(\varphi) d\varphi$ 和 $\prod = \int_0^\infty \pi(\varphi) M\mu(\varphi) d\varphi$,分别代表总收入(支出)和利润。同样,$\bar{r} = \frac{R}{M}$、$\bar{\pi} = \frac{\prod}{M}$ 分别表示每个企业的平均收入和利润,以及具有平均生产率水平 $\tilde{\varphi}$ 企业的收入和利润。

2. 企业的进入和退出

企业进入会面临一个固定的进入成本 $f_e > 0$(用劳动来衡量),这个成本是一个沉没成本。初始生产率水平为 φ 的企业,其总的生产率分布为 $g(\varphi) > 0$,总生产率函数的累积分布为 $G(\varphi)$。生产率低的企业或者选择立即退出不再生产,或者选择继续生产。但是,如果发生经济的负面冲击,就不得不选择退出,这个可能性为 δ。虽然负面冲击是偶然的,但从某种程度上来说是一种必然的现象。因此,平均来看,新进入企业的生产率较低,而且更容易退出。假

定不考虑时间价值,企业价值函数可以用下式表示:

$$v(\varphi) = \max\left\{0, \sum_{t=0}^{\infty} (1-\delta)^t \pi(\varphi)\right\} = \max\left\{0, \frac{1}{\delta}\pi(\varphi)\right\}$$

$\varphi^* = \inf\{\varphi : v(\varphi) > 0\}$ 代表企业的最低生产率水平,$\pi(\varphi^*)$ 为零,代表零利润边界进入点。

生产率水平低于 φ^* 的企业将退出该行业,不再生产。因而企业退出不会影响到均衡生产率分布函数 $\mu(\varphi)$,$\mu(\varphi)$ 是 $g(\varphi)$ 在 $[\varphi^*, \infty)$ 区间的条件分布函数:

$$\mu(\varphi) = \begin{cases} \dfrac{g(\varphi)}{1 - G(\varphi^*)} & 如果 \varphi \geq \varphi^*, \\ 0 & 如果 \varphi < \varphi^*, \end{cases} \quad (2-8)$$

公式(2-8)表明了生产率分布的均衡水平受外生分布函数 $g(\varphi)$ 的影响。$p_{in} \equiv 1 - G(\varphi^*)$ 代表成功进入的可能性。

$$\tilde{\varphi}(\varphi^*) = \left[\frac{1}{1 - G(\varphi^*)} \int_{\varphi^*}^{\infty} \varphi^{\sigma-1} g(\varphi) d\varphi\right]^{\frac{1}{\sigma-1}} \quad (2-9)$$

(1)零边界利润条件(Zero Cutoff Profit Condition,简为 ZCP)

由于平均生产率水平 $\tilde{\varphi}$ 由边界生产率水平 φ^* 决定,因而平均利润和收入水平同样由边界生产率水平 φ^* 决定:

$$\bar{r} = r(\tilde{\varphi}) = \left[\frac{\tilde{\varphi}(\varphi^*)}{\varphi^*}\right]^{\sigma-1} r(\varphi^*)$$

$$\bar{\pi} = \pi(\tilde{\varphi}) = \left[\frac{\tilde{\varphi}(\varphi^*)}{\varphi^*}\right]^{\sigma-1} \frac{r(\varphi^*)}{\sigma} - f$$

零边界利润条件隐含着每个企业的平均利润和边界生产率水平之间的关系。

$$\pi(\varphi^*) = 0 \Leftrightarrow r(\varphi^*) = \sigma f \Leftrightarrow \bar{\pi} = fk(\varphi^*) \quad (2-10)$$

这里,$k(\varphi^*) = \left[\dfrac{\tilde{\varphi}(\varphi^*)}{\varphi^*}\right]^{\sigma-1} - 1$

(2)自由进入(FE)和企业的价值

$\bar{v}$ 代表平均利润的现值:

$$\bar{v} = \sum_{t=0}^{\infty} (1-\delta)^t \bar{\pi} = (1/\delta)\bar{\pi}$$

同时,$\bar{v}$ 也是在成功进入的前提下企业的平均价值：

$$\bar{v} = \int_{\varphi^*}^{\infty} v(\varphi)\mu(\varphi)d\varphi$$

定义 v_e 为企业进入后的净值：

$$v_e = p_{in}\bar{v} - f_e = \frac{1-G(\varphi^*)}{\delta}\bar{\pi} - f_e \qquad (2-11)$$

3. 封闭经济的均衡

(1) 均衡的表述

自由进入(FE)和零边界利润(ZCP)条件代表着将平均利润水平 $\bar{\pi}$ 与边界生产率水平 φ^* 相联系的两种不同的条件：

$$\bar{\pi} = fk(\varphi^*) \;(\text{ZCP}); \; \bar{\pi} = \frac{\delta f_e}{1-G(\varphi^*)} \;(\text{FE}) \qquad (2-12)$$

在 (φ,π) 区间,FE 曲线是向上倾斜的,而且与 ZCP 曲线仅相交一次。这就使得均衡是存在而且是唯一存在的,均衡点为 $(\varphi^*,\bar{\pi})$(见图2-1)。

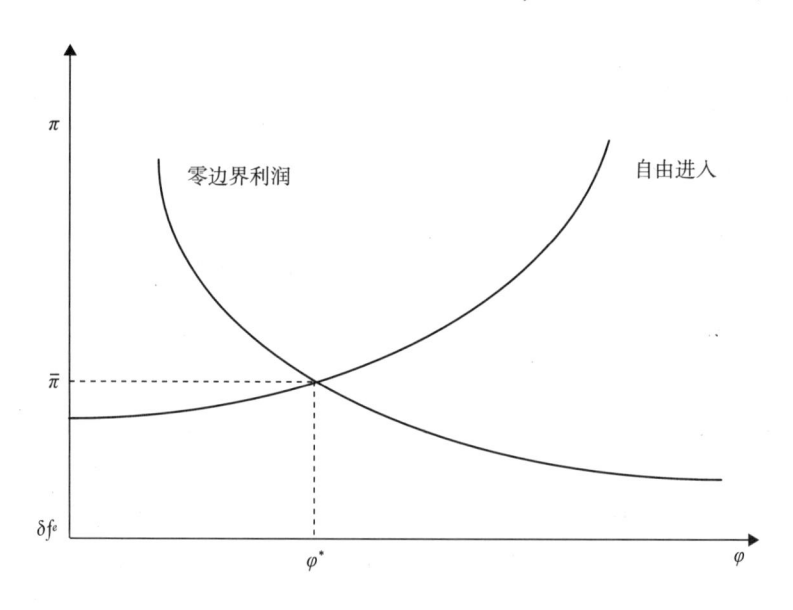

图2-1 均衡边界点 φ^* 和平均利润 $\bar{\pi}$ 的决定

在静态均衡状态下,所有变量都不随时间的变化而变化。这就要求成功进入的企业的数量 $p_{in}M_e$ 等于遭受冲击而退出的企业的数量 $\delta M: p_{in}M_e = \delta M$。

均衡生产率分布 $\mu(\varphi)$ 是不变的,此时,$L = L_p + L_e$,这里 L_p 和 L_e 分别代表生产雇佣的总劳动和新进入企业进行投资所雇佣的总劳动。对生产雇佣的劳动力的工资支付等于企业收入和利润的差:$L_p = R - \Pi$,同时市场出清条件要求:$L_e = M_e f_e$。根据 $p_{in} M_e = \delta M$ 和 $\bar{\pi} = \dfrac{\delta f_e}{1 - G(\varphi^*)}$,$L_e$ 可以用下式表示:

$$L_e = M_e f_e = \dfrac{\delta M}{p_{in}} f_e = M\bar{\pi} = \Pi$$

这样,总收入 $R = L_p + \Pi = L_p + L_e$ 必须等于对劳动力的补偿总额,从而外生地决定于国家的大小。

同时,平均利润水平决定每个时期生产性企业的数量:

$$M = \dfrac{R}{\bar{r}} = \dfrac{L}{\sigma(\bar{\pi} + f)} \tag{2-13}$$

这反过来又决定均衡价格指数 $P = M^{\frac{1}{(1-\sigma)}} p(\tilde{\varphi}) = M^{\frac{1}{(1-\sigma)}}/\rho\tilde{\varphi}$

(2)均衡的分析

所有企业层面上的变量,包括生产率分界点 φ^* 和平均生产率 $\tilde{\varphi}$ 以及平均企业利润 $\bar{\pi}$ 和收入 $\bar{r}$ 都独立于国家规模 L。如等式(2-13)所示,尽管企业生产率水平分布 $\mu(\varphi)$ 保持不变,企业数量的增加与国家规模成比例。每个工人的福利可以用下式表示:

$$W = P^{-1} = M^{\frac{1}{\sigma-1}}\rho\tilde{\varphi} \tag{2-14}$$

大国工人的福利随着产品多样化的增加有所提高。国家规模对所有变量的决定等同于克鲁格曼 1980 年所构建的同质性企业模型。一旦 $\tilde{\varphi}$ 和 $\bar{\pi}$ 定下来,这个模型所预测的总产出等于生产率水平为 $\tilde{\varphi}$、利润水平为 $\bar{\pi}$ 的同质性企业的总产出。另外,异质性企业的这个模型解释了总生产率水平 $\tilde{\varphi}$ 和平均企业利润 $\bar{\pi}$ 是外生决定的,并且阐述了这两个变量是如何随着不同的冲击而改变。导致一国总生产率变化的生产技术[用 $g(\varphi)$ 表示]是不变的。一国实行对外贸易就会存在冲击,导致企业之间的重新分配,使生产率进一步提高,这些结果不能为同质性企业模型所解释。①

---

① 同质性企业模型假设总生产率水平是外生决定的,且生产率水平对所有企业都是一样的,从而总生产率的变化仅仅来自企业水平技术的改变而不是来自企业之间的重新分配。

4. 开放经济的均衡

在开放经济下,企业出口不仅面临着可变成本(如运输、关税),同时面临着固定成本(不随出口量的变化而变化)。企业出口需要付出一项固定投资 $f_{ex} > 0$(用劳动单位来衡量)。

假定每个企业在国内市场的定价方法都是一定的:

$$p_d(\varphi) = \frac{w}{\rho\varphi} = \frac{1}{\rho\varphi}$$

出口企业在国外市场会制定更高的价格,这反映了市场扩大所带来的边际成本 τ 的上升:$p_x(\varphi) = \frac{\tau}{\rho\varphi} = \tau p_d(\varphi)$,因而企业销售到国内市场和国外市场的收入分别为:$r_d(\varphi) = R(P\rho\varphi)^{\sigma-1}$,$r_x(\varphi) = \tau^{1-\sigma} r_d(\varphi)$,这里 R 和 P 代表每个国家的总支出和

。均衡的支付条件意味着 R 代表着每个国家企业的总收入。企业的总收入 $r(\varphi)$ 取决于出口的状态:

$$r(\varphi) = \begin{cases} r_d(\varphi) & \text{如果企业不出口} \\ r_d(\varphi) + nr_x(\varphi) = (1 + n\tau^{1-\sigma})r_d(\varphi) & \text{如果企业出口到所有国家} \end{cases}$$

(2-15)

(1)企业进入、退出和出口状态

假定所有国家的出口成本都相同,不考虑时间价值,企业开始出口需要一次性付出投资成本 f_{ex},或分期摊销该项投资成本 $f_x = \delta f_{ex}$。

每个企业的利润可以分成两部分,国内销售获得的利润和国外销售获得的利润:

$$\pi_d(\varphi) = \frac{r_d(\varphi)}{\sigma} - f, \quad \pi_x(\varphi) = \frac{r_x(\varphi)}{\sigma} - f_x \qquad (2-16)$$

如果 $\pi_x(\varphi) \geq 0$,企业会向所有国家出口。

每个企业总的利润可以用下式表示:$\pi(\varphi) = \pi_d(\varphi) + \max\{0, n\pi_x(\varphi)\}$。

企业价值可以用下式表示:$v(\varphi) = \max\{o, \pi(\varphi)/\delta\}$。

$\varphi^* = \inf\{\varphi : v(\varphi) > 0\}$ 表示成功进入企业的边界生产率水平。

此外,

$\varphi_x^* = \inf\{\varphi : \varphi \geq \varphi^* \text{ 并且 } \pi_x(\varphi) > 0\}$ 代表出口企业的边界生产率水平。

如果 $\varphi_x^* = \varphi^*$，则行业中所有企业会选择出口。在这种情况下，生产率水平为边界生产率的企业总利润为零。$\pi(\varphi^*) = \pi_d(\varphi^*) + n\pi_x(\varphi^*) = 0$，且出口利润非负。

如果 $\varphi_x^* > \varphi^*$，则有部分企业只能面向国内市场销售，原因是，对这部分企业来说，出口利润为负，因此不会出口，只是从国内市场获得非负的利润；而生产率水平高于 φ^* 的企业则既从国内也从国外市场获得正的利润，其边界利润必须满足 $\pi_d(\varphi^*) = 0$ 以及 $\pi_x(\varphi^*) = 0$。

当且仅当 $\tau^{\sigma-1} f_x > f$ 时，企业出口状态就会有这样的划分。如果没有出口固定成本，也不需要这样划分；如果没有可变的贸易成本，仅存在大量的固定成本也需要这样来进行划分。假定出口固定成本和可变成本的结合是普遍存在的，则这种划分是必要的，且 $\tau^{\sigma-1} f_x > f$。

企业成功进入市场的可能性用 $p_{in} = 1 - G(\varphi^*)$ 表示。

另外，$p_x = [1 - G(\varphi_x^*)]/[1 - G(\varphi^*)]$ 表示这些成功进入市场的企业出口的可能性。M 代表一国企业的均衡数量，$M_x = p_x M$ 代表出口企业的数量，$M_t = M + nM_x$ 代表总数量。

(2) 总水平

假定 $\tilde{\varphi}_t$ 代表生产率的加权平均值，反映出口给所有企业带来的市场份额和产出水平的缩减，总的平均生产率可以用下式表示：

$$\tilde{\varphi}_t = \left\{ \frac{1}{M_t} [M\tilde{\varphi}^{\sigma-1} + nM_x(\tau^{-1}\tilde{\varphi}_x)^{\sigma-1}] \right\}^{\frac{1}{\sigma-1}}$$

总的价格指数 P，支出水平 R，工人的福利水平 W 可以用以下函数来表示：

$$P = M_t^{\frac{1}{1-\delta}} p(\tilde{\varphi}_t) = M_t^{\frac{1}{1-\delta}} \frac{1}{\rho \tilde{\varphi}_t}, \quad R = M_t r_d(\tilde{\varphi}_t),$$

$$W = \frac{R}{L} M_t^{\frac{1}{\sigma-1}} \rho \tilde{\varphi}_t \tag{2-17}$$

如果用 $r_d(\tilde{\varphi})$ 和 $\pi_d(\tilde{\varphi})$ 分别表示企业从国内销售中获得的平均收入和利润，$r_x(\tilde{\varphi}_x)$ 和 $\pi_x(\tilde{\varphi}_x)$ 分别表示出口的平均收入和利润，则总收入和利润可以用下式表示：

$$\bar{r} = r_d(\tilde{\varphi}) + p_x n r_x(\tilde{\varphi}_x), \quad \bar{\pi} = \pi_d(\tilde{\varphi}) + p_x n \pi_x(\tilde{\varphi}_x) \tag{2-18}$$

(3) 均衡条件

零边界利润条件表明每个企业的平均利润和生产率水平的边界为，

$\pi_d(\varphi^*) = 0 \Leftrightarrow \pi_d(\tilde{\varphi}) = fk(\varphi^*)$

$\pi_x(\varphi^*) = 0 \Leftrightarrow \pi_x(\tilde{\varphi}_x) = f_x k(\varphi_x^*)$

零边界利润条件还意味着：

$$\frac{r_x(\varphi_x^*)}{r_d(\varphi^*)} = \tau^{1-\sigma} \left(\frac{\varphi_x^*}{\varphi^*}\right)^{\sigma-1} = \frac{f_x}{f} \Leftrightarrow \varphi_x^* = \varphi^* \tau \left(\frac{f_x}{f}\right)^{\frac{1}{\sigma-1}} \quad (2-19)$$

$$\bar{\pi} = \pi_d(\tilde{\varphi}) + p_x n \pi_x(\tilde{\varphi}_x) = fk(\varphi^*) + p_x n f_x k(\varphi_x^*) \quad (ZCP) \quad (2-20)$$

不考虑不同企业利润的差别，在均衡状态下，未来预期利润应等于固定投资成本。

（4）均衡的决定

企业的自由进入和新的零边界利润条件决定 φ^* 和 $\bar{\pi}$。反过来，均衡的 φ^* 决定出口生产率边界 φ_x^* 以及平均生产率水平 $\tilde{\varphi}$、$\tilde{\varphi}_x$、$\tilde{\varphi}_t$，还有企业成功进入市场的概率 p_{in} 和出口的概率 p_x。自由进入的条件和总的均衡条件 $p_{in} M_e = \delta M$ 保证了支付给投资者的总支出等于总利润水平。这样，总收入 R 仍然有劳动力市场外生决定：$R = L$，企业平均收入由 ZCP 和 FE（自由进入）条件决定：

$$\bar{\pi} = \frac{\delta f_e}{1 - G(\varphi^*)} \quad (FE)$$

$$\bar{r} = r_d(\tilde{\varphi}) + p_x n r_x(\tilde{\varphi}_x) = \sigma(\bar{\pi} + f + p_x n f_x)$$

企业的均衡数量为：

$$M = \frac{R}{\bar{r}} = \frac{L}{\sigma(\bar{\pi} + f + p_x n f_x)} \quad (2-21)$$

5. 国际贸易的影响

假设 φ_a^* 和 $\tilde{\varphi}_a$ 分别代表封闭经济的边界生产率水平和平均生产率水平。比较等式（2-12）和（2-20），我们容易发现 ZCP 曲线上移了：国际贸易的发生既提高了边界生产率水平（即 $\varphi^* > \varphi_a^*$），也提高了每个企业的平均利润。位于 φ^* 和 φ_a^* 之间的那部分生产率水平最低的企业在新的贸易均衡条件下由于无法获得正的利润而被迫退出市场；同时，只有生产率水平高于 φ_x^* 的企业才能进入出口市场。这种国内市场和出口市场的选择效应会使市场份额朝着更有效率的企业分配，从而促进总生产率水平的提高。

比较等式(2-13)和(2-21),我们发现,开放经济条件下的均衡企业数量小于封闭经济下的均衡企业数量。但是,在开放经济条件下,消费者可消费产品的多样性却增加了:$M_t = (1 + np_x)M > M_a$。更确切地说,新进入的外国出口企业的数量增加将超过随着国际贸易而引起的国内企业数量的减少。然而,也有可能,当出口成本很高时,这些外国企业取代更多的国内企业(如果国内企业生产率很低)。尽管产品品种减少对国家福利的影响是负面的,但是总生产率提高的正面影响超过这种负面影响。因此,国际贸易,尽管存在贸易成本,但仍会产生整体福利所得。

我们现在考察国际贸易对各种不同生产率水平企业的影响,分析市场份额和利润是如何在各企业间重新分配的。

假设一家企业的生产率水平为 $\varphi \geq \varphi_a^*$,$r_a(\varphi) > 0$ 和 $\pi_a(\varphi) \geq 0$ 分别代表封闭经济下企业的收入和利润。前文已述,无论封闭经济还是开放经济,其均衡的国内企业的总收入都由该国规模外生决定($R = L$)。因而,$r_a(\varphi)/R$ 和 $r(\varphi)/R$ 分别代表企业在封闭经济和国际贸易均衡下的市场份额。另外,在国际贸易均衡条件下,$r_d(\varphi)/R$ 代表企业在国内市场的份额(由于 R 也代表国家总消费者支出)。国际贸易对企业市场份额的影响可以用以下不等式来表示:

$$r_d(\varphi) < r_a(\varphi) < r_d(\varphi) + nr_x(\varphi) \quad \forall \varphi \geq \varphi^*$$

不等式的第一部分表明,开放经济下所有企业在国内的销售都会减少,不出口的企业同样会遭受总收入上的损失;第二部分表示出口企业会通过出口弥补其国内销售的损失并提高其总收入。因此,出口企业提高其行业收入份额,而非出口企业损失市场份额。

由于收入降低,非出口企业的利润一定会降低,但出口企业的利润却不确定,因为出口使得收入增加,但同时出口也需要付出固定成本。其利润变化如下式所示:

$$\Delta \pi(\varphi) = \pi(\varphi) - \pi_a(\varphi) = \frac{1}{\sigma}([r_d(\varphi) + nr_x(\varphi)] - r_a(\varphi)) - nf_x$$

$$= \varphi^{\sigma-1} f \left[\frac{1 + n\tau^{1-\sigma}}{(\varphi^*)^{\sigma-1}} - \frac{1}{(\varphi_a^*)^{\sigma-1}} \right] - nf_x$$

由于对所有 $\varphi > \varphi^*$,$r_d(\varphi) + nr_x(\varphi) > r_a(\varphi)$,所以括号部分为正,利润变化 $\Delta \pi(\varphi)$ 式企业生产率水平 φ 的增函数。另外,对那些生产率水平为边界

生产率 φ_x^* 的出口企业,则其利润变化为负。因此,根据劳动生产率可将企业划分为利润获得企业和损失企业两大组:只有一部分生产率较高的企业通过出口会获得收益,该组企业中,生产率越高的企业,从贸易中所获得利润越高。

图2-2描绘了国际贸易所引起的收入和利润的变化。因此,国际贸易产生一种产业内的达尔文进化:生产率最高的企业选择出口,并不断茁壮成长——它们通过出口不仅扩大市场份额而且获得更大利润;生产率次之的企业也会继续选择出口并扩大其市场份额,但会遭受利润损失;生产率更低的企业只能选择在国内市场服务,同时遭受市场份额的减小和利润的下降双重损失;生产率最低的企业会被淘汰出局,因为生产率较高的企业和新进入的企业展开对劳动力的竞争,提高劳动力实际工资,生产率最低的企业被淘汰退出市场。

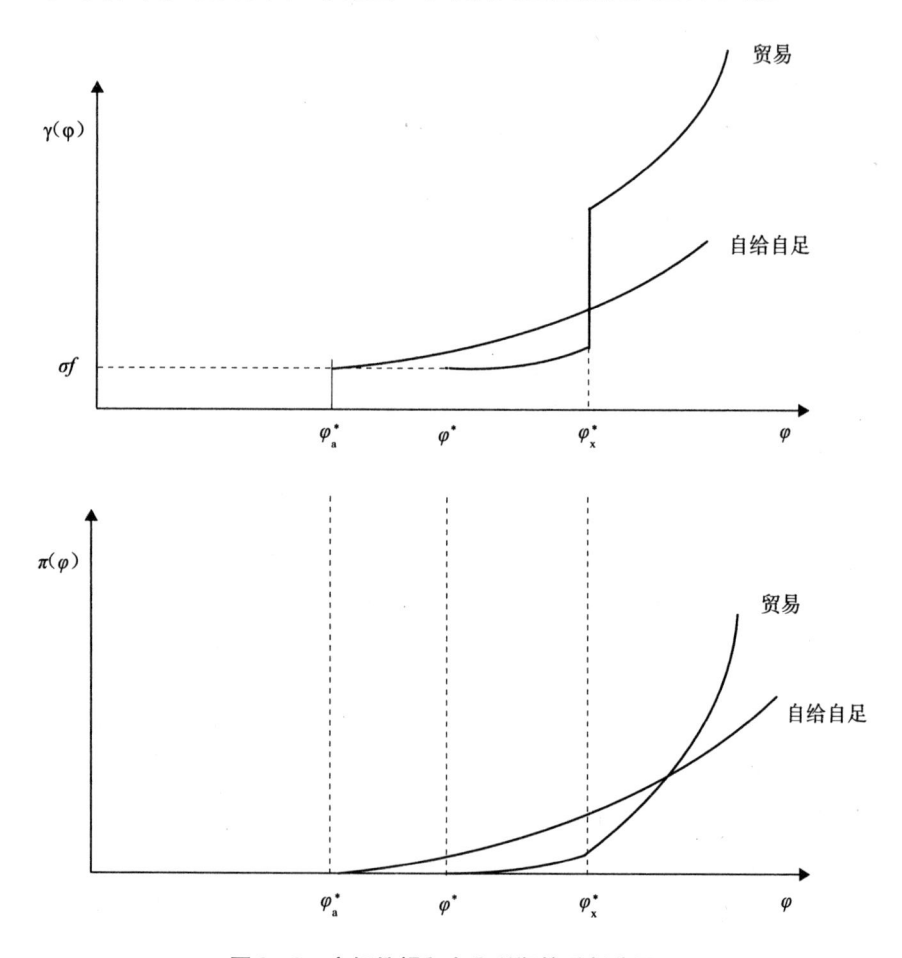

图2-2 市场份额和企业利润的重新分配

6. 贸易自由化的影响

前面的模型通过比较封闭经济和开放经济的均衡结果得出,一国从封闭经济转向开放经济,企业总劳动生产率会提高;同时,生产率更高企业的市场份额会更大,生产率最低的企业则会退出市场。同样,贸易自由化也会有同样的效果:自由贸易会使得生产率最低的企业退出市场,市场份额向生产率更高的企业倾斜。同时,贸易自由化还会增加福利。这是因为,贸易自由化会增加贸易伙伴国的数量(例如,新的国家加入到贸易组织中),固定和可变的贸易成本会下降(通过多边谈判降低关税和非关税壁垒)。

(1)贸易伙伴国的增加

贸易自由化使贸易伙伴国增加,新均衡条件下所有变量和函数都用原来变量加上($'$)来表示。新均衡条件下,贸易伙伴增加,即 $n' > n$。

比较等式(2-20)和(2-19),从新的零边界利润条件可以看出,ZCP 曲线将会上移,因此,边界生产率水平随着 n 上升: $\varphi^{*'} > \varphi^{*}$,同时 $\varphi_x^{*'} > \varphi_x^{*}$。贸易伙伴数量的增加会迫使生产率最低的企业退出。与封闭经济向开放经济转变相同,贸易自由化使所有企业放弃国内市场份额的一部分: $r'_d(\varphi) < r_d(\varphi), \forall \varphi \geqslant \varphi^{*}$。生产率较低的企业(其 $\varphi < \varphi_x^{*'}$)不会出口,其收入和利润都会降低,其中生产率最低的企业会退出市场。那些 $\varphi \geqslant \varphi_x^{*'}$ 的企业通过出口到新的市场不但可以弥补国内市场销售降低带来的损失,还会增加总收入: $r'_d(\varphi) + n'r'_x(\varphi) > r_d(\varphi) + nr_x(\varphi)$。这些企业当中有一部分由于存在新的固定出口成本,利润会下降,但生产率最高的企业利润会增加(企业生产率水平会上升)。这样,市场份额和利润都会向更有效率的企业倾斜,在市场份额的重新分配下,总生产率会上升,福利也会增加。

(2)贸易成本的下降

可变贸易成本从 τ 下降到 τ',将会使 ZCP 曲线上移,边界生产率水平也会上升,$\varphi^{*'} > \varphi^{*}$。唯一的差别在于:新的出口边界生产率水平 $\varphi_x^{*'}$ 将低于 φ_x^{*}。与前面相同,贸易自由化将使生产率最低的企业退出,但现在新的企业进入到出口市场(这些企业在以前高的可变贸易成本 τ 下是不出口的)。市场份额和利润的重新分配的方向与前面的描述相同:所有企业将丧失一部分国内市场,这样不出口的企业将会遭受市场份额和利润的双重损失。生产率更高的企业会选择出口,通过增加出口销售弥补国内销售的降低,生产率最高的企业利润将会增加。同样,生产率最低的企业的退出和生产率最高的企业市场份额的增加都有助于总生产率水平的上升和福利的增加。

出口固定成本 f_x 的下降对边界水平产生的影响与 τ 的下降所产生的影响相同。贸易自由化的增加使生产率最低的企业退出（φ^* 上升），同时，新的企业将会进入到出口市场（φ_x^* 下降）。如果新的出口商生产率水平高于平均生产率水平的话，这种选择效应有助于总生产率水平的提高。尽管与前面的分析类似，生产率较低的企业无法出口，将会遭受市场份额和利润的双重损失，但这种情况下，市场份额和利润向生产率更高的企业分配的原理与前面不同，对于那些在出口固定成本 f_x 下降之前已经在出口的企业，f_x 的下降不会增加这些企业的市场份额和利润，仅仅那些新的出口商的销售会增加。在新的稳定均衡状态下，福利会更高。正如 Roberts，Sullivan 和 Tybout（1995）所论证的，贸易成本的下降有助于解释另外一个经验事实，即：新企业进入出口市场会对出口的扩张起推动作用。

综上所述，Melitz（2003）从两大脉络展开对企业的市场进入、退出和出口、FDI 等决策行为和贸易模式选择的研究。一是从产业内企业异质性的原因出发。该模型认为，企业生产率水平差异是造成产业内企业异质性的最主要原因，是进而决定着企业是选择退出市场、还是在国内销售、或出口到国外市场等贸易行为的关键因素。另一则是从贸易自由化的影响出发。该模型认为，贸易自由化使得资源重新配置，低生产率企业的退出和出口收益向高生产率企业的集中将提高该行业的总体生产率水平；同时，贸易自由化也将导致企业间利润的再分配，企业利润也进一步流向生产率较高的企业。

Melitz（2003）模型在国际贸易理论研究中具有里程碑意义，从此开创了异质性企业贸易模型研究的新篇章，此后，很多异质性企业贸易模型都是在其研究基础上构建起来并对其不断完善和拓展的。

（二）Melitz（2003）模型的扩展

HMY（2004）在 Melitz（2003）研究基础上，引入水平 FDI，构建了一个"邻近—集中"替代关系（Brainard，1993）①的多国家、多行业的国际贸易和投资模型，考察企业的出口和水平 FDI 之间的关系。该模型认为，这两种市场进入方

---

① Brainard（1987）和 Brainard（1993）认为，当外国市场规模增加并且出口成本上升时，与出口相比，FDI 就变得更为有利，而当海外投资建厂的成本持续上升时，FDI 就会变得相对不利，即出口与 FDI 的接近—集中的替代关系。

式的相对成本侧重点不同:出口的固定成本较低,而 FDI 的可变成本较低。该模型强调行业内部企业生产率差异在解释国际贸易结构和投资方式的重要性,即各企业是根据生产率水平来选择退出市场、出口还是水平 FDI 等不同的组织形式和贸易模式的:生产率水平最低的企业选择退出市场,生产率较低的企业只在国内市场销售,生产率水平较高的那部分企业才有可能既在国内市场销售也出口到国外市场;而在这些国内、外市场销售的企业中,其国外市场的运行模式也不一样:只有那些生产率水平最高的企业才能进行 FDI,生产率相对较低的企业则选择出口,企业生产率异质性程度越大,则该行业 FDI 的比例越高,从而出口所占比例越低。该模型利用 1994 年美国 1996 家企业在 38个国家、52 个产业的出口和 FDI 的贸易数据,估算了贸易摩擦、规模经济和产业内企业异质性等因素对出口和 FDI 这两种贸易方式的影响,从而得出"各行业之间企业的异质性在贸易结构和 FDI 方式中起着重要作用"的结论。

  Antras 和 Helpman(2004)则在 Melitz(2003)研究基础上,结合 Antras(2003)企业内生边界模型,建立了一个新的南北国际贸易模型[①],考察企业出口、外包和垂直 FDI 之间的关系。该模型中,南国的可变成本较低(尤其指较低的工资成本),而北国则固定成本较低;FDI 具有所有权优势,而外包具有地理位置优势。该模型表明,南北国家之间的企业生产率差异、总部密集度、工资水平差异和各国所有权优势等因素共同决定着企业组织形式和贸易模式的选择。在总部密集度较低的行业(即零部件密集型行业),没有企业会进行垂直 FDI,只会选择外包——生产率水平最高的企业选择在国外外包,生产率次之的企业则在国内外包,生产率最低的企业退出市场。那些在同一国家外包其投入品的企业中,低生产率水平的企业外包,而高生产率水平企业则内包。而在总部密集度最高的行业,会出现五种组织形式和贸易模式:劳动生产率水平最高的企业选择在南国进行垂直 FDI,次高的企业则选择在南国外包,较低的企业选择在北国进行垂直 FDI,更低的企业选择在北国外包,生产率最低的企业则退出市场。此外,外包成本的降低将增加外包企业的数量,从而企业间贸易(An arm's-length trade[②])相对于企业内贸易增多。不难看出,该模型能

[①]北国代表发达国家,南国代表发展中国家。
[②]An arm's length trade 是指两个完全独立的企业间商品、服务、产权或股权等的买卖,是最普通的贸易类型。

较好地解释了当时的国际贸易模式和垂直 FDI 方式。

Melitz 和 Ottaviano(2005)在 Meltiz(2003)研究基础上,利用 Ottaviano,Tabuchi 和 Thisse(2002)的水平产品分化线性需求方法,进一步加入内生加成因素,构建了一个具有异质性企业和市场竞争激烈度内生差异的垄断竞争贸易模型,研究了市场规模、贸易和生产率之间的关系。该模型表明,不同市场的竞争激烈程度是由该市场中企业的数量和平均生产率水平内生决定的:市场规模越大、一体化程度越高,则市场竞争越激烈,从而导致总的生产率水平越高、平均利润越低,并因此影响异质性生产企业和出口企业的市场决策和贸易模式。

此外,Melitz(2003)模型还被多次扩展到垄断竞争的其他贸易模型,如 Ghironi 和 Melitz(2005)的国际宏观动态模型、Baldwin 和 Robert-Nicoud(2006)的开放经济增长模型,以及 Bernard,Redding 和 Schott(简化为 BRS,2007)的比较优势和异质性企业贸易模型。Helpman,Melitz 和 Rubinstein(简化为 HMR,2008)、Chaney(2008)等模型则将 Melitz(2003)的分析框架扩展为推导双边贸易的引力方程。本章第三节将重点介绍异质性企业贸易模型的这些最新扩展。

第三节 异质性企业贸易理论的最新扩展

一、理论模型

21 世纪以来,描述国际贸易模式基本特点的三个主要特征事实是:一是各国双边贸易矩阵中零元素占多数,即大部分国家在双边贸易中只出口到小部分的贸易伙伴国,与大部分潜在贸易伙伴国并没有发生贸易关系;二是各国企业出口产品数量、出口额及参与出口的企业数目随时间变化很大;三是各国企业出口的产品结构随时间变化也很显著,如美国企业出口产品年取代率超过25%。为解释这些特征事实,异质性企业贸易模型的新近研究,将 Meltiz(2003)的分析框架扩展到双边贸易的引力方程,重点研究了贸易壁垒、商品替代弹性和信贷约束等因素对贸易深度边际(intensive margins)和广度边际(extensive margins)的影响。

HMR(2008)构建的异质性企业贸易模型首次将 Meltiz(2003)分析框架扩展到贸易引力方程[1],分析两国之间的正贸易流量和零贸易流量情形。该模型认为,贸易摩擦或贸易壁垒对贸易流量的影响可以被分解为深度边际和广度

---

[1] Eaton 和 Kortum(2002)最早将深度边际引入到双边贸易引力方程的多国贸易模型中。

边际,前者是指每个出口企业的出口额,后者是指所有出口企业的数目。该模型运用选择方程、贸易流量方程进行二阶段估计,通过采用参数估计、半参数估计和非参数估计方法得到的对贸易摩擦影响的相似估计结果,衍生出了一般化的引力方程,解释各企业对出口市场的自我选择及其对贸易流量的影响。该模型提供了对贸易的深度边际和广度边际很好地估计,并指出,传统的估计是有偏差的、且大部分偏差并非由于广度边际的选择、而是其删除所引起的。因此,一个国家出口企业数目的多少,成为决定这个国家与其贸易伙伴国贸易流量非常重要的因素。这一研究结论对于研究双边贸易具有非常重要的意义,但是,它未能准确解释可变成本和固定成本在深度边际和广度边际中的作用问题。

Chaney(2008)在 HMR(2008)模型基础上,加入出口固定成本,构建了预测双边贸易结构的新模型。该模型认为,事实上,引入企业异质性之后,Krugman(1980)的同质性产业内贸易模型中的一个预测,即较高的商品替代弹性将加大贸易壁垒对贸易流量影响,歪曲了双边贸易的引力方程。原因是,替代弹性对国际贸易的深度边际和广度边际的影响相反:一个较高的替代弹性会加大深度边际对贸易壁垒变化的敏感性而减少广度边际对贸易壁垒的敏感性,而且当各企业的生产率分布呈帕累托分布(接近美国企业生产率实际分布)时,广度边际比深度边际占更大优势。因此,较高的商品替代弹性不是加大贸易壁垒对贸易流量的影响;相反地,而是减少这种影响。

Manova(2008)借鉴 HMR(2008)两阶段估计法,构建了一个由具有信贷约束的异质性企业、不同金融发展水平的国家和金融脆弱性(vulnerability)程度相异的行业组成的模型,系统地考察了信贷约束对出口贸易流量的影响。该模型中,生产规模较大、生产率较高的企业在外部融资中具有优势。其研究认为,信贷约束通过三种重要的方式影响着国际贸易模式。首先,金融发达国家更可能从事双边出口贸易,而且当其成为出口国之后其出口额会更大,这种对深度边际的影响在那些外部融资需求较大或抵押资产较少的产业中更为显著。其次,在金融脆弱性行业,金融发达国家出口的产品品种数量更多、产品转换频度(product churning)随时间的变化更低,从而影响着贸易的广度边际。最后,信贷约束导致出口贸易的啄序(pecking order)[①]:所有的国家均能出口

[①] 啄序:一群家禽中存在的社会等级,其中每一只鸟禽能啄比其低下的家禽而又被等级比它高的家禽啄咬。

到大目的国的同时,金融发达国家还能出口到规模较小的进口市场国家,从而拥有的贸易伙伴国数量更多,出口国家和产业的金融越发达,其能够出口的贸易伙伴国也就越多,这种对广度边际的影响在金融脆弱性产业中尤为明显。

Ghironi 和 Melitz(2007)在 Ghironi 和 Melitz(2005)模型基础上,构建了一个动态随机一般均衡(DSGE)的两国异质企业垄断竞争贸易模型。该模型认为,由于存在固定出口成本和边际贸易成本,并非所有新产品都会进行贸易,只有那些可能赢利的新产品才会出口。因此,所有新产品总数和出口新产品子数共同决定着贸易的广度边际。当一国经济和其贸易伙伴国面临一系列生产率冲击时,新产品总数和出口新产品子数均随着商业周期波动,因此,国内企业是选择进入本国市场还是出口到国外市场,与国际商业周期波动密切相关。该模型较好地解释了美国生产者进入、产品推广与经济波动之间显著的正相关性,以及不同国家贸易品种范围的变化和贸易流之间的关系等问题。

此外,BRS(2007)模型则在一般均衡条件下将比较优势和异质性企业有机结合起来研究。该模型将异质性企业加入到 Helpman 和 Krugman(1985)的 H—K 模型,考察各国各产业间不同贸易模式、产业内双向贸易模式,以及产业内各企业间不同贸易模式的产生原因,分析贸易自由化对国家福利和收入分配的影响。其主要观点是:"禀赋驱动比较优势"导致各国不同产业间的不均衡出口贸易模式,"企业层面水平产品差别化和规模报酬递增"引起产业内的双向贸易模式,同一产业内只有部分企业出口的原因则是"贸易成本驱动的自我选择效应"。其研究发现,贸易自由化不仅能够引起产业内资源重新配置,从而提高各产业总体生产率水平,而且,对比较优势产业的影响更大:较之比较劣势产业,前者拥有更多的出口机会引起生产要素需求的更大增加,从而抬高其密集使用生产要素的相对价格,迫使更多的低生产率企业退出。因此,这种资源配置活动将加大各国的比较优势,从而增加贸易的总福利所得。此外,贸易自由化还影响各生产要素的收入分配:行业平均生产率水平的提高将压低商品价格,从而提高各要素的实际收入,如果生产率提高足够明显,一国稀缺要素的实际收入甚至可能反而增加,该结论直接挑战了传统的要素价格均等化定理。[①]

[①]Stolper—Samuelson 定理(要素价格均等化定理)认为,贸易自由化将提高富裕要素的实际收入和降低稀缺要素的实际收入,最终导致各要素价格均等。

二、实证检验

早期异质性企业贸易模型的扩展主要集中在理论研究方面,关于实证检验方面的研究则相对较少,最近两年,逐渐兴起了对异质性企业贸易模型及其扩展模型的实证检验,并很快成为该领域研究的一个最新热点。

Yeaple(2009)使用美国经济分析局(BEA)所收集的美国跨国公司1994年企业层面的数据,检验了改进的HMY(2004)异质性企业模型是如何解释美国跨国公司在各国的活动结构的。该研究通过回归检验发现,企业异质性在决定美国跨国公司的活动结构中起着非常重要的作用:较之生产率较低的企业,生产率较高的美国企业在更多的国家进行投资,拥有更多的国外分支企业,且其分支企业的销售规模也更大;当一国对美国大型跨国公司变得更有吸引力时,越来越多的规模较小、生产率较低的小企业也陆续进入该国投资,如东道国人均GDP每提高10%,就引起进入该国投资的美国企业的数目增加7.6%,剔除新进入企业生产率较低因素之后,贸易广度边际的贡献为5.6%。此外,东道国与美国的地理距离以及是否与美国使用共同语言等因素也影响着美国跨国公司的活动结构,如地理距离每提高10%,美国企业的数目就减少5.4%,从而有力支持了HMR(2008)的部分结论。

Bernard,Jensen,Redding和Schott(2009)使用美国贸易统计数据(LFTTD),对贸易边际如何解释美国进出口在不同贸易伙伴国、贸易类型(企业间贸易对集团内贸易,Arm's—Length vs. Related—Party,简称AL vs. RP)和时间范围等各方面的变化进行了全面检验。其检验结果显示:(1)横截面变化方面,在2003年美国出口中,广度边际可以解释美国与不同贸易伙伴国总出口变化中的77.4%、而深度边际则只解释22.6%;深度边际对RP出口比AL出口更重要(31.1%对21.1%)。(2)时间序列变化上,1993年至2003年10年期间,如只考察一年的短时间范围,深度边际可以解释美国出口增长中的76%,而广度边际只能解释其中的25%,但时间范围越长,广度边际的相对影响越大,如考察时间范围为5年时,两者影响约各占一半;时间范围为10年时,则广度边际的相对影响远大于深度边际(56%对35%)。(3)通过考察1997年亚洲金融危机中美国进、出口行为时发现,从事RP贸易的中小企业与从事AL贸易的大跨国公司与对宏观冲击所做出的反应明显不同,如1998年,AL出口的下降远大于RP出口的减少(26%对4%)。

Arkolakis和Muendler(2009)则利用巴西出口企业及其产品和目的国等

三维面板数据,检验各出口目的国引进商品的广度边际。其数据显示:(1)出口企业的商品数量在各目的国国内的分布稳健并与大部分企业大体呈帕累托分布。(2)出口企业的商品数量与每产品平均销售额在各目的国国内正相关,但各目的国之间并非如此。其研究将总出口分解为所有企业的市场进入共同广度边际和每个企业的销售额,并将后者进一步分解为所有商品的产品引进广度边际和每种商品销售额的残余深度边际,扩展并检验了 Chaney(2008)模型,从而解释了上述规律。

Manova(2012)利用 1980~1997 年 91 个国家的面板数据和事件研究(event-study),检验了信贷约束对国际贸易流量的影响。她将股票市场自由化视为外部融资可获性的外部冲击,检验股票市场自由化对出口行为的影响,其结果显示,在金融脆弱行业中,股票市场自由化更不均衡地促进金融脆弱性产业的出口,如股票市场自由化之后的三年内,一国的纺织品(高度依赖外部融资产业)出口比其矿产品(内部筹款密集型产业)出口多提高 13 个百分点;相类似,低有形资产产业(如其他化学制品)出口比高有形资产产业(如木材制品)出口快增长 17 个百分点,从而找到 Manova(2008)模型的部分结论的数据支持。

第四节　简评及研究展望

自 20 世纪 90 年代中期以来,微观层面数据对国际贸易研究产生着重要的影响。许多研究不断发现新的特征事实,并构建新的贸易模型来解释这些特征事实。

大量经验证据表明,出口企业与非出口企业存在着显著的异质性,且这些异质性对贸易模式有着重要的影响。这些经验证据推动着新近的国际贸易研究重心的转移,即由传统研究的国家和产业层面不断转移到新近的企业和产品层面。这些研究,部分是对传统理论的继承和补充,更多的则是非常新颖的思想和观点。

通过加入异质性企业行为,尽管新近的国际贸易理论在解释贸易模式和生产率增长等方面取得了突破性的进展,但仍有许多贸易行为和现象未能得到全面解释。例如,鲜有文献研究企业如何决定其进出口的产品范围、或其进出口贸易伙伴的国家范围以及全球化如何影响这些贸易边际等问题,而这些问题却是理解距离决定贸易流量、引力方程的重要性等问题的关键。此领域研究的进一步扩展可能需要对企业边界更为清晰的考察,包括生产活动的各阶段是否需要内包或外包,以及这种内包或外包是跨境,还是只在境内进行等。此外,企业内部专业化和重新配置或许也会对生产率提升和贸易福利增加起到重要作用。

迄今为止,异质性企业贸易模型都假定国际贸易是从一个国家的生产者与另一个国家的最终消费者直接进行。然而,事实上,现实世界中,商品从生产企业出厂到最终消费者消费中间,可能存在着一条很长的贸易链。在经济全球化和贸易自由化大背景下,随着国际贸易工具的不断创新和贸易设施的日趋完善,中间商贸易在这条贸易链中所起的作用日益增强,无论是对贸易模式还是贸易福利所得都产生着越来越重要的影响(Bernard, et al., 2010)。中间商贸易逐步引起各国学者的研究重视,为此,美国经济学会在其 2010 年会中,特设了"Intermediation in International Trade"专题[①],讨论国际贸易中的中间贸易商问题。Ahn, Khandelwal 和 Wei(2011)利用中国出口企业层面数据证明了中间贸易商在国际贸易的便利化方面起到了重要作用。预计中间商贸易在未来的贸易模式、企业异质性和国际贸易研究中很有可能掀起一股新的热潮。

---

① 参见 http://www.aeaweb.org/aea/conference/program/2010_AEA_meeting_papers.php。

第三章 中国企业异质性：以中国企业 500 强为例

第一节 问题的提出和文献综述

如第二章所述，无论是李嘉图模型、H—O 模型等传统贸易理论，还是克鲁格曼模型等新贸易理论，以及 H—K 模型，都假定企业具有同质性。尽管这一假定便利研究，却与现实国际贸易活动中所观察到的某些特征事实并不相符。事实上，20 世纪 90 年代中期以来，大量基于企业生产和贸易层面数据的微观经验研究发现，不同发展水平国家的同产业内各企业之间在规模、劳动生产率水平等相关特征存在着显著的差异性。许多西方学者对美国、德国和法国等发达国家以及韩国、中国香港和中国台湾等新兴国家和地区的企业进行了深入研究和探讨，他们发现，这些国家和地区同一产业内部各企业之间，尤其是出口企业和非出口企业之间，在企业规模、劳动生产率水平、资本密集程度和技术密集程度以及所有权性质等方面均存在显著的异质性，具体文献参见本书第二章。

国内学者也对企业异质性问题从不同角度进行了大量研究。刘刚（2002）指出，企业的异质性假设是考察企业本质和竞争行为的基本前提。潘镇（2005）以江苏省 3570 家制造业外资企业为对象，分析了区位因素对外商直接投资选址的一般性影响，考察了外商直接投资在区位选择中的异质性，并对外商直接投资区位选择的有效性进行了检验。蓝庆新（2006）指出，在动态的竞争环境中，异质性能力是企业竞争优势形成和企业持续发展的基础；企业只有不断地对异质性能力创新、优化，不断地与外界环境之间进行信息流、能量流的交换，减少熵增，企业才能保持持续竞争优势。洪联英和罗能生（2007）以 Melitz（2003）的生产率异质性方法为基本理论分析框架对中国企业在国际化发展中的路径及其策略问题进行实证分析。张天顶(2008)将企业异质性引入模型分析,同时将企业的 R&D 活动作为内生变量来进行研究,在此基础上,结合中国出口和对外直接投资发展的实际情况提出了相关政策建议。易靖韬(2009)探讨了企业异质性、市场进入成本和技术溢出与企业出口参与的关系。唐宜红和林发勤(2009)通过我国 2005 年工业普查的企业数据,对 Melitz(2003)的异质企业模型在我国的适用性问题进行了验证。王争、孙柳媚和史晋川(2009)则利用第一次全国经济普查的企业微观数据研究中国私营企业生产率的异质性对吸收外资溢出的影响。王恬和王苍峰(2010)以海关八位码进口关税表示贸易政策变动,采用世界银行提供的 1999~2002 年中国制造业企业面板数据,实证研究了以关税减让为主的贸易政策变动对我国不同类型企业生产率的影响。田东文和贾科华(2010)重点分析了垂直专业化生产与异质性企业组织模式之间的关系。石军伟和付海艳(2010)则首次从政治网络与市场网络相结合的视角,分析企业社会资本的嵌入风险及其对企业绩效的异质性影响,并运用 155 家中国企业的调查数据进行了实证检验。施炳展(2011)基于新新贸易理论,探讨了企业异质性、地理距离与中国出口产品价格空间分布特点的理论机制,并利用中国对世界各国 HS92 版本六分位出口数据进行了实证研究。

综上所述,尽管企业异质性问题在国内外已经成为国际贸易研究领域最前沿热点并引起了广泛关注。但是,现有文献对中国企业异质性问题的研究存在两个方面的不足:一是缺乏对中国企业的规模、劳动生产率水平、资本和技术密集程度以及所有权性质等各方面异质性问题的系统研究;二是鲜有文献将企业异质性与中国出口贸易结构联系起来研究。本章以 2002~2010 年中国企业 500 强和世界企业 500 强,以及中国进出口企业 500 强和中国出口企业 200 强为考察对象,全面分析中国企业的规模、劳动生产率水平、资本和技术密集程度以及所有权性质等各方面的异质性问题。

本章余下部分结构安排如下。第二节,从企业规模、劳动生产率水平、资本和技术密集程度等方面考察中国国内同一产业各企业相互之间的异质性。第三节,简要比较中国与发达国家同一产业各企业之间的规模和劳动生产率水平差异之后,重点分析中国企业在国有垄断和吸引 FDI 两大特性方面与发达国家企业的明显差异。第四节,考察电子产业中国国内出口企业和一般企业的异质性。最后,是本章的小结。

第二节　中国国内同产业企业的异质性分析

与发达国家企业相类似,中国国内同一产业内部各企业相互之间,无论是从企业规模,还是劳动生产率水平,以及资本和技术密集程度等各方面考察,都存在显著的差异性或异质性。接下来,我们以 2002～2010 年中国企业 500 强中的钢铁制造业和烟草加工业为例,分别考察中国企业的规模、劳动生产率水平以及资本和技术密集程度等各方面的异质性。

一、各企业之间的规模差异显著

国际通行惯例,一般以企业的营业收入和资产总额两个指标来衡量企业的经营和生产规模。按此标准,无论是从企业营业收入指标看,还是以企业资产总额指标衡量,中国国内同一产业各企业相互之间均表现出显著的规模差异。我们以中国钢铁制造业为例,按企业营业收入和企业资产总额两个指标分别考察中国国内同一产业各企业相互之间的规模异质性。

首先,按企业的营业收入指标考察,中国钢铁制造业内部各企业相互之间规模差异显著。我们以 2002～2010 年中国企业 500 强中所有入围的钢铁业企业为考察对象,从中挑选出三家有代表性的企业来研究这个问题,这三家企业分别为营业收入首位企业、中位企业和末位企业[①]。从企业的营业收入指标看,这三家代表性企业相互之间的规模差异显著(见表 3-1)。2002～2010 年期间平均看,入围中国企业 500 强营业收入排序前 100 位的钢铁业企业中,营业收入首位企业的规模分别是中位企业和末位企业规模的 13.3 倍和 28.7 倍,而中位企业的规模则是末位企业规模的 2.1 倍。其中,企业规模差异最为显著是 2004 年,排在营业收入首位企业的上海宝钢集团公司的规模分别是中位企业的上海华冶钢铁集团有限公司和末位企业的株洲冶炼集团有限责任公司规模的

---

①所谓首位企业是指当年入围中国企业 500 强的钢铁行业规模最大的企业,即在中国企业 500 强排名中最靠前的钢铁行业企业;同样,末位企业是指当年入围中国企业 500 强的钢铁行业规模最小的企业,即在中国企业 500 强排名中最末尾的钢铁行业企业;中位企业则是指在中国企业 500 强中排名与首位企业和末位企业在中国企业 500 强中排名的均值最贴近的钢铁行业企业,以 2009 年为例,首位企业和末位企业在中国企业 500 强中的排名分别为第 12 位、第 497 位,其均值为第 255 位,与其均值前后最贴近的钢铁行业企业是第 237 位企业和第 261 位企业,第 261 位相对更近些,故中位企业选取第 261 位的河北津西钢铁股份有限公司。

17.2倍和36.6倍,而上海华冶钢铁集团有限公司规模则是株洲冶炼集团有限责任公司规模的2.1倍;即使差异最小的2010年,企业规模差异也较大,位于营业收入首位企业的宝钢集团有限公司①的规模分别是中位企业的新余钢铁集团有限公司和末位企业的冷水江钢铁有限责任公司规模的8.1倍和17.0倍,而新余钢铁集团有限公司的规模则是冷水江钢铁有限责任公司规模的2.1倍。从中不难发现,按企业的营业收入指标考察,中国钢铁业内部各企业相互之间存在着显著的规模差异;而且,企业规模越大,相互之间规模差异也越大。

表3-1 中国钢铁制造业企业营业收入比较(2002~2010年)

(营业收入单位:万元)

年份\排名	首位企业 企业名称	营业收入(1)	(1)÷(3)	(1)÷(2)	中位企业 企业名称	营业收入(2)	(2)÷(3)	末位企业 企业名称	营业收入(3)
2002	上海宝钢集团公司(13)a	7107038	35.5	16.2	新余钢铁有限责任公司(255)	437699	2.2	南昌钢铁有限责任公司(500)	200264
2003	上海宝钢集团公司(13)	7772743	29.5	13.9	广东韶关钢铁集团有限公司(248)	558258	2.1	河北津西钢铁股份有限公司(483)	263054
2004	上海宝钢集团公司(12)	12041545	36.6	17.2	上海华冶钢铁集团有限公司(254)	700000	2.1	株洲冶炼集团有限责任公司(479)	328747
2005	上海宝钢集团公司(9)	16175652	35.0	15.9	天津天钢集团有限公司(251)	1018106	2.2	株洲冶炼集团有限责任公司(493)	462735
2006	宝钢集团有限公司(11)	17617074	28.7	14.8	天津天钢集团有限公司(254)	1187877	1.9	陕西龙门钢铁集团有限责任公司(494)	613176

①根据国务院国有资产监督管理委员会国资改革[2005]1301号《关于上海宝钢集团公司变更工商登记有关事项的批复》,2005年10月20日起,上海宝钢集团公司更名为宝钢集团有限公司。

37

续表

年份\排名	首位企业 企业名称	首位企业 营业收入(1)	(1)÷(3)	(1)÷(2)	中位企业 企业名称	中位企业 营业收入(2)	(2)÷(3)	末位企业 企业名称	末位企业 营业收入(3)
2007	宝钢集团有限公司(12)	18068121	23.2	10.9	昆明钢铁控股有限公司(233)	1653936	2.1	邢台钢铁有限责任公司(475)	777992
2008	宝钢集团有限公司(12)	22771594	29.3	11.6	通化钢铁集团股份有限公司(244)	1957936	2.5	陕西龙门钢铁集团有限责任公司(467)	777992
2009	宝钢集团有限公司(12)	24683881	23.2	11.5	河北津西钢铁股份有限公司(261)	2144141	2.0	冷水江钢铁有限责任公司(497)	1061800
2010	宝钢集团有限公司(23)	19530748	17.0	8.1	新余钢铁集团有限公司(250)	2421848	2.1	冷水江钢铁有限责任公司(480)	1151755
年均	—	—	28.7	13.3	—	—	2.1	—	—

注：[a]各企业附后括号里的数字为该企业在中国企业500强中的排名。

资料来源：2002~2009年数据根据《中国企业管理年鉴》(2003~2010年)数据计算整理得出；2010年数据根据中国企业联合会数据计算整理得出。

以企业的资产总额指标衡量，中国钢铁业内部各企业相互之间同样规模差异明显。我们以2002~2009年中国企业500强总资产排序前100位的企业所有入围的钢铁制造业企业为考察对象，从中挑选出三家有代表性的企业来研究这个问题。与前文相类似，这三家企业也分别是资产总额首位企业、中位企业和末位企业。从企业的资产总额指标看，这三家代表性企业相互之间的同样规模差异显著（见表3-2）。2002~2009年期间平均比较，入围中国企业500强总资产排序前100位的钢铁业企业中，排在资产总额首位企业的规模分别是中位企业和末位企业规模的3.2倍和6.0倍，而中位企业的规模是末位企业规模的1.9倍。其中，企业规模差异最大的一年是2002年，排在资产总额首位企业的上海宝钢集团公司的规模分别是中位企业的武汉钢铁集团公司和末位企业的马钢集团控股有限公司规模的3.6倍和7.7倍，而武汉钢铁集团公司的规模则是马钢集团控股有限公司规模的2.1倍;即使差异最小的2009年,企业规模差异也不小,排在资产总额首位企业的宝钢集团有限公司的规模分别是中位企业的山东钢铁集团有限公司和末位企业的马钢集团控股有限公司规模的3.0倍和4.7倍,而山东钢铁集团有限公司的规模则是马钢集团控股有限公司规模的1.6倍。

需要说明的是,因我们按资产总额指标所考察的对象范围仅限于资产总额前100家,而按营业收入指标所考察的对象范围是营业收入前500家,因此,我们不能单凭字面上的差距得出按营业收入指标企业规模差异更大的结论。事实上,两个指标得出的结论差别并不大,如从2002~2010年期间平均值首、末位企业差异比较,按资产总额指标,是6.0倍;按营业收入指标,是28.7倍。如果将前者扩大5倍,则为30.0倍,与后者基本接近,甚至反而比后者更大。

表3-2 中国钢铁制造业企业资产总额比较(2002~2009年)

(资产总额单位:万元)

年份\排名	首位企业 企业名称	资产总额(1)	(1)÷(3)	(1)÷(2)	中位企业 企业名称	资产总额(2)	(2)÷(3)	末位企业 企业名称	资产总额(3)
2002	上海宝钢集团公司(20)[a]	16258539	7.7	3.6	武汉钢铁集团公司(50)	4478843	2.1	马钢集团控股有限公司(92)	2109236
2003	上海宝钢集团公司(19)	15675490	6.4	3.3	首钢总公司(55)	4754502	1.9	太原钢铁集团有限公司(93)	2438891
2004	上海宝钢集团公司(19)	17209003	6.5	3.2	武汉钢铁集团公司(55)	4668957	2.0	湖南华菱钢铁集团有限公司(93)	2661147
2005	上海宝钢集团公司(21)	19383969	5.5	2.7	鞍山钢铁集团公司(55)	7142473	2.0	包头钢铁集团有限责任公司(92)	3514962
2006	宝钢集团有限公司(22)	21404689	6.0	3.0	武汉钢铁集团公司(59)	7109690	2.0	江苏沙钢集团有限公司(100)	3575994

续表

年份\排名	首位企业 企业名称	首位企业 资产总额(1)	(1)÷(3)	(1)÷(2)	中位企业 企业名称	中位企业 资产总额(2)	(2)÷(3)	末位企业 企业名称	末位企业 资产总额(3)
2007	宝钢集团有限公司(26)	23617782	4.9	2.8	首钢总公司(60)	8584704	1.8	湖南华菱钢铁集团有限公司(96)	4822915
2008	宝钢集团有限公司(20)	35640366	6.3	3.6	唐山钢铁集团有限责任公司(63)	9812106	1.7	攀枝花钢铁集团公司(100)	5646618
2009	宝钢集团有限公司(29)	35249723	4.7	3.0	山东钢铁集团有限公司(68)	11908946	1.6	马钢集团控股有限公司(98)	7444242
年均	—	—	6.0	3.2	—	—	1.9	—	—

注:[a]各企业附后括号里的数字为该企业在中国企业500强总资产排序前100家中的排名。
资料来源:根据《中国企业管理年鉴》(2003~2010年)数据计算整理得出。

二、不同企业之间的劳动生产率水平差异明显

按国际一般标准,人均营业收入和人均利润是反映企业劳动生产率水平的两个重要指标。与企业规模差异相类似,按此标准,无论是从人均营业收入指标看,还是以人均利润指标衡量,中国同产业内部各企业相互之间同样都表现出较大的劳动生产率差异。我们以中国烟草加工业为例,按企业人均营业收入和人均利润两个指标考察中国同产业内部各企业劳动生产率的异质性。

首先,按企业的人均营业收入指标,考察中国烟草加工业企业的劳动生产率差异。我们以2002~2006年中国企业500强人均营业收入排序前100位的企业所有入围的烟草加工业企业为考察对象①。与前文相类似,从中挑选出人均营业收入首位企业、中位企业和末位企业。从企业的人均营业收入指标看,这三家企业的劳动生产率水平差异较大(见表3-3)。2002~2006年期间平均看,入围中国500强人均营业收入排序前100位的烟草加工业企业中,

---

① 因《中国企业管理年鉴》自2008年起不再统计中国企业500强人均营业收入数据,故只选取2002~2006年数据考察。

表 3-3　中国烟草加工业企业人均营业收入比较(2002~2006 年)

(人均营业收入单位:万元)

年份\排名	首位企业 企业名称	人均营业收入(1)	(1)÷(3)	(1)÷(2)	中位企业 企业名称	人均营业收入(2)	(2)÷(3)	末位企业 企业名称	人均营业收入(3)
2002	云南红河卷烟厂(22)[a]	501.6	3.7	2.5	广州卷烟二厂(59)	199.2	1.5	昆明卷烟厂(89)	137.2
2003	杭州卷烟厂(28)	489.1	2.7	2.1	南京卷烟厂(53)	231.4	1.3	玉溪红塔烟草集团有限公司(83)	181.4
2004	杭州卷烟厂(18)	549.6	3.3	2.0	南京卷烟厂(57)	272.9	1.6	常德卷烟厂(99)	166.9
2005	杭州卷烟厂(20)	814.7	4.2	2.8	长沙卷烟厂(59)	295.5	1.5	常德卷烟厂(99)	191.7
2006	杭州卷烟厂(22)	651.5	2.8	1.9	长沙卷烟厂(57)	339.0	1.4	常德卷烟厂(90)	235.2
年均	—	—	3.3	2.3	—	—	1.5	—	—

注:[a] 各企业附后括号里的数字为该企业在中国企业 500 强人均营业收入排序前 100 家中的排名。
资料来源:根据《中国企业管理年鉴》(2003~2007 年)数据计算整理得出。

位于人均营业收入首位企业的劳动生产率水平分别是中位企业和末位企业劳动生产率水平的 2.3 倍、3.3 倍,而人均营业收入中位企业的劳动生产率水平则是末位企业劳动生产率水平的 1.5 倍。其中,差异最为显著是 2005 年,位于人均营业收入首位企业的杭州卷烟厂的劳动生产率水平分别是中位企业的长沙卷烟厂和末位企业的常德卷烟厂劳动生产率水平的 2.8 倍和 4.2 倍,而长沙卷烟厂的劳动生产率水平则是常德卷烟厂劳动生产率水平的 1.5 倍;即使差异最小的 2003 年,各企业之间的劳动生产率差异也较大,排在人均营业收入首位企业的杭州卷烟厂的劳动生产率水平分别是中位企业的南京卷烟厂和末位企业的玉溪红塔烟草集团有限责任公司劳动生产率水平的 2.1 倍和 2.7 倍。从中不难发现,从企业的人均营业收入指标看,中国烟草加工业内各企业相互之间存在着较大的劳动生产率差异。

以企业的人均利润指标衡量,中国烟草加工业内各企业相互之间劳动生产率差异更大。我们仍以 2002~2006 年中国企业 500 强人均利润排序前 100

位的企业中所有入围的烟草加工业企业为考察对象①。与前文一样,从中挑选出人均利润首位企业、中位企业和末位企业。从企业的人均利润指标看,这三家企业的劳动生产率差异更大(见表 3-4)。2002~2006 年期间平均看,入围中国企业 500 强人均利润排序前 100 位的烟草加工业企业中,位于人均利润首位企业的劳动生产率水平分别是中位企业和末位企业劳动生产率水平的 5.6 倍和 10.8 倍,而人均利润中位企业的劳动生产率水平则是末位企业劳动生产率水平的 1.9 倍。其中,差异最大的一年是 2002 年,排在人均利润首位企业的云南红河卷烟厂的劳动生产率水平分别是中位企业的昆明卷烟厂和末位企业的许昌卷烟厂劳动生产率水平的 5.7 倍和 13.6 倍,而昆明卷烟厂的劳动生产率水平则是许昌卷烟厂劳动生产率水平的 2.4 倍;即使差异最小的 2004 年,企业劳动生产率差异也不小,位于人均利润首位企业的上海烟草集团公司的劳动生产率水平分别是中位企业的常德卷烟厂和末位企业的将军烟草集团有限公司劳动生产率水平的 5.4 倍和 8.6 倍,而常德卷烟厂的劳动生产率水平则是将军烟草集团有限公司劳动生产率水平的 1.6 倍。由此,我们不难发现,较之人均营业收入指标,人均利润指标所展示的劳动生产率差异更大一些。

表 3-4 中国烟草加工业企业人均利润比较(2002~2006 年)

(人均利润单位:万元/人)

年份\排名	首位企业 企业名称	人均利润(1)	(1)÷(3)	(1)÷(2)	中位企业 企业名称	人均利润(2)	(2)÷(3)	末位企业 企业名称	人均利润(3)
2002	云南红河卷烟厂(6)a	72.23	13.6	5.7	昆明卷烟厂(43)	12.72	2.4	许昌卷烟厂(89)	5.32
2003	上海烟草集团公司(7)	75.09	8.8	4.4	淮阳卷烟厂(40)	16.99	2.0	芜湖卷烟厂(76)	8.54
2004	上海烟草集团公司(6)	82.02	8.6	5.4	常德卷烟厂(39)	15.20	1.6	将军烟草集团有限公司(60)	9.57

①因《中国企业管理年鉴》自 2008 年起不再统计中国企业 500 强人均利润数据,故只选取 2002~2006 年数据考察。

续表

年份\排名	首位企业 企业名称	人均利润(1)	(1)÷(3)	(1)÷(2)	中位企业 企业名称	人均利润(2)	(2)÷(3)	末位企业 企业名称	人均利润(3)
2005	上海烟草集团公司(3)	102.63	12.6	7.7	贵阳卷烟厂(47)	13.33	1.6	成都卷烟厂(80)	8.14
2006	南京卷烟厂(5)	109.85	10.6	5.0	红塔烟草集团公司(46)	22.17	2.1	武汉卷烟厂(85)	10.35
年均	—	—	10.8	5.6	—	—	1.9	—	—

注：ª各企业附后括号里的数字为该企业在中国企业500强人均利润排序前100家中的排名。
资料来源：根据《中国企业管理年鉴》(2003～2007年)数据计算整理得出。

三、不同企业之间资本密集程度差异较大

企业的资本/劳动比率，即人均资产是反映企业资本密集程度的重要指标之一。我们仍以中国烟草加工业企业为例，按企业人均资产指标考察中国同产业内部各企业相互之间资本密集程度的异质性。我们以2004年和2005年中国企业500强人均资产排序前100位的企业中所有入围的烟草加工业企业为考察对象①。与前文相类似，从中挑选出人均资产首位企业、中位企业和末位企业。从企业的人均资产指标看，无论是2004年，还是2005年，中国烟草加工业内部各企业相互之间的资本密集度差异均较大(见表3-5)。2004年和2005年平均看来，排在人均资产首位企业的资本密集程度分别是中位企业和末位企业资本密集程度的2.2倍和3.4倍，人均资产中位企业的资本密集程度则是末位企业资本密集程度的1.6倍。其中，2005年的差异相对更大一些，排在人均资产首位企业的上海烟草集团公司资本密集程度分别是排在中位企业的将军烟草集团有限公司和末位企业的曲靖卷烟厂的资本密集程度的2.2倍和3.6倍，而将军烟草集团有限公司的资本密集程度则是曲靖卷烟厂资本密集程度的1.7倍。

---

① 因《中国企业管理年鉴》自2007年起不再统计中国企业500强人均资产数据，故只选取2004年和2005年数据考察。

表3-5 中国烟草加工业企业人均资产比较(2004年和2005年)

(人均资产单位:万元)

年份\排名	首位企业 企业名称	人均资产(1)	(1)÷(3)	(1)÷(2)	中位企业 企业名称	人均资产(2)	(2)÷(3)	末位企业 企业名称	人均资产(3)
2004	上海烟草集团公司(26)[a]	500.47	3.2	2.1	玉溪红塔烟草集团有限责任公司(65)	236.57	1.5	颐中烟草集团有限公司(98)	156.10
2005	上海烟草集团公司(23)	578.77	3.6	2.2	将军烟草集团有限公司(59)	268.68	1.7	曲靖卷烟厂(94)	162.33
年均	—	—	3.4	2.2	—	—	1.6	—	—

注:[a] 各企业附后括号里的数字为该企业在中国企业500强人均资产排序前100家中的排名。
资料来源:根据《中国企业管理年鉴》(2005年和2006年)数据计算整理得出。

四、各企业之间技术密集程度不一样

企业的研究开发费用投入与企业的技术进步有较强的相关性,在一定程度上决定着企业的技术水平和创新能力,我们以此指标反映企业的技术密集程度。按此指标,以中国钢铁制造业企业为例,考察中国同产业内部各企业相互之间资本密集程度的异质性。我们以2005~2009年中国企业500强研究开发费用排序前100位的企业中所有入围的钢铁业企业为考察对象。与前文相类似,从中挑选出研发费用首位企业、中位企业和末位企业。从企业的研发费用指标看,中国钢铁制造业企业相互之间技术密集程度差异较大(见表3-6)。2005~2009年期间平均看,排在研发费用首位企业的技术密集程度分别是中位企业和末位企业技术密集程度的4.0倍和7.5倍,中位企业的技术密集程度则是末位企业技术密集程度的2.0倍。其中,2006年的差异最大,排在研发费用首位企业的鞍山钢铁集团公司的技术密集程度分别是排在中位企业的唐山钢铁集团有限责任公司和末位企业的攀枝花钢铁集团公司技术密集程度的5.8倍和9.8倍,而唐山钢铁集团有限责任公司的技术密集程度则是攀枝花钢铁集团公司技术密集程度的1.7倍;即使差异最小的2009年,企业技术密集程度也不小,排在首位企业的武汉钢铁集团公司的技术密集程度分别是排在中位企业的包头钢铁集团有限责任公司和排在末

表 3-6 中国钢铁业企业研究开发费用比较(2005~2009年)

(研发费用单位:万元)

年份\排名	首位企业 企业名称	研发费用(1)	(1)÷(3)	(1)÷(2)	中位企业 企业名称	研发费用(2)	(2)÷(3)	末位企业 企业名称	研发费用(3)
2005	鞍山钢铁集团公司(10)[a]	224663	9.5	5.2	江苏沙钢集团有限公司(51)	43002	1.8	天津天钢集团有限公司(94)	23699
2006	鞍山钢铁集团公司(8)	335562	9.8	5.8	唐山钢铁集团有限责任公司(50)	57920	1.7	攀枝花钢铁集团公司(97)	34116
2007	湖南华菱钢铁集团有限责任公司(13)	336677	6.4	4.1	本溪钢铁集团有限责任公司(54)	81850	1.6	天津天钢集团有限公司(93)	52500
2008	宝钢集团有限公司(21)	228743	6.7	2.2	唐山钢铁集团有限公司(50)	102301	3.0	攀枝花钢铁集团公司(97)	34116
2009	武汉钢铁集团公司(18)	332701	5.3	2.7	包头钢铁集团有限责任公司(56)	122800	1.9	天津天钢集团有限公司(98)	63087
年均	—	—	7.5	4.0	—	—	2.0	—	—

注:[a]各企业附后面括号里的数字为该企业在中国企业500强研究开发费用排序前100家中的排名。
资料来源:根据《中国企业管理年鉴》(2006~2010年)数据计算整理得出。

位企业的天津天钢集团有限公司技术密集程度的 2.7 倍和 5.3 倍,而包头钢铁集团有限责任公司的技术密集程度则是天津天钢集团有限公司技术密集程度的 1.9 倍。

第三节 中国与发达国家同产业企业的异质性比较

较之发达国家企业,中国企业除在企业规模和劳动生产率水平等方面存在较大差异之外,在国有垄断性与私营竞争性、吸引外来直接投资与开展对外直接投资等两个方面形成了鲜明的对比,有着显著的特性。本节以中国企业

500强和世界企业500强为例,简要分析中国企业与发达国家企业在企业规模和劳动生产率水平等方面的差距之后,重点考察中国企业的国有垄断性和吸引FDI等两个重要特殊性。

一、中国与发达国家同产业企业规模差距较大

在企业规模方面,无论是从营业收入指标看,还是以资产规模指标衡量,中国与发达国家同产业企业相互之间都存在着较大差距。限于篇幅问题,我们以2010年中国企业500强和世界企业500强的各行业领先者为考察对象,按营业收入指标,考察零售、汽车、石油、电气、通信、银行、钢铁、保险、贸易和电子等10个行业内中国企业和发达国家企业之间的规模差异。

按营业收入指标,中国与发达国家同一行业企业相互之间规模差异明显(见表3-7)。所列举的10大行业中,中国领先企业的规模均落后于发达国家领先企业。其中,企业规模差距最大的是零售行业,2010年世界零售业规模最大企业美国沃尔玛公司的营业收入是4082.1亿美元,而中国的零售业龙头企业百联集团的营业收入为267.8亿美元,后者规模仅相当于前者规模的6.6%;即使企业规模差异最小的贸易行业,也有一定差距,2010年世界贸易

表3-7 2010年中国企业500强与世界企业500强行业领先者营业收入比较

(营业收入单位:亿美元)

行业	世界企业500强(1)		中国企业500强(2)		(2)×100÷(1)
	企业名称	营业收入	企业名称	营业收入	%
零售	沃尔玛公司	4082.1	百联集团	267.8	6.6
汽车	丰田汽车公司	2041.1	中国一汽集团	302.4	14.8
石油	荷兰皇家壳牌石油公司	2851.3	中国石化集团	1875.2	65.8
电气	通用电气	1567.8	海尔集团	208.7	13.3
通信	弗莱森电讯	1078.1	中国移动集团	717.5	66.6
银行	美国银行	1504.5	中国工商银行	693.0	46.1
钢铁	米塔尔集团	613.7	宝钢集团	285.9	46.6
保险	荷兰国际集团	1632.0	中国人寿集团	570.2	34.9
贸易	三菱集团	489.1	中国中化集团	355.8	72.7
电子	惠普公司	1145.5	华为技术有限公司	218.2	19.0

资料来源:根据附表3-1和附表3-2数据整理得出。

业规模最大企业日本三菱集团的营业收入为489.1亿美元,而中国的贸易业龙头企业中国中化集团的营业收入为355.8亿美元,后者企业规模相当于前者企业规模的72.7%。

二、中国与发达国家同产业企业劳动生产率水平差异明显

在企业劳动生产率水平方面,无论是从人均营业收入指标看,还是以人均利润指标衡量,各产业内的中国企业与发达国家企业同样存在着较大差距。限于篇幅问题,我们以2010年中国企业500强和世界企业500强的各行业领先者为考察对象,按人均利润指标,考察零售、汽车、石油、电气、通信、银行、钢铁、保险、贸易和电子等10个行业内中国企业和发达国家企业的劳动生产率水平差异。

按人均利润指标,中国与发达国家同一产业企业相互之间劳动生产率水平差异明显(见表3-8)。所列举的10大行业中,中国领先企业的劳动生产率均落后于发达国家领先企业。其中,差距最大的是保险业,2010年世界保险业劳动生产率水平最高企业荷兰国际集团的人均利润是7.8万美元,而中国的保险业龙头企业中国人寿保险集团公司的人均利润是0.003万美元,仅

表3-8 2010年中国企业500强与世界企业500强行业领先者人均利润比较

(人均利润单位:万美元)

行业	世界企业500强 (1) 企业名称	人均利润	中国企业500强 (2) 企业名称	人均利润	(2)×100÷(1) %
零售	沃尔玛公司	0.6	百联集团	0.007	1.20
汽车	戴姆勒—克莱斯勒	0.9	一汽集团	0.100	11.10
石油	埃克森美孚	43.2	中国石化集团	0.370	0.90
电气	西门子集团	0.6	海尔集团	0.210	35.00
通信	日本电报电话	2.2	中国移动集团	1.880	85.50
银行	花旗集团	8.1	中国工商银行	1.160	14.30
钢铁	阿赛洛集团	5.0	上海宝钢集团	1.530	30.60
保险	荷兰国际集团	7.8	中国人寿保险	0.003	0.04
贸易	三菱集团	5.8	中国中化集团	1.470	25.30
电子	IBM集团	2.4	联想控股集团	0.370	15.40

资料来源:根据《中国企业管理年鉴2011》数据整理得出。

相当于前者的0.04%；即使差异最小的通信业，也有一定差距，2010年世界通信业劳动生产率最高企业日本电报电话集团公司的人均利润为2.2万美元，而中国的通信业领先企业中国移动集团的人均利润为1.88万美元，相当于前者的85.5%。

三、中国国有垄断企业与发达国家私营竞争企业

较之西方发达国家企业，中国企业最大的一个特色是，国有及国有控股企业在关系到国家经济命脉和国家经济安全的垄断性行业中占据绝对优势地位，从而中国企业集团和大型企业中国有及国有控股企业占绝大多数（见图3-1）。从2003~2010年期间平均看，中国企业500强中国有及国有控股企业为345家，占全部企业总数的69.0%。其中，国有及国有控股企业占全部企业总数比重最高的一年为2004年，其数量为370家，占全部500家企业总数的74.0%；最低的一年是2010年，国有及国有控股企业数量为329家，占全部500家企业总数的65.8%。而西方发达国家企业则是私营竞争性企业占多数，如世界企业500强排头兵都是竞争性的私营企业。不过，图3-1也表明，2003~2010年期间，国有及国有控股企业的数量在国企业500强中的份额不断降低，民营企业数量所占比重则持续提高。

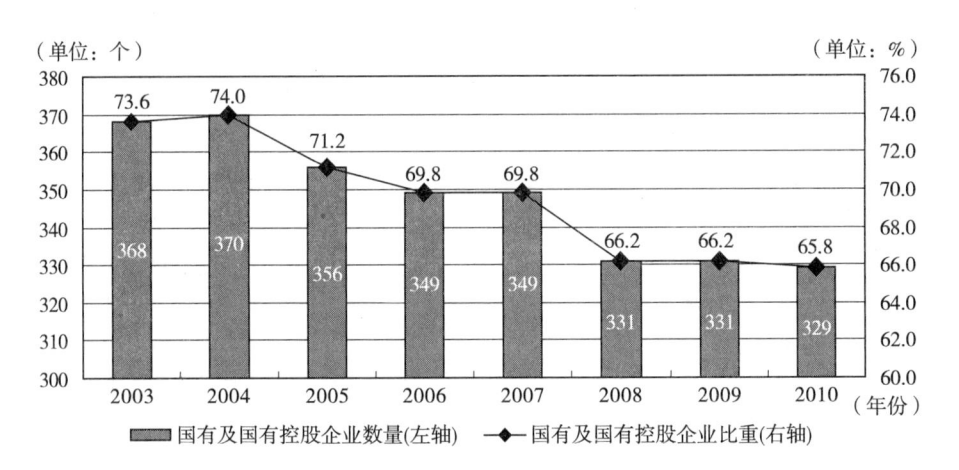

图3-1 中国企业500强国有及国有控股企业数量及其份额变动轨迹

资料来源：中国企业联合会。

无论是从人均营业收入指标，还是人均利润指标，按所有权性质分类的四种企业中，国有及国有控股企业的劳动生产率水平相对最低：从人均营业收入

指标看,劳动生产率水平最高的企业是港澳台和外商投资企业,其次是集体企业,再次是私营企业,最低的是国有及国有控股企业;以人均利润指标衡量,劳动生产率水平最高的仍然是港澳台和外商投资企业,其次是私营企业,再次是集体企业,最低的仍然是国有及国有控股企业。而且,各种不同所有制的企业之间的劳动生产率水平差异较大:无论是国有及国有控股企业,还是私营企业,其劳动生产率水平均远低于港澳台和外资企业劳动生产率水平。以2003~2009年期间年均值为例,从人均营业收入指标看,国有及国有控股企业、私营企业的劳动生产率水平分别为港澳台和外资企业的劳动生产率水平的38.0%和50.3%;从人均利润指标看,差距稍微少一些,但也分别只有49.3%和57.8%。因此,无论是从人均营业收入指标看,还是以人均利润指标衡量,在各种不同所有制企业中,中国的国有企业及国有控股企业的劳动生产率水平最低,与外商投资企业的差距最大,这恐怕也是前文所述的中国企业与发达国家企业劳动生产率水平差距较大的一个主要原因。可喜的是,国有及国有控股企业与港澳台和外资企业的劳动生产率差异不断缩小。如2003年,从人均营业收入指标看,国有及国有控股企业、私营企业的劳动生产率水平分别为港澳台和外资企业劳动生产率水平的18.9%和31.8%;从人均利润指标看,分别只有17.8%和34.0%。2006年,从人均营业收入指标看,国有及国有控股企业、私营企业的劳动生产率水平分别为港澳台和外资企业劳动生产率水平的35.5%和47.6%;从人均利润指标看,分别只有45.6%和48.5%。到2009年,从人均营业收入指标看,国有及国有控股企业、私营企业的劳动生产率水平分别为港澳台和外资企业劳动生产率水平的62.2%和79.0%;从人均利润指标看,则甚至成功实现赶超,国有及国有控股企业和私营企业的劳动生产率水平分别为港澳台和外资企业劳动生产率水平的100.0%和104.3%(见表3-9)。

表3-9 中国企业500强不同所有制类型的劳动生产率(2003~2009年)

(单位:收入和利润,万元;企业占比,%)

年份	劳动生产率指标	国有及国有控股企业	集体企业	私营企业	港澳台和外资企业	国有企业/外资企业	私营企业/外资企业
2003	人均营业收入	31.65	87.38	53.26	167.52	18.9	31.8
	人均利润	1.58	4.13	3.02	8.88	17.8	34.0

续表

年份	劳动生产率指标	国有及国有控股企业	集体企业	私营企业	港澳台和外资企业	国有企业/外资企业	私营企业/外资企业
2004	人均营业收入	41.08	67.17	55.42	164.75	24.9	33.6
	人均利润	1.39	1.49	2.66	8.58	16.2	31.0
2005	人均营业收入	54.57	83.32	71.18	182.59	29.9	39.0
	人均利润	2.48	2.76	3.64	5.73	43.3	63.5
2006	人均营业收入	58.5	107.77	78.39	164.61	35.5	47.6
	人均利润	2.77	2.93	2.95	6.08	45.6	48.5
2007	人均营业收入	72.38	111.21	86.66	193.38	37.4	44.8
	人均利润	3.31	3.17	3.39	6.98	47.4	48.6
2008	人均营业收入	84.5	112.8	113.2	148.2	57.0	76.4
	人均利润	6.0	4.0	6.0	8.0	75.0	75.0
2009	人均营业收入	96.9	125.1	123.1	155.8	62.2	79.0
	人均利润	4.6	6.3	4.8	4.6	100.0	104.3
年均	人均营业收入	62.8	99.3	83.0	168.1	38.0	50.3
	人均利润	3.2	3.5	3.8	7.0	49.3	57.8

资料来源：根据《中国企业管理年鉴》(2004～2010年)数据计算整理得出。

四、中国企业吸引外来直接投资（IFDI）与发达国家企业对外直接投资（OFDI）

与发达国家企业相比，中国企业另外一个显著的特性是，中国企业的国际化程度较低，对外直接投资发展薄弱。总体上，作为发展中国家，中国是一个FDI净流入国家，而主要发达国家则基本上是FDI净流出国家。中国的FDI流入量显著大于流出量，以2000～2009年期间年均值为例，FDI流入量为787.8亿美元，FDI流出量为261.6亿美元，前者是后者的10.2倍。而美国、日本和德国等主要发达国家，则与中国恰好相反，其FDI流出量基本上每年都超过流入量：2000～2009年期间，美国、日本和德国等三大发达国家的FDI流入量与流出量之比分别为0.3、0.2和1.0。不过，中国FDI流入量与流出量的差距也在不断缩小：如2000年，FDI流入量为407.2亿美元，FDI流出量为9.2亿美元，前者是后者的44.3倍；2005年，FDI流入量为724.1亿美元，FDI流出量为122.6亿美元，前者是后者的5.9倍；到2009年，FDI流入量为

950.0亿美元,FDI流出量为480.0亿美元,前者仅为后者的2.0倍。见表3-10。

表3-10 中国与主要发达国家FDI比较(2000~2009年)

(FDI流入、流出金额单位:亿美元)

国家	年份	2000	2005	2006	2007	2008	2009	年均
中国	FDI流入	407.2	724.1	727.2	835.2	1083.1	950.0	787.8
	FDI流出	9.2	122.6	211.6	224.7	521.5	480.0	261.6
	入/出	44.3	5.9	3.4	3.7	2.1	2.0	10.2
美国	FDI流入	3139.9	1010.3	2367.2	2711.8	3161.1	1298.8	2281.5
	FDI流出	1426.3	-277.4	2216.6	3783.6	3304.9	2480.7	2155.8
	入/出	2.2	-3.6	1.1	0.7	1.0	0.5	0.3
日本	FDI流入	83.2	19.8	-65.1	225.5	244.3	119.4	104.5
	FDI流出	315.6	-1.5	502.7	735.5	1280.2	747.0	596.6
	入/出	0.3	-13.6	-0.1	0.3	0.2	0.2	0.2
德国	FDI流入	1982.8	358.7	551.7	509.3	244.4	356.1	667.2
	FDI流出	565.6	555.2	947.1	1674.5	1345.9	627.1	952.5
	入/出	3.5	0.6	0.6	0.3	0.2	0.6	1.0

资料来源:根据联合国贸发会议FDI数据库数据(转引自《国际统计年鉴》2007~2011年)计算整理得。

大量FDI流入中国的直接影响之一是,外商独资企业、中外合资企业和中外合作企业等三种形式的外商投资企业发展迅猛,其具体表现为,不仅外商投资企业的企业总数不断增长,而且其占全部企业总数的比重也不断提高。2002年外商投资企业实有户数为25.92万户(含分支机构,下同),占全国企业总数734.26万户的3.53%;2005年,外资企业实有户数达到35.30万户,占全国企业总数856.90万户的4.12%;到2008年,外商投资企业实有户数发展到43.49万户,占全国企业总数971.46万户的4.48%;2009年,受国际金融海啸和世界经济危机影响,外商投资企业总数略有减少,全国实有外商投资企业43.43万户,同比下降0.16%,占全国企业总数1042.74万户的4.16%(见表3-11)。图3-2比较直观地描绘了2002~2008年外资企业占比逐年提高的变动趋势。同时,外资企业中,外商独资企业所占比重最高,其次是中外合资企业,再次是中外合作企业,最低是外商投资股份公司,如2009年,全国实有外商独资企业 26.6 万户,占外商投资企业实有总户数的 61.2%;中外合资企业 10.7 万户,占 24.6%;中外合作企业 5.6 万户,占 13.0%;外商投资股份公司 0.5 万户,占 1.2%。

表 3-11 中国外资企业实有户数及其占比(2002~2009 年)

(单位:企业户数,万户;比重,%)

年份\项目	实有户数合计	内资企业 小计	内资企业 其中:私营企业	外资企业	外资企业占比 %
2002	734.26	708.34	263.83	25.92	3.53
2003	769.57	741.08	328.72	28.50	3.70
2004	813.81	782.17	402.41	31.64	3.89
2005	856.90	821.60	471.95	35.30	4.12
2006	919.07	881.40	544.14	37.67	4.10
2007	963.97	923.32	603.05	40.64	4.22
2008	971.46	927.96	657.42	43.49	4.48
2009	1042.74	999.31	740.15	43.43	4.16

资料来源:根据《中国工商行政管理年鉴》(2003~2010 年)数据计算整理得出。

外商投资企业发展迅猛,对中国经济发展和出口贸易结构失衡等问题产生了很大影响,后文将详细讨论这方面的问题。

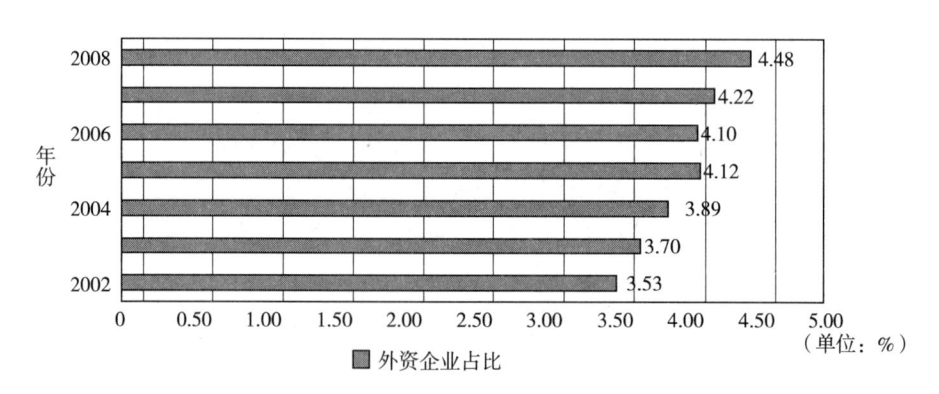

图 3-2 中国外商投资企业占全部企业比重(2002~2008 年)

资料来源:根据《中国工商行政管理年鉴》(2003~2009 年)数据计算整理得出。

第四节　中国国内出口企业与一般企业异质性分析

中国企业较之发达国家企业,由于存在上文所述的国有垄断性和吸引FDI等两个重要特性,使得中国同一行业内部出口企业与非出口企业的异质性,既表现出与美国、德国和法国等发达国家以及韩国、中国香港、中国台湾等新兴国家和地区相似的特征,也显示出一些独有特性。我们以2005年和2010年中国进出口企业500强和中国企业500强为例,考察中国出口企业与一般企业在企业规模、所有权性质和地域分布等各方面的差异性。

一、中国出口企业的规模与出口深度边际相关性并不大

我们以2005年和2010年电子业入围中国进出口企业500强和出口企业200强以及中国企业500强排序前十家企业作为考察对象,分析中国出口企业与一般企业之间在企业规模方面的差异性。

首先,我们考察2010年电子业入围中国进出口企业500强和出口企业200强以及中国企业500强排序前十家企业。从中可以发现,一方面,中国出口企业200强电子业排序前十家企业与进出口企业500强电子业排序前十家企业重合度非常高,出口企业前十强与进出口企业前十强有九家企业相同,重合度达到90%,只是位置稍微有所不同。但是,另一方面,中国出口企业200强电子业排序前十家企业与中国企业500强电子业排序前十家企业的重合度非常低,只有华为技术有限公司一家同时进入中国出口企业200强与中国企业500强电子业前十家企业,重合度仅为10%,而且其位置也有差异较大,分别位于中国出口企业200强电子业企业第七和中国企业500强电子业企业第一(见表3-12)。中国出口企业200强中的其他九家均为外商投资企业,相对中国企业500强中的电子业企业前十强,企业规模并不大,既没有进入中国制造业企业500强排序前100家,也未能进入中国企业500强;而中国企业500强电子业前10家中最末的一家在中国制造业企业500强中排名103、中国企业500强中排名217(见附表3-1和附表3-3)。

表3-12　2010年中国企业500强和进出口企业500强电子业前十企业比较

（单位：营业收入，万元；进出口额，万美元）

排名	中国企业500强企业	营业收入	进出口企业500强企业	进出口额	出口企业200强企业	出口额
1	华为技术有限公司(11;37)[a]	14925041	达丰（上海）电脑有限公司	2553216	达丰（上海）电脑有限公司	2175651
2	联想控股有限公司(21;56)	10637514	鸿富锦精密工业（深圳）有限公司	2335690	鸿富锦精密工业（深圳）有限公司	1320618
3	中国电子信息产业集团公司(26;68)	8589981	富泰华工业（深圳）有限公司	1628427	仁宝信息技术（昆山）有限公司	889852
4	天津市中环电子信息集团有限公司(28;70)	8210483	诺基亚（中国）投资有限公司	1116780	富泰华工业（深圳）有限公司	879727
5	中兴通讯股份有限公司(39;94)	6027256	仁宝信息技术（昆山）有限公司	1035079	诺基亚（中国）投资有限公司	835257
6	海信集团有限公司(40;102)	5598526	华为技术有限公司	962470	纬新资通（昆山）有限公司	716321
7	北大方正集团有限公司(52;121)	5106480	鸿富锦精密电子（烟台）有限公司	895520	华为技术有限公司	698985
8	TCL集团股份有限公司(61;137)	4428722	名硕电脑（苏州）有限公司	878544	名硕电脑（苏州）有限公司	634778
9	上海复星高科技（集团）有限公司(84;177)	3609215	纬新资通（昆山）有限公司	790435	鸿富锦精密电子（烟台）有限公司	516483
10	清华控股有限公司(103;217)	2910075	苏州三星电子液晶显示器有限公司	663332	英顺达科技有限公司	510862

注：[a]各企业附后括号里面的数字分别为该企业在中国制造业企业500强和中国企业500强中的当年排名。如(11;37)表示华为技术有限公司分别位于中国制造业企业500强第11位和中国企业500强第37位。

资料来源：中国企业联合会、中国商务部。

比较2005年中国企业500强和进出口企业500强前10家企业，我们容易得出大体相似的结论（见表3-13）。一方面，中国出口企业200强电子业排序前十家企业与进出口企业500强电子业排序前十家企业重合度非常高，

表 3-13 2005 年中国企业 500 强和进出口企业 500 强电子业前十比较

(单位:营业收入,万元;进出口额,万美元)

排名	中国企业 500 强企业	营业收入	进出口企业 500 强企业	进出口额	出口企业 200 强企业	出口额
1	飞利浦(中国)投资有限公司(6;26)[a]	7780000	鸿富锦精密工业(深圳)有限公司	2716697	鸿富锦精密工业(深圳)有限公司	1447417
2	摩托罗拉(中国)电子有限公司(7;30)	6576400	达丰(上海)电脑有限公司	1676689	达丰(上海)电脑有限公司	1145468
3	TCL集团股份有限公司(20;54)	4209900	名硕电脑(苏州)有限公司	1100724	摩托罗拉(中国)电子有限公司	645099
4	联想控股有限公司(22;56)	4192245	摩托罗拉(中国)电子有限公司	880863	名硕电脑(苏州)有限公司	621127
5	华为技术有限公司(27;72)	3152126	三星电子(苏州)半导体有限公司	785808	中国普天信息产业集团公司	434974
6	熊猫电子集团有限公司(35;84)	2800388	中国普天信息产业集团公司	709766	英顺达(上海)科技有限公司	419928
7	福建捷联电子有限公司(49;113)	2260190	英顺达(上海)科技有限公司	654246	诺基亚(中国)投资有限公司	355625
8	北大方正集团有限公司(50;115)	2224599	友达光电(苏州)有限公司	528349	三星电子(苏州)半导体有限公司	353789
9	中兴通讯股份有限公司(56;125)	6272637	诺基亚(中国)投资有限公司	523112	长城国际信息产品(深圳)有限公司	302815
10	UT斯达康通讯有限公司(67;153)	1729687	英特尔产(上海)有限公司	489331	仁宝电子科技(昆山)有限公司	279745

注:[a] 各企业附后括号里面的数字分别为该企业在中国制造业企业 500 强和中国企业 500 强中的当年排名。如(6;26)表示飞利浦(中国)投资有限公司分别位于中国制造业企业 500 强第 6 位和中国企业 500 强第 26 位。

资料来源:《中国企业管理年鉴 2006》和中国国家商务部综合司。

出口企业前十强与进出口企业前十强有八家企业相同,重合度达到 80%,只是位置稍微有所不同。但是,另一方面,中国出口企业 200 强电子业排序前十家企业与中国企业500强电子业排序前十家企业的重合度非常低,只摩托罗拉(中国)电子有限公司一家同时进入中国出口企业200强与中国企业500强电子业前十家企业,重合度仅为10%。中国出口企业200强中的八家为外商投资企业,相对中国企业500强中的电子业企业前十强,企业规模并不大,既没有进入中国制造业企业500强排序前100家,也未能进入中国企业500强;而中国企业500强电子业前10家中最末的一家在中国制造业企业500强中排名67、中国企业500强中排名153。

由此可见,中国企业的规模与货物出口的深度边际相关性并不强。这似乎表明,中国出口企业与异质性企业贸易模型理论所描述的特征事实大相径庭。

二、外资企业在出口企业中占主导地位

前文已述,中国企业500强中,国有及国有控股企业占绝对优势地位,其数量所占全部中国企业500强企业总数的比重在2003～2010年期间年均达到69.0%,而港澳台和外资企业数量所占比重仅为9.1%。与此相反,中国进出口企业500强和出口企业200强中,港澳台和外资企业占主导地位,国有及国有控股企业反而退居其次。如2003～2010年期间,港澳台和外资企业的数量占全部进出口企业500强企业总数的比重平均为58.9%,国有及国有控股企业数量所占比重反而不如港澳台和外资企业,仅为30.5%;港澳台和外资企业的数量占全部出口企业200强企业总数的比重更高,为63.0%,而国有及国有控股企业数量所占比重则更低,只有27.0%(见表3-14)。

表3-14 中国企业500强与进出口企业500强所有权性质比较(2003～2010年)

(单位:%)

年份	企业500强 国有及国有控股企业占比	企业500强 港澳台和外商投资企业占比	进出口企业500强 国有及国有控股企业占比	进出口企业500强 港澳台和外商投资企业占比	出口企业200强 国有及国有控股企业占比	出口企业200强 港澳台和外商投资企业占比
2003	73.6	10.6	31.0	54.0	35.5	49.5
2006	69.8	8.2	32.4	62.0	17.0	77.0
2010	65.8	8.6	28.2	60.8	28.5	62.5
年均	69.0	9.1	30.5	58.9	27.0	63.0

资料来源:中国企业联合会、中国商务部。

三、出口企业更为集中在东部地区

根据中国企业联合会数据,中国企业 500 强的地域分布与各地经济发展水平大体一致。以 2005~2010 年期间中国企业 500 强地域分布为例,平均看来,中国企业 500 强分布在东部地区①的有 354 家,从数量比重看,70.7% 的企业集中在东部地区;分布在中部地区和西部地区的分别为 60 家和 53 家,从数量比重看,分别有 12.1% 和 10.6% 的企业分布在中部地区和西部地区。然而,较之中国企业 500 强,中国进出口企业 500 强在地域分布失衡问题方面更为突出。以 2010 年为例,中国进出口企业 500 强分布在东部地区的有 424 家,从数量比重上看,84.8% 的企业集中在东部地区;分布在中部地区和西部地区的分别为 24 家和 13 家,从数量比重上看,分别只有 4.8% 和 2.6% 的企业分布在中部地区和西部地区(见图 3-3)。

(单位:%)

	东部	中部	西部	东北
中国企业500强	70.7	12.1	10.6	5.7
中国进出口企业500强	84.8	4.8	2.6	7.8

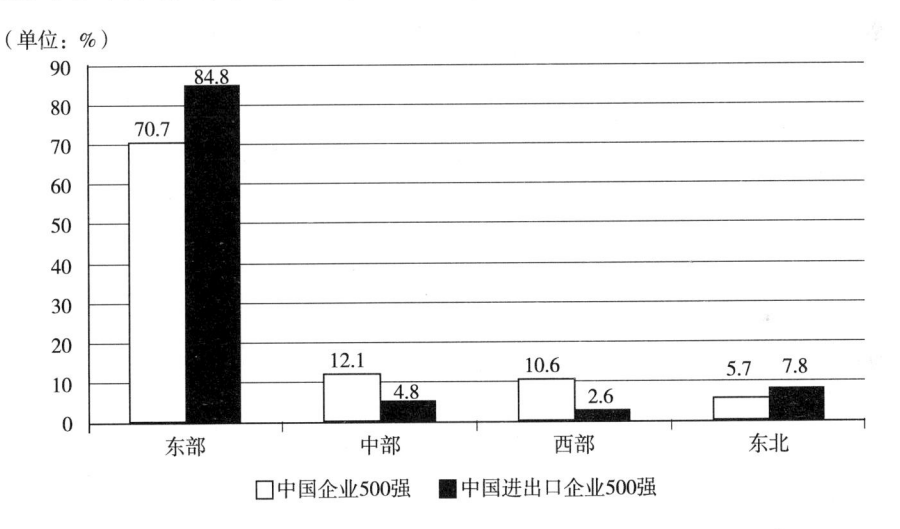

图 3-3 中国企业 500 强与进出口企业 500 强地域分布(2005~2010 年)

资料来源:中国企业联合会、中国国家商务部。

---

① 从 2004 年开始,中国政府工作报告对其区域经济板块的划分提出了东部、中部、西部和东北的划分方法,提出了"坚持推进西部大开发、振兴东北地区等老工业基地、促进中部地区崛起、鼓励东部地区加快发展"的区域协调发展战略。东部地区包括北京、天津、河北、山东、上海、江苏、浙江、福建、广东和海南 10 个省份,中部地区包括山西、河南、安徽、湖北、湖南和江西 6 个省份,东北即辽宁、黑龙江和吉林 3 个省份,西部则包括剩余的 12 个省份。

第五节 小 结

本章以 2002~2010 年中国企业 500 强和世界企业 500 强，以及中国进出口企业 500 强和中国出口企业 200 强为考察对象，通过大量翔实的数据分析了中国企业的规模、生产率水平、资本和技术密集程度，以及所有权性质等各方面的异质性问题。

研究发现，一方面，中国国内同一产业内部各企业相互之间，在企业规模、劳动生产率水平、资本密集程度和技术密集程度等各个方面都存在着明显的异质性。另一方面，较之发达国家企业，中国企业除在企业规模和劳动生产率水平等方面存在较大差距之外，还在国有垄断性和吸引 FDI 等两方面具有较为显著的特性。那么，中国企业的这些异质性特征对中国的对外贸易结构、贸易福利所得和收入分配等问题会产生怎么样的影响呢？同时，中国企业国有垄断性和吸引 FDI 等显著特性的影响是否也会与发达国家企业异质性对国际贸易的影响有所不同呢？我们将在第四章进一步探讨这些问题。

附表 3-1　2010 年中国企业 500 强名单（1—50）

（单位：万元）

排名	企业名称	营业收入	排名	企业名称	营业收入
1	中国石油化工集团公司	139195196	26	河北钢铁集团有限公司	17709075
2	国家电网公司	126031199	27	中国冶金科工集团有限公司	17670504
3	中国石油天然气集团公司	121827809	28	百联集团有限公司	17387384
4	中国移动通信集团公司	49012279	29	中国航空工业集团公司	17207109
5	中国工商银行股份有限公司	47340600	30	中国五矿集团公司	17047434
6	中国建设银行股份有限公司	39867200	31	中国兵器工业集团公司	16497387
7	中国人寿保险（集团）公司	38950383	32	中国中钢集团公司	16404265
8	中国铁建股份有限公司	35552077	33	神华集团有限责任公司	16124950
9	中国中铁股份有限公司	34636796	34	中国联合网络通信集团有限公司	15905644
10	中国农业银行股份有限公司	33842700	35	中国人民保险集团股份有限公司	15364044
11	中国银行股份有限公司	33474100	36	中国邮政集团公司	15354898
12	中国南方电网有限责任公司	31242311	37	华为技术有限公司	14925041
13	东风汽车公司	26915955	38	中国平安保险（集团）股份有限公司	14783500
14	中国建筑股份有限公司	26037963	39	中国大唐集团公司	14659724
15	中国中化集团公司	24302851	40	江苏沙钢集团有限公司	14631303
16	中国电信集团公司	24289580	41	华润（集团）有限公司	14582761
17	上海汽车工业（集团）总公司	22972314	42	武汉钢铁（集团）公司	14033158
18	中国交通建设集团有限公司	22860587	43	中国铝业公司	13560700
19	中国海洋石油总公司	20957831	44	广州汽车工业集团有限公司	13359362
20	中国中信集团公司	20906492	45	交通银行股份有限公司	13355200
21	中国第一汽车集团公司	20655087	46	首钢总公司	13038232
22	中国兵器装备集团公司	19644059	47	海尔集团公司	12491161

续表

排名	企业名称	营业收入	排名	企业名称	营业收入
23	宝钢集团有限公司	19530748	48	中国国电集团公司	12207864
24	中粮集团有限公司	17828588	49	中国船舶重工集团公司	12109366
25	中国华能集团公司	17774029	50	江苏苏宁电器集团有限公司	11700267

资料来源：中国企业联合会。

附表 3-1（续） 2010 年中国企业 500 强名单（51—100）

（单位：万元）

排名	企业名称	营业收入	排名	企业名称	营业收入
51	北京汽车工业控股有限责任公司	11647433	76	山西焦煤集团有限责任公司	7747769
52	浙江省物产集团公司	11321946	77	天津汽车工业（集团）公司	7701914
53	天津市物资集团总公司	10818806	78	中国水利水电建设集团公司	7554547
54	中国化工集团公司	10803459	79	光明食品（集团）有限公司	7553083
55	国美电器控股有限公司	10680000	80	上海建工（集团）总公司	7536883
56	联想控股有限公司	10637514	81	中国外运长航集团有限公司	7425970
57	中国华电集团公司	10528804	82	新华人寿保险股份有限公司	7365968
58	中国铁路物资总公司	10517877	83	黑龙江北大荒农垦集团总公司	7268546
59	中国太平洋保险（集团）股份公司	10431400	84	中国航天科工集团公司	7246722
60	河南煤业化工集团有限责任公司	10409527	85	山西煤炭运销集团有限公司	7243878
61	中国机械工业集团有限公司	10349796	86	大连大商集团有限公司	7053590
62	太原钢铁（集团）有限公司	10136453	87	中国中煤能源集团有限公司	7017192
63	中国电力投资集团公司	10065761	88	中国通用技术（集团）公司	6858110
64	中国航空油料集团	9369984	89	金川集团有限公司	6647406

续表

排名	企业名称	营业收入	排名	企业名称	营业收入
65	上海电气(集团)总公司	8982975	90	中国医药集团总公司	6449536
66	山东钢铁集团有限公司	8702584	91	北台钢铁(集团)公司	6214404
67	美的集团有限公司	8657202	92	天津钢管集团股份有限公司	6136501
68	中国电子信息产业集团公司	8589981	93	天津天铁冶金集团有限公司	6056545
69	天津冶金集团有限公司	8420533	94	中兴通讯股份有限公司	6027256
70	天津中环电子信息集团有限公司	8210483	95	上海铁路局	5997743
71	中国建筑材料集团有限公司	8158163	96	上海绿地(集团)有限公司	5929560
72	陕西延长石油(集团)有限责任公司	8068660	97	冀中能源集团有限责任公司	5808577
73	山东魏桥创业集团有限公司	8061821	98	泰康人寿保险股份有限公司	5793242
74	鞍山钢铁集团公司	8026352	99	沈阳铁路局	5674852
75	中国平煤神马能源化工集团公司	8016013	100	北京铁路局	5659573

资料来源：中国企业联合会。

附表3-1(续)　2010年中国企业500强名单(101—150)

(单位：万元)

排名	企业名称	营业收入	排名	企业名称	营业收入
101	中国南方航空集团公司	5643103	126	红云红河烟草(集团)有限责任公司	5023748
102	海信集团有限公司	5598526	127	山西潞安矿业(集团)有限责任公司	4985778
103	开滦(集团)有限责任公司	5593860	128	阳泉煤业(集团)有限责任公司	4960041
104	红塔烟草(集团)有限责任公司	5590222	129	万科企业股份有限公司	4888100
105	中国重型汽车集团有限公司	5566281	130	华晨汽车集团控股有限公司	4845705
106	山西晋城无烟煤矿业集团有限责任公司	5543456	131	中国南车集团公司	4776323

续表

排名	企业名称	营业收入	排名	企业名称	营业收入
107	天津天钢集团公司	5521915	132	太原铁路局	4724265
108	马钢控股有限公司	5467526	133	国家开发投资公司	4672443
109	江苏悦达集团有限公司	5425123	134	新希望集团有限公司	4606739
110	新兴铸管集团有限公司	5386020	135	江苏雨润食品产业集团有限公司	4514916
111	中国农业生产资料集团公司	5308964	136	中国海运(集团)总公司	4495291
112	江西铜业集团公司	5306360	137	TCL集团股份有限公司	4428722
113	上海烟草(集团)公司	5288138	138	江苏华西集团公司	4405991
114	广东物资集团公司	5263629	139	杭州钢铁集团公司	4395508
115	兖矿集团有限公司	5261887	140	广东省广新外贸集团有限公司	4328724
116	中国航空集团公司	5241539	141	杭州娃哈哈集团有限公司	4320417
117	潍柴控股集团有限公司	5228133	142	广州铁路(集团)公司	4290459
118	万向集团公司	5148040	143	珠海格力电器股份有限公司	4263730
119	招商银行股份有限公司	5144600	144	大同煤矿集团有限责任公司	4254301
120	南京钢铁集团有限公司	5133883	145	新疆广汇实业投资(集团)有限责任公司	4248362
121	北大方正集团有限公司	5106480	146	中国民生银行股份有限公司	4206000
122	广厦控股创业投资有限公司	5085054	147	厦门建发集团有限公司	4183451
123	湖南华菱钢铁集团有限责任公司	5084459	148	攀钢集团有限公司	4173587
124	湖南中烟工业有限责任公司	5067304	149	中国北方机车车辆工业集团公司	4155884
125	徐州工程机械集团有限公司	5051776	150	安徽海螺集团有限责任公司	4141996

资料来源:中国企业联合会。

附表 3-1(续)　2010 年中国企业 500 强名单(151—200)

(单位:万元)

排名	企业名称	营业收入	排名	企业名称	营业收入
151	四川长虹电子集团有限公司	4138961	176	北京城建集团有限责任公司	3640370
152	成都铁路局	4126045	177	上海复星高科技(集团)有限公司	3609215
153	广东省粤电集团有限公司	4072031	178	日照钢铁控股集团有限公司	3599535
154	浙江省能源集团有限公司	4062852	179	海航集团有限公司	3585626
155	酒泉钢铁(集团)有限责任公司	4037265	180	浙江省兴合集团公司	3557197
156	天津渤海化工集团公司	4029183	181	庞大汽贸集团股份有限公司	3550177
157	山东六和集团有限公司	4021600	182	中国中材集团有限公司	3533932
158	铜陵有色金属集团控股有限公司	4021115	183	淮南矿业(集团)有限责任公司	3524321
159	郑州铁路局	4015615	184	中国核工业集团公司	3518094
160	河南省漯河市双汇实业集团有限责任公司	4007021	185	中天钢铁集团有限公司	3512667
161	本溪钢铁(集团)有限责任公司	4000705	186	四川省宜宾五粮液集团有限公司	3503882
162	中国东方航空股份有限公司	3983130	187	中国黄金集团公司	3454269
163	中国港中旅集团公司	3961826	188	安徽省徽商集团有限公司	3437883
164	山东大王集团有限公司	3960991	189	中国诚通控股集团有限公司	3392191
165	中国东方电气集团有限公司	3899254	190	天津荣程联合钢铁集团有限公司	3387922
166	内蒙古电力(集团)有限责任公司	3833115	191	长沙中联重工科技发展股份有限公司	3372691
167	珠海振戎公司	3829359	192	安阳钢铁集团有限责任公司	3300087
168	南山集团公司	3826019	193	物美控股集团有限公司	3263992
169	北京建龙重工集团有限公司	3819067	194	黑龙江龙煤矿业控股集团有限责任公司	3261532

续表

排名	企业名称	营业收入	排名	企业名称	营业收入
170	包头钢铁(集团)有限责任公司	3787060	195	陕西煤业化工集团有限责任公司	3208783
171	海亮集团有限公司	3726055	196	正威国际集团有限公司	3198144
172	新汶矿业集团有限责任公司	3683000	197	天津市一轻集团(控股)有限公司	3191282
173	上海浦东发展银行股份有限公司	3682393	198	陕西有色金属控股集团有限责任公司	3160112
174	三胞集团有限公司	3670416	199	武汉铁路局	3150989
175	无锡产业发展集团有限公司	3646570	200	厦门国贸控股有限公司	3136399

资料来源：中国企业联合会。

附表3-1(续) 2010年中国企业500强名单(201—250)

(单位：万元)

排名	企业名称	营业收入	排名	企业名称	营业收入
201	哈尔滨电气集团公司	3131640	226	江苏苏宁环球集团有限公司	2736821
202	青岛钢铁控股集团有限责任公司	3123400	227	广西玉柴机器集团有限公司	2719732
203	世纪金源投资集团有限公司	3057500	228	浪潮集团有限公司	2718586
204	湖北宜化集团有限责任公司	3054758	229	福建联合石油化工有限公司	2714000
205	三一集团有限公司	3040000	230	中国葛洲坝集团公司	2691931
206	天津百利机电控股集团有限公司	3030379	231	北京控股集团有限公司	2673231
207	哈尔滨铁路局	3028074	232	北京医药集团有限责任公司	2664751
208	北京建工集团有限责任公司	3023767	233	呼和浩特铁路局	2652680
209	浙江中烟工业有限责任公司	3013689	234	湖南省建筑工程集团总公司	2613443
210	上海华谊(集团)公司	3011116	235	浙江恒逸集团有限公司	2607402
211	浙江省国际贸易集团有限公司	3010101	236	江苏阳光集团有限公司	2596007

续表

排名	企业名称	营业收入	排名	企业名称	营业收入
212	湖北中烟工业有限责任公司	2994300	237	内蒙古伊泰集团有限公司	2589482
213	枣庄矿业（集团）有限责任公司	2980688	238	河北津西钢铁集团股份有限公司	2588484
214	临沂新程金锣肉制品集团有限公司	2979822	239	浙江省建设投资集团有限公司	2576015
215	济南铁路局	2949841	240	云天化集团有限责任公司	2572623
216	西安铁路局	2929000	241	广东发展银行股份有限公司	2566016
217	清华控股有限公司	2910075	242	山东省商业集团有限公司	2564116
218	河北敬业企业集团有限责任公司	2909290	243	山东黄金集团有限公司	2513585
219	大连西太平洋石油化工有限公司	2820478	244	重庆商社（集团）有限公司	2470124
220	广东省交通集团有限公司	2817248	245	广东省丝绸纺织集团有限公司	2469248
221	南昌铁路局	2803195	246	淮北矿业（集团）有限责任公司	2468663
222	天津天狮集团有限公司	2789021	247	大连万达集团股份有限公司	2466434
223	江苏新长江实业集团有限公司	2788003	248	正泰集团有限公司	2439300
224	中国有色矿业集团有限公司	2749023	249	内蒙古伊利实业集团股份有限公司	2432355
225	雅戈尔集团股份有限公司	2743700	250	新余钢铁集团有限公司	2421848

资料来源：中国企业联合会。

附表 3-1（续） 2010 年中国企业 500 强名单（251—300）

（单位：万元）

排名	企业名称	营业收入	排名	企业名称	营业收入
251	华侨城集团公司	2419707	276	江阴澄星实业集团有限公司	2152500
252	奇瑞汽车股份有限公司	2397976	277	天津一商集团有限公司	2150540

续表

排名	企业名称	营业收入	排名	企业名称	营业收入
253	大冶有色金属公司	2360751	278	武汉商联（集团）股份有限公司	2141619
254	安徽江淮汽车集团有限公司	2360441	279	山东泰山钢铁集团有限公司	2114252
255	新华联合冶金投资集团有限公司	2359633	280	山东时风（集团）有限责任公司	2106312
256	上海纺织控股（集团）公司	2330978	281	山东鲁北企业集团总公司	2102815
257	四川宏达（集团）有限公司	2313182	282	宁波金田投资控股有限公司	2100207
258	北京首都旅游集团有限责任公司	2309686	283	紫金矿业集团股份有限公司	2095582
259	山西煤炭进出口集团有限公司	2302889	284	人民电器集团有限公司	2092837
260	江西萍钢实业股份有限公司	2285075	285	合肥百货大楼集团股份有限公司	2090000
261	河南中烟工业有限责任公司	2284989	286	申能（集团）有限公司	2088316
262	通化钢铁集团股份有限公司	2276837	287	陕西东岭工贸集团股份有限公司	2080000
263	中国工艺（集团）公司	2273608	288	唐山瑞丰钢铁（集团）有限公司	2074657
264	江苏三房巷集团有限公司	2263353	289	海澜集团有限公司	2073022
265	红豆集团有限公司	2232759	290	南宁铁路局	2063856
266	重庆建工集团有限责任公司	2223529	291	北京市政路桥建设控股（集团）有限公司	2061600
267	陕西汽车集团有限公司	2210350	292	中国国际海运集装箱（集团）股份有限公司	2047551
268	百兴集团有限公司	2210347	293	四川省川威集团有限公司	2038000
269	北京金隅集团有限公司	2202736	294	杭州汽轮动力集团有限公司	2034952
270	中天发展控股集团有限公司	2202733	295	南京医药产业（集团）有限责任公司	2034839
271	上海华冶钢铁集团有限公司	2201935	296	奥克斯集团有限公司	2012845

续表

排名	企业名称	营业收入	排名	企业名称	营业收入
272	浙江省商业集团有限公司	2190215	297	上海人民企业（集团）有限公司	1992963
273	浙江省交通投资集团有限公司	2184321	298	广州市建筑集团有限公司	1992778
274	南金兆集团有限公司	2181513	299	中国盐业总公司	1987505
275	恒力集团有限公司	2153621	300	德力西集团有限公司	1980445

资料来源：中国企业联合会。

附表3-1（续）　2010年中国企业500强名单（301—350）

（单位：万元）

排名	企业名称	营业收入	排名	企业名称	营业收入
301	徐州矿务集团有限公司	1943083	326	山东中烟工业有限责任公司	1820133
302	广东省建筑工程集团有限公司	1928901	327	成都建筑工程集团总公司	1812563
303	浙江荣盛控股集团有限公司	1928387	328	扬子江药业集团有限公司	1803028
304	大连重工·起重集团有限公司	1926136	329	青岛啤酒股份有限公司	1802611
305	天津友发钢管集团有限公司	1921355	330	四川华西集团有限公司	1797369
306	中国中纺集团公司	1918419	331	尚德电力控股有限公司	1795043
307	华芳集团有限公司	1917577	332	江铃汽车集团公司	1779689
308	山东招金集团有限公司	1910094	333	云南建工集团有限公司	1773102
309	广东省石油企业集团南方石油化工有限公司	1908793	334	中国煤炭科工集团有限公司	1760412
310	海城市西洋镁矿有限公司	1906363	335	贵州中烟工业有限责任公司	1743064
311	河南省农村信用社联合社	1899441	336	广西建工集团有限公司	1734998
312	北京京城机电控股有限责任公司	1898516	337	西部矿业集团有限公司	1731381
313	九州通医药集团股份有限公司	1895771	338	华盛江泉集团有限公司	1726738

续表

排名	企业名称	营业收入	排名	企业名称	营业收入
314	太平人寿保险有限公司	1886621	339	江苏国泰国际集团有限公司	1723458
315	江苏西城三联控股集团有限公司	1877754	340	天津二轻集团(控股)有限公司	1713961
316	江苏高力集团有限公司	1863272	341	上海外高桥造船有限公司	1713374
317	山东晨鸣纸业集团股份有限公司	1861696	342	华夏银行股份有限公司	1712963
318	金龙精密铜管集团股份有限公司	1861164	343	广西投资集团有限公司	1707516
319	天正集团有限公司	1860118	344	厦门象屿集团有限公司	1700428
320	滨化集团公司	1858483	345	长城汽车股份有限公司	1697226
321	福建省三钢(集团)有限责任公司	1858273	346	深圳市天音通信发展有限公司	1696907
322	河北文丰钢铁有限公司	1857645	347	中国国际技术智力合作公司	1692687
323	广东省广晟资产经营有限公司	1847178	348	江苏南通三建集团有限公司	1685800
324	中国广东核电集团有限公司	1842021	349	杭州橡胶(集团)公司	1685786
325	兰州铁路局	1830613	350	陕西建工集团总公司	1685627

资料来源：中国企业联合会。

附表 3-1(续)　2010 年中国企业 500 强名单(351—400)

(单位：万元)

排名	企业名称	营业收入	排名	企业名称	营业收入
351	新华联控股有限公司	1677470	376	桐昆集团股份有限公司	1549949
352	唐山港陆钢铁有限公司	1672792	377	山东高速集团有限公司	1534830
353	新华锦集团有限公司	1670011	378	浙江中成控股集团有限公司	1530995
354	江苏新世纪造船有限公司	1660486	379	利群集团股份有限公司	1516622
355	中南控股集团有限公司	1658566	380	西王集团有限公司	1516118
356	旭阳煤化工集团有限公司	1655263	381	华泰集团有限公司	1514832

续表

排名	企业名称	营业收入	排名	企业名称	营业收入
357	上海国际港务（集团）股份有限公司	1654534	382	陕西龙门钢铁（集团）有限责任公司	1513967
358	昆明钢铁控股有限公司	1651702	383	江苏南通二建集团有限公司	1512550
359	浙江吉利控股集团有限公司	1651127	384	盾安控股集团有限公司	1509244
360	江苏省苏中建设集团股份有限公司	1646580	385	郑州宇通集团有限公司	1502621
361	江苏扬子江船业集团公司	1637627	386	东北特殊钢集团有限责任公司	1487681
362	青建集团股份公司	1620766	387	河南神火集团有限公司	1480684
363	重庆化医控股（集团）公司	1613984	388	特变电工股份有限公司	1475429
364	中国恒天集团有限公司	1612611	389	江苏华夏融创置地集团有限公司	1469791
365	中国西电集团公司	1601588	390	天津市津能投资公司	1459556
366	中国新世纪控股集团有限公司	1597434	391	山东东明石化集团有限公司	1455020
367	洛阳新安电力集团有限公司	1586130	392	云南煤化工集团有限公司	1453644
368	江苏法尔胜泓昇集团有限公司	1581662	393	九三粮油工业集团有限公司	1451776
369	郑州煤炭工业（集团）有限责任公司	1581097	394	苏州创元投资发展（集团）有限公司	1449175
370	天津市医药集团有限公司	1573283	395	江苏申特钢铁有限公司	1445697
371	重庆钢铁（集团）有限责任公司	1556292	396	山东石横特钢集团有限公司	1442722
372	哈药集团有限公司	1555694	397	江苏双良集团有限公司	1432575
373	吉林亚泰（集团）股份有限公司	1554470	398	北京外企服务集团有限责任公司	1424806
374	山东如意科技集团有限公司	1553947	399	山东太阳纸业股份有限公司	1421828
375	山东京博控股发展有限公司	1550223	400	义马煤业集团股份有限公司	1416276

资料来源：中国企业联合会。

附表 3-1(续) 2010 年中国企业 500 强名单(401—450)

(单位:万元)

排名	企业名称	营业收入	排名	企业名称	营业收入
401	东营方圆有色金属有限公司	1413894	426	三河汇福粮油集团有限公司	1310000
402	亨通集团有限公司	1411923	427	福佳集团有限公司	1309946
403	沈阳远大企业集团有限公司	1409184	428	深圳市中金岭南有色金属股份有限公司	1308015
404	青山控股集团有限公司	1409042	429	浙江昆仑控股集团有限公司	1305463
405	北京首都创业集团有限公司	1401016	430	三角集团有限公司	1299636
406	中储发展股份有限公司	1400370	431	浙江远大进出口有限公司	1298642
407	淄博矿业集团有限责任公司	1398781	432	重庆市能源投资集团公司	1297985
408	浙江宝业建设集团有限公司	1391756	433	山西省焦炭集团公司	1295586
409	宁波富邦控股集团有限公司	1379058	434	安徽建工集团有限公司	1293462
410	北京能源投资(集团)有限公司	1368063	435	杉杉投资控股有限公司	1288597
411	天津城建集团有限公司	1366000	436	铁法煤业(集团)有限责任公司	1287688
412	江苏金辉集团公司	1364818	437	吉林粮食集团有限公司	1285865
413	山东金诚石化集团有限公司	1354037	438	隆鑫控股有限公司	1277450
414	安徽省皖北煤电集团有限责任公司	1351990	439	中国贵州茅台酒厂有限责任公司	1275297
415	太极集团有限公司	1351210	440	昆明铁路局	1272918
416	万达控股集团有限公司	1346818	441	重庆轻纺控股(集团)公司	1271520
417	厦门金龙汽车集团股份有限公司	1345562	442	青岛港(集团)有限公司	1270031
418	丰立集团有限公司	1343491	443	北京住总集团有限责任公司	1265379
419	重庆力帆控股有限公司	1336497	444	广州万宝集团有限公司	1265356
420	北京燕京啤酒集团公司	1330815	445	盛虹集团有限公司	1261869

续表

排名	企业名称	营业收入	排名	企业名称	营业收入
421	天津港(集团)有限公司	1321130	446	重庆农村商业银行股份有限公司	1258643
422	四平红嘴集团总公司	1319323	447	山东淄博傅山企业集团有限公司	1257663
423	玲珑集团有限公司	1316041	448	山东科达集团有限公司	1256637
424	宁波银亿集团有限公司	1315122	449	环宇集团有限公司	1250098
425	安徽国贸集团控股有限公司	1311220	450	深圳华强集团有限公司	1241060

资料来源：中国企业联合会。

附表 3-1(续)　2010 年中国企业 500 强名单(451—500)

(单位：万元)

排名	企业名称	营业收入	排名	企业名称	营业收入
451	春和集团有限公司	1240805	476	河北新金钢铁有限公司	1161754
452	上海舜业钢铁集团有限公司	1232915	477	北方重工集团有限公司	1155810
453	云南冶金集团股份有限公司	1232340	478	浙江元立金属制品集团有限公司	1154721
454	内蒙古鄂尔多斯羊绒集团有限责任公司	1230480	479	澳洋集团有限公司	1154400
455	宝胜集团有限公司	1226994	480	冷水江钢铁有限责任公司	1151755
456	新疆天业(集团)有限公司	1223650	481	中国电力工程顾问集团公司	1150234
457	利华益集团股份有限公司	1220921	482	西子联合控股有限公司	1150000
458	亚邦化工集团有限公司	1218883	483	登封电厂集团有限公司	1149634
459	张家港保税区兴恒得贸易有限公司	1216520	484	传化集团有限公司	1149299
460	嘉晨集团有限公司	1213000	485	惠州市德赛集团有限公司	1146678
461	大连实德集团有限公司	1206638	486	山西建筑工程(集团)总公司	1146552
462	沈阳机床(集团)有限责任公司	1206188	487	中基宁波对外贸易股份有限公司	1146424

续表

排名	企业名称	营业收入	排名	企业名称	营业收入
463	华勤橡胶工业集团有限公司	1204263	488	江门市大长江集团有限公司	1146121
464	沂州集团有限公司	1203207	489	上海良友（集团）有限公司	1144470
465	华立集团股份有限公司	1202252	490	上海世博（集团）有限公司	1139229
466	天津市建工集团（控股）有限公司	1201678	491	深圳能源集团股份有限公司	1138867
467	山东西水橡胶集团有限公司	1193052	492	江苏三木集团有限公司	1137320
468	北京银行	1189411	493	河南豫联能源集团有限责任公司	1136818
469	河北普阳钢铁有限公司	1186968	494	河南豫光金铅集团有限责任公司	1136777
470	维科控股集团股份有限公司	1183817	495	远东控股集团有限公司	1136465
471	天津纺织集团（控股）有限公司	1167939	496	山东胜通集团股份有限公司	1122460
472	石家庄北国人百集团有限责任公司	1167541	497	河北建工集团有限责任公司	1120000
473	山东博汇集团有限公司	1166596	498	福建省能源集团有限责任公司	1109839
474	山东寿光巨能控股集团有限公司	1163955	499	波司登股份有限公司	1108780
475	浙江八达建设集团有限公司	1162267	500	云南锡业集团（控股）有限责任公司	1108369

资料来源：中国企业联合会。

附表3-2　2010年世界企业500强排序前200家名单（1—50）

（单位：百万美元）

排名	企业名称	营业收入	排名	企业名称	营业收入
1	沃尔玛（Wal-Mart Stores）	408214	26	惠普（Hewlett-Packard）	114552
2	荷兰皇家壳牌石油公司（Royal Dutch Shell）	285129	27	意昂集团（E. ON）	113849

续表

排名	企业名称	营业收入	排名	企业名称	营业收入
3	埃克森美孚（Exxon Mobil）	284650	28	伯克希尔—哈撒韦公司（Berkshire Hathaway）	112493
4	英国石油公司（BP）	246138	29	法国燃气苏伊士集团（GDF Suez）	111069
5	丰田汽车公司（Toyota Motor）	204106	30	戴姆勒股份公司（Daimler）	109700
6	日本邮政控股（Japan Post Holdings）	202196	31	日本电报电话公司（Nippon Telegraph & Telephone）	109656
7	中国石油化工集团公司（Sinopec）	187518	32	三星电子（Samsung Electronics）	108927
8	国家电网公司（State Grid）	184496	33	花旗集团（Citigroup）	108785
9	安盛（AXA）	175257	34	麦克森公司（McKesson）	108702
10	中国石油天燃气集团公司（China National Petroleum）	165496	35	威瑞森电信（Verizon Communications）	107808
11	雪佛龙（Chevron）	163527	36	法国农业信贷银行（Credit Agricole）	106538
12	荷兰国际集团（ING Group）	163204	37	西班牙国家银行（Banco Santander）	106345
13	通用电气（General Electric）	156779	38	通用汽车（General Motors）	104589
14	道达尔（Total）	155887	39	汇丰控股（HSBC Holdings）	103736
15	美国银行（Bank of America Corp.）	150450	40	西门子（Siemens）	103605
16	大众公司（Volkswagen）	146205	41	美国国际集团（American International Group）	103189
17	康菲石油（ConocoPhillips）	139515	42	英国劳埃德银行集团（Lloyds Banking Group）	102967
18	法国巴黎银行（BNP Paribas）	130708	43	卡地纳健康集团（Cardinal Health）	99613
19	意大利忠利保险公司（Assicurazioni Generali）	126012	44	雀巢（Nestlé）	99114

续表

排名	企业名称	营业收入	排名	企业名称	营业收入
20	安联保险集团（Allianz）	125999	45	CVS Caremark 公司（CVS Caremark）	98729
21	美国电话电报公司（AT&T）	123018	46	富国银行（Wells Fargo）	98636
22	家乐福（Carrefour）	121452	47	日立（Hitachi）	96593
23	福特汽车公司（Ford Motor）	118308	48	IBM（International Business Machines）	95758
24	埃尼集团（ENI）	117235	49	德克夏集团（Dexia Group）	95144
25	摩根大通（J. P. Morgan Chase & Co.）	115632	50	俄罗斯国家天燃气公司（Gazprom）	94472

资料来源：美国《财富》杂志。

附表 3-2（续） 2010 年世界企业 500 强排序前 200 家名单（51—100）

（单位：百万美元）

排名	企业名称	营业收入	排名	企业名称	营业收入
51	本田汽车（Honda Motor）	92400	76	美源伯根公司（Amerisource Bergen）	71789
52	法国电力集团（Électricité de France）	92204	77	中国移动通信集团公司（China Mobile Communications）	71749
53	英杰华集团（Aviva）	92140	78	现代汽车（Hyundai Motor）	71678
54	巴西国家石油公司（Petrobras）	91869	79	好市多（Costco Wholesale）	71422
55	苏格兰皇家银行（Royal Bank of Scotland）	91767	80	沃达丰（Vodafone）	70899
56	委内瑞拉国家石油公司（PDVSA）	91182	81	巴斯夫公司（BASF）	70461
57	麦德龙（Metro）	91152	82	宝马（BMW）	70444

续表

排名	企业名称	营业收入	排名	企业名称	营业收入
58	乐购 (Tesco)	90234	83	苏黎世金融服务公司 (Zurich Financial Services)	70272
59	德国电信 (Deutsche Telekom)	89794	84	瓦莱罗能源公司 (Valero Energy)	70035
60	意大利国家电力公司 (Enel)	89329	85	菲亚特 (Fiat)	69639
61	联合健康集团 (United Health Group)	87138	86	德国邮政 (Deutsche Post)	69427
62	法国兴业银行 (Société Générale)	84157	87	中国工商银行 (Industrial & Commercial Bank of China)	69295
63	日产汽车 (Nissan Motor)	80963	88	ADM 公司 (Archer Daniels Midland)	69207
64	墨西哥国家石油公司 (Pemex)	80722	89	东芝 (Toshiba)	68731
65	松下 (Panasonic)	79893	90	英国法通保险公司 (Legal & General Group)	68290
66	宝洁 (Procter & Gamble)	79697	91	波音 (Boeing)	68281
67	乐金公司 (LG)	78892	92	美国邮政 (U.S. Postal Service)	68090
68	西班牙电信 (Tlefónica)	78853	93	卢克石油公司 (Lukoil)	68025
69	索尼 (Sony)	77696	94	标致 (Peugeot)	67297
70	克罗格 (Kroger)	76733	95	法国国家人寿保险公司 (CNP Assurances)	66556
71	法国 BPCE 银行集团 (Groupe BPCE)	76464	96	巴克莱银行 (Barclays)	66533
72	保诚集团 (Prudential)	75010	97	家得宝公司 (Home Depot)	66176
73	慕尼黑再保险集团 (Munich Re Group)	74764	98	塔吉特公司 (Target)	65357
74	挪威国家石油公司 (Statoil)	74000	99	阿塞洛—米塔尔 (ArcelorMittal)	65110

续表

排名	企业名称	营业收入	排名	企业名称	营业收入
75	日本生命保险公司 (Nippon Life Insurance)	72051	100	Wellpoint 公司 (WellPoint)	65028

资料来源：美国《财富》杂志。

附表 3-2(续)　2010 年世界企业 500 强排序前 200 家名单(101—150)

(单位：百万美元)

排名	企业名称	营业收入	排名	企业名称	营业收入
101	莱茵集团 (RWE)	64795	126	三菱日联金融集团 (Mitsubishi UFJ Financial Group)	54285
102	联合信贷集团 (UniCredit Group)	64709	127	日本永旺集团 (AEON)	54092
103	荷兰全球保险集团 (Aegon)	64506	128	东京电力公司 (Tokyo Electric Power)	54026
104	SK 集团 (SK Holdings)	64396	129	博世集团 (Robert Bosch)	53060
105	法国电信 (France Télécom)	63860	130	联合技术公司 (United Technologies)	52920
106	沃尔格林公司 (Walgreen)	63335	131	戴尔 (Dell)	52902
107	马来西亚国家石油公司 (Petronas)	62577	132	圣戈班集团 (Saint-Gobain)	52521
108	强生 (Johnson & Johnson)	61897	133	中国铁建股份有限公司 (China Railway Construction)	52044
109	州立农业保险公司 (State Farm Insurance)	61480	134	高盛集团 (Goldman Sachs Group)	51673
110	美可保健公司 (Medco Health Solutions)	59804	135	巴西布拉德斯科银行 (Banco Bradesco)	51608
111	欧洲航空防务与航天集团 (EADS)	59520	136	JX 控股公司 (JX Holdings)	51405
112	鸿海科技集团 (Hon Hai Precision Industry)	59324	137	中国中铁股份有限公司 (China Railway Group)	50704

续表

排名	企业名称	营业收入	排名	企业名称	营业收入
113	德意志银行（Deutsche Bank）	58998	138	富士通（Fujitsu）	50399
114	雷普索尔—YPF公司（Repsol YPF）	58571	139	必和必拓（BHP Billiton）	50211
115	微软（Microsoft）	58437	140	辉瑞（Pfizer）	50009
116	中国建设银行（China Construction Bank）	58361	141	中国农业银行（Agricultural Bank of China）	49742
117	巴西伊塔乌投资银行（Itaúsa-Investimentos Itaú）	57859	142	百思买（Best Buy）	49694
118	中国人寿保险（集团）公司（China Life Insurance）	57019	143	中国银行（Bank of China）	49682
119	日本第一生命保险公司（Dai-ichi Life Insurance）	57018	144	马拉松石油公司（Marathon Oil）	49403
120	诺基亚（Nokia）	56966	145	威立雅集团（Veolia Environnement）	49142
121	联合利华（Unilever）	55352	146	三菱（Mitsubishi）	48913
122	欧尚集团（Groupe Auchan）	55141	147	马士基集团（A. P. Moller-Maersk）	48824
123	蒂森克虏伯（ThyssenKrupp）	54816	148	巴西银行（Banco do Brasil）	48122
124	Seven & I 控股公司（Seven & I Holdings）	54701	149	西班牙对外银行（Banco Bilbao Vizcaya Argentaria）	48074
125	印度石油公司（Indian Oil）	54288	150	瑞士信贷（Credit Suisse）	47658

资料来源：美国《财富》杂志。

附表3-2（续）　2010年世界企业500强排序前200家名单（151—200）

（单位：百万美元）

排名	企业名称	营业收入	排名	企业名称	营业收入
151	意大利联合圣保罗银行（Intesa Sanpaolo）	47282	176	美国西夫韦公司（Safeway）	40851

续表

排名	企业名称	营业收入	排名	企业名称	营业收入
152	美国劳氏公司（Lowe´s）	47220	177	德国联邦铁路公司（Deutsche Bahn）	40774
153	瑞士罗氏公司（Roche Group）	47109	178	美国超价商店公司（Supervalu）	40597
154	雷诺（Renault）	46858	179	卡夫食品（Kraft Foods）	40386
155	泰国国家石油公司（PTT）	46220	180	法切莱公司（Foncière Euris）	40385
156	中国南方电网（China Southern Power Grid）	45735	181	意大利电信（Telecom Italia）	39764
157	联合包裹速递服务公司（United Parcel Service）	45297	182	东风汽车公司（Dongfeng Motor）	39402
158	日本明治安田生命保险公司（Meiji Yasuda Life Insurance）	45262	183	瑞士银行（UBS）	39356
159	洛克希德—马丁（Lockheed Martin）	45189	184	荷兰皇家阿霍德集团（Royal Ahold）	38814
160	诺华公司（Novartis）	45103	185	日本电气公司（NEC）	38591
161	陶氏化学（Dow Chemical）	44945	186	东京海上日动火灾保险公司（Tokio Marine Holdings）	38458
162	万喜集团（Vinci）	44378	187	中国建筑工程总公司（China State Construction Engineering）	38117
163	英国葛兰素史克公司（Glaxo Smith Kline）	44240	188	英国森特理克集团（Centrica）	37927
164	三井物产（Mitsui）	44120	189	法国维旺迪集团（Vivendi）	37712
165	西尔斯控股（Sears Holdings）	44043	190	房地美（Freddie Mac）	37614
166	日本住友生命保险公司（Sumitomo Life Insurance）	43780	191	新日本制铁公司（Nippon Steel）	37563
167	国际资产控股公司（International Assets Holding）	43604	192	西农（Wesfarmers）	37466

续表

排名	企业名称	营业收入	排名	企业名称	营业收入
168	法国布伊格集团（Bouygues）	43579	193	日本KDDI电信公司（KDDI）	37073
169	赛诺菲—安万特集团（Sanofi-Aventis）	43405	194	西斯科公司（Sysco）	36853
170	拜耳集团（Bayer）	43322	195	日本伊藤忠商事株式会社（Itochu）	36798
171	百事公司（PepsiCo）	43232	196	安海斯—布希英博（Anheuser-Busch In-Bev）	36758
172	邦吉公司（Bunge）	41926	197	苹果公司（Apple）	36537
173	力拓集团（Rio Tinto Group）	41825	198	澳大利亚伍尔沃斯公司（Woolworths）	36523
174	大都会人寿保险公司（MetLife）	41098	199	华特迪士尼公司（Walt Disney）	36149
175	信实工业公司（Reliance Industries）	41085	200	思科公司（Cisco Systems）	36117

资料来源：美国《财富》杂志。

附表3-3　2010年中国制造业企业500强排序前100家名单（1—50）

（单位：万元）

排名	企业名称	营业收入	排名	企业名称	营业收入
1	中国石油化工集团公司	139195196	26	中国电子信息产业集团公司	8589981
2	东风汽车公司	26915955	27	天津冶金集团有限公司	8420533
3	上海汽车工业（集团）总公司	22972314	28	天津中环电子信息集团有限公司	8210483
4	中国第一汽车集团公司	20655087	29	中国建筑材料集团有限公司	8158163
5	中国兵器装备集团公司	19644059	30	山东魏桥创业集团有限公司	8061821
6	宝钢集团有限公司	19530748	31	鞍山钢铁集团公司	8026352
7	河北钢铁集团有限公司	17709075	32	天津汽车工业（集团）有限公司	7701914

续表

排名	企业名称	营业收入	排名	企业名称	营业收入
8	中国航空工业集团公司	17207109	33	光明食品(集团)有限公司	7553083
9	中国五矿集团公司	17047434	34	中国航天科工集团公司	7246722
10	中国兵器工业集团公司	16497387	35	金川集团有限公司	6647406
11	华为技术有限公司	14925041	36	北台钢铁(集团)有限责任公司	6214404
12	江苏沙钢集团有限公司	14631303	37	天津钢管集团股份有限公司	6136501
13	武汉钢铁(集团)公司	14033158	38	天津天铁冶金集团有限公司	6056545
14	中国铝业公司	13560700	39	中兴通讯股份有限公司	6027256
15	广州汽车工业集团有限公司	13359362	40	海信集团有限公司	5598526
16	首钢总公司	13038232	41	红塔烟草(集团)有限责任公司	5590222
17	海尔集团公司	12491161	42	中国重型汽车集团有限公司	5566281
18	中国船舶重工集团公司	12109566	43	天津天钢集团有限公司	5521915
19	北京汽车工业控股有限责任公司	11647433	44	马钢(集团)控股有限公司	5467526
20	中国化工集团公司	10803459	45	江苏悦达集团有限公司	5425123
21	联想控股有限公司	10637514	46	新兴铸管集团有限公司	5386020
22	太原钢铁(集团)有限公司	10136453	47	江西铜业集团公司	5306360
23	上海电气(集团)总公司	8982975	48	上海烟草(集团)公司	5288138
24	山东钢铁集团有限公司	8702584	49	潍柴控股集团有限公司	5228133
25	美的集团有限公司	8657202	50	万向集团公司	5148040

资料来源:中国企业联合会。

附表3-3(续) 2010年中国制造业企业500强排序前100家名单(51—100)

(单位:万元)

排名	企业名称	营业收入	排名	企业名称	营业收入
51	南京钢铁集团有限公司	5133883	76	山东大王集团有限公司	3960991

续表

排名	企业名称	营业收入	排名	企业名称	营业收入
52	北大方正集团有限公司	5106480	77	中国东方电气集团有限公司	3899254
53	湖南华菱钢铁集团有限责任公司	5084459	78	南山集团公司	3826019
54	湖南中烟工业有限责任公司	5067304	79	北京建龙重工集团有限公司	3819067
55	徐州工程机械集团有限	5051776	80	包头钢铁（集团）有限责任公司	3787060
56	红云红河烟草（集团）有限责任公司	5023748	81	海亮集团有限公司	3726055
57	华晨汽车集团控股有限公司	4845705	82	三胞集团有限公司	3670416
58	中国南车集团公司	4776323	83	无锡产业发展集团有限公司	3646570
59	新希望集团有限公司	4606739	84	上海复星高科技（集团）有限公司	3609215
60	江苏雨润食品产业集团有限公司	4514916	85	日照钢铁控股集团有限公司	3599535
61	TCL集团股份有限公司	4428722	86	中国中材集团有限公司	3533932
62	江苏华西集团公司	4405991	87	中国核工业集团公司	3518094
63	杭州钢铁集团公司	4395508	88	中天钢铁集团有限公司	3512667
64	杭州娃哈哈集团有限公司	4320417	89	四川省宜宾五粮液集团有限公司	3503882
65	珠海格力电器股份有限公司	4263730	90	中国黄金集团公司	3454269
66	攀钢集团有限公司	4173587	91	天津荣程联合钢铁集团有限公司	3387922
67	中国北方机车车辆工业集团公司	4155884	92	长沙中联重工科技发展股份有限公司	3372691
68	安徽海螺集团有限责任公司	4141996	93	安阳钢铁集团有限责任公司	3300087
69	四川长虹电子集团有限公司	4138961	94	正威国际集团有限公司	3198144
70	酒泉钢铁（集团）有限责任公司	4037265	95	天津市一轻集团（控股）有限公司	3191282
71	天津渤海化工集团公司	4029183	96	陕西有色金属控股集团有限责任公司	3160112

续表

排名	企业名称	营业收入	排名	企业名称	营业收入
72	山东六和集团有限公司	4021600	97	哈尔滨电气集团公司	3131640
73	铜陵有色金属集团控股有限公司	4021115	98	青岛钢铁控股集团有限责任公司	3123400
74	河南省漯河市双汇实业集团有限责任公司	4007021	99	湖北宜化集团有限责任公司	3054758
75	本溪钢铁（集团）有限责任公司	4000705	100	三一集团有限公司	3040000

资料来源：中国企业联合会。

第四章 中国出口省际失衡：1978~2010年

第一节 问题的提出和文献综述

自1978年改革开放以来，中国经济保持着连续三十多年的高速发展，在亚洲乃至全球创造了继"日本奇迹"和亚洲"四小龙奇迹"之后的"中国奇迹"。根据世界银行世界发展指数（WDI）数据库数据，如果按照购买力平价（PPP）计算，早在2002年，中国和日本的国内生产总值（GDP）分别为3.67万亿国际美元和3.42万亿国际美元，中国经济总量就已经超过日本，跃居全球第二（见表4-1）；如果按美元汇率计算，2010年，中国和日本的GDP则分别为5.88万亿美元和5.50万亿美元，中国经济总量也赶超日本，中国取代日本成为仅次于美国的全球第二大经济体（见表4-2）。

表4-1 世界主要经济体GDP按PPP比较（2001~2010年）

（单位：万亿国际元）

年份 国家	2001	2002	2003	2004	2005	2006	2007	2008	2009	2010
美国	10.23	10.59	11.09	11.81	12.58	13.34	14.00	14.30	14.04	14.58
中国	3.31	3.67	4.12	4.66	5.36	6.24	7.34	8.22	9.06	10.08
日本	3.33	3.42	3.51	3.71	3.87	4.07	4.29	4.32	4.08	4.33
德国	2.21	2.28	2.36	2.47	2.59	2.78	2.93	3.05	2.97	3.07
法国	1.63	1.70	1.69	1.76	1.86	1.99	2.11	2.18	2.15	2.19
英国	1.63	1.71	1.78	1.90	1.97	2.12	2.18	2.26	2.17	2.23
意大利	1.55	1.53	1.56	1.59	1.65	1.78	1.89	1.99	1.95	1.91
巴西	1.27	1.32	1.37	1.48	1.58	1.70	1.86	1.99	2.00	2.17
加拿大	0.91	0.94	0.99	1.05	1.13	1.20	1.26	1.30	1.28	1.33

续表

年份 国家	2001	2002	2003	2004	2005	2006	2007	2008	2009	2010
俄罗斯	1.07	1.17	1.34	1.47	1.70	2.14	2.39	2.88	2.68	2.81
印度	1.71	1.81	2.00	2.23	2.52	2.84	3.21	3.44	3.79	4.20

资料来源：世界银行 WDI 数据库。

表4-2 世界主要经济体 GDP 按美元汇率比较（2001~2010年）

（单位：万亿美元）

年份 国家	2001	2002	2003	2004	2005	2006	2007	2008	2009	2010
美国	10.23	10.59	11.09	11.81	12.58	13.34	14.00	14.30	14.04	14.58
中国	1.32	1.45	1.64	1.93	2.26	2.71	3.49	4.52	4.99	5.88
日本	4.10	3.92	4.23	4.61	4.55	4.36	4.38	4.88	5.03	5.50
德国	1.89	2.02	2.44	2.75	2.79	2.92	3.33	3.63	3.33	3.31
法国	1.34	1.45	1.79	2.06	2.14	2.26	2.58	2.83	2.62	2.56
英国	1.47	1.61	1.86	2.20	2.28	2.44	2.81	2.66	2.17	2.25
意大利	1.12	1.22	1.51	1.73	1.78	1.86	2.12	2.30	2.11	2.05
巴西	0.55	0.50	0.55	0.66	0.88	1.09	1.37	1.65	1.59	2.09
加拿大	0.72	0.73	0.87	0.99	1.13	1.28	1.42	1.50	1.34	1.57
俄罗斯	0.31	0.35	0.43	0.59	0.76	0.99	1.30	1.66	1.22	1.48
印度	0.48	0.51	0.60	0.72	0.83	0.95	1.24	1.21	1.38	1.73

资料来源：世界银行 WDI 数据库。

中国经济发展取得举世瞩目成就的同时，对外贸易也发展迅猛，取得了非凡佳绩。根据世界银行 WDI 数据库和中国统计局数据（见表4-3），1978~2010年期间，中国货物进出口年均增长18.2%，2010年货物进出口总额达到29727.6亿美元。其中，货物出口年均增长18.3%，2010年货物出口实现15779.3亿美元；货物进口年均增长18.1%，2010年货物进口13948.3亿美元。中国货物出口的年均增长速度，既明显高于中国经济同期9.9%的年均增长速度，也显著快于世界贸易同期8.1%的年均增长速度。WTO 统计数据库和中国商务部数据则显示（见表4-4），中国货物出口的世界份额，由1978年的0.7%持续扩大到2009年的9.9%，全球排名则相应地由第32位逐步提升到第一位，2010年进一步提到10.4%，继续保持全球货物出口第一大国地位。中国商务部 2011 年 11 月公布的数据表明,截止到 2011 年 9 月,中国同时为欧盟(27 国)、美国和日本等三大发达市场的第一大进口来源地;发展和新兴市场中,中国则同时为印度和俄罗斯的第一大进口来源地、巴西的第二大进口来源地。

表 4 - 3 中国进出口总体情况(1978 ~ 2010 年)

(单位:进出口金额,亿美元;增长率,%)

年份	进出口总额	出口总额	进口总额	贸易差额	进出口增长率	出口增长率	GDP增长率	世界贸易增长率
1978	206.4	97.5	108.9	-11.4	39.4	28.4	11.7	15.7
1979	293.3	136.6	156.7	-20.1	42.1	40.1	7.6	25.8
1980	381.4	181.2	200.2	-19.0	30.0	32.7	7.8	21.5
1981	440.3	220.1	220.2	-0.1	15.4	21.5	5.2	-0.7
1982	416.1	223.2	192.9	30.3	-5.5	1.4	9.1	-5.8
1983	436.2	222.3	213.9	8.4	4.8	-0.4	10.9	-2.5
1984	535.5	261.4	274.1	-12.7	22.8	17.6	15.2	5.6
1985	696.0	273.5	422.5	-149.0	30.0	4.6	13.5	1.1
1986	738.5	309.4	429.1	-119.7	6.1	13.1	8.8	10.1
1987	826.5	394.4	432.1	-37.7	11.9	27.5	11.6	16.7
1988	1027.9	475.2	552.7	-77.5	24.4	20.5	11.3	13.6
1989	1116.8	525.4	591.4	-66.0	8.6	10.6	4.1	7.3
1990	1154.4	620.9	533.5	87.4	3.4	18.2	3.8	13.4
1991	1357.0	719.1	637.9	81.2	17.6	15.8	9.2	0.0
1992	1655.3	849.4	805.9	43.5	22.0	18.1	14.2	7.2
1993	1957.0	917.4	1039.6	-122.2	18.2	8.0	14.0	-0.3
1994	2366.2	1210.1	1156.1	54.0	20.9	31.9	13.1	13.7
1995	2808.6	1487.8	1320.8	167.0	18.7	22.9	10.9	19.5
1996	2898.8	1510.5	1388.3	122.2	3.2	1.5	10.0	4.4
1997	3251.6	1827.9	1423.7	404.2	12.2	21.0	9.3	0.7
1998	3239.5	1837.1	1402.4	434.7	-0.4	0.5	7.8	-1.3
1999	3606.3	1949.3	1657.0	292.3	11.3	6.1	7.6	4.0
2000	4742.9	2492.0	2250.9	241.1	31.5	27.8	8.4	12.6
2001	5096.5	2661.0	2435.5	225.5	7.5	6.8	8.3	-4.9
2002	6207.7	3256.0	2951.9	304.1	21.8	22.4	9.1	4.2

续表

年份	进出口总额	出口总额	进口总额	贸易差额	进出口增长率	出口增长率	GDP增长率	世界贸易增长率
2003	8509.9	4382.3	4127.6	254.7	37.1	34.6	10.0	16.5
2004	11545.5	5933.2	5612.3	320.9	35.7	35.4	10.1	22.0
2005	14219.1	7619.5	6599.5	1020.0	23.2	28.4	11.3	13.9
2006	17604.0	9689.4	7914.6	1774.8	23.8	27.2	12.7	15.3
2007	21737.3	12177.8	9559.5	2618.3	23.5	25.7	11.9	15.3
2008	25632.6	14306.9	11325.6	2981.3	17.9	17.5	9.6	15.4
2009	22072.2	12016.1	10059.2	1956.9	-13.9	-16.0	8.7	-23.5
2010	29727.6	15779.3	13948.3	1831.0	34.7	31.3	10.3	9.5
1978~2010	6015.3	3229.2	2786.2	443.0	18.2	18.3	9.9	8.1
1978~2001	1718.7	891.8	826.9	64.9	16.5	16.6	9.7	7.4
2002~2010	17472.9	9462.3	8010.9	1451.3	22.6	22.9	10.4	9.8

资料来源:根据世界银行 WDI 数据库和 WTO 统计数据库相关数据计算整理得出。

表4-4 中国出口总额占世界出口总额的比重和位次(1978~2010年)

(单位:出口金额,亿美元;占比,%)

年份	中国出口总额	世界出口总额	中国占世界比重	中国在全球位次
1978	99.5	13070	0.7	32
1979	136.1	16590	0.8	30
1980	181.0	20340	0.9	26
1981	220.1	20100	1.1	19
1982	223.2	18830	1.2	17
1983	222.3	18460	1.2	17
1984	261.4	19560	1.3	18
1985	273.5	19540	1.4	17
1986	309.4	21380	1.4	16
1987	394.4	25160	1.6	16
1988	475.2	28690	1.7	16
1989	525.4	30980	1.7	14
1990	620.9	34490	1.8	15

续表

年份	中国出口总额	世界出口总额	中国占世界比重	中国在全球位次
1991	719.1	35150	2.0	13
1992	849.4	37660	2.3	11
1993	917.4	37820	2.4	11
1994	1210.1	43260	2.8	11
1995	1487.8	51640	2.9	11
1996	1510.5	54030	2.8	11
1997	1827.9	55910	3.3	10
1998	1837.1	55010	3.3	9
1999	1949.3	57120	3.4	9
2000	2492.0	64560	3.9	7
2001	2661.0	61910	4.3	6
2002	3256.0	64920	5.0	5
2003	4382.3	75860	5.8	4
2004	5933.3	92180	6.4	3
2005	7619.5	104890	7.3	3
2006	9689.8	121130	8.0	3
2007	12204.6	140000	8.7	2
2008	14306.9	161160	8.9	2
2009	12016.1	125220	9.9	1
2010	15778.2	152380	10.4	1

资料来源：WTO统计数据库和《中国商务年鉴2011》。

随着对外贸易的不断发展，中国的进出口贸易结构，尤其是出口贸易结构及其决定因素问题，成为国内外学者关注的热点问题之一。近年来，国内外学者对中国出口贸易结构问题的研究总体上可以分为两大类，也即两个争论。

一类是对中国出口贸易的技术结构优化升级和竞争力提升问题的争论，即对中国出口产品的技术含量（或附加值水平）是否得到了显著提高、中国出口品竞争力是否明显提升等问题的争论。大部分西方学者，如Rodrik（2006）、Hausman，Hwang和Rodrik（2007）、Gaulier，Lemoine和Ünal（2007）、Schott（2008）、Fontagn，Gaulier和Zignago（2008）、Lemoine和Ünal（2008）、Bensidoun，Lemoine和Ünal（2009）、Wang和Wei（2010）等利用不同的方法得出大体相似的结论,认为中国出口产品技术品质不断提升、贸易结构与发达国家越来越接近。许多中国学者,如樊纲等(2006)、姚洋和张晔(2008)、张燕生(2008)、许斌(2008)、朱诗娥和杨汝岱(2009)等也认为,中国出口品技术含量越来越高,贸易结构不断优化并有进一步升级趋势。上述这些研究一致认为,中国出口品在世界市场上拥有强大的竞争力,而且其竞争力在不断提高。然而,另一部分国内外学者,如 Feenstra(1998)、赵晋平(1998)、张小蒂和李晓钟(2002)、关志雄(2002、2003)、Lall(2006)、杜修立和王维国(2007)、郎咸平(2008)、施炳展和李坤望(2009)、董直庆和夏小迪(2010)等则以为,尽管中国出口统计中出现了大量较高技术含量的产品,但中国在这些产品的生产中只是处于整个生产链条中的低附加值或低技术含量的生产环节,中国出口贸易的技术结构实际并没有得到显著改善,中国出口贸易的竞争力与发达国家仍然有较大差距,甚至,在经济全球化和贸易自由化的冲击下,中国出口贸易的技术结构,与美国等发达国家间的技术差距不仅没有缩小,反而有可能不断拉大。戴翔和张二震(2011)发现,中国出口技术复杂度与发达国家相比,尚存一定差距,特别是在高技术密集型出口产品领域,差距较大,而目前对发达国家的追赶上,主要表现在中等技术密集型产品领域。中国出口品的"专业化"既没有与发达国家"趋同",其技术复杂度也未赶上发达国家,中国出口增长不会导致发达国家所谓"工资收入不平等"和"贸易条件恶化"。

另一类是对中国出口贸易的地区结构问题的褒贬。赞同派认为,中国出口贸易的地区结构问题并不大,如华晓红(2002)认为,虽然中国对欧盟与拉美市场开拓不足,存在较大开拓空间,但与世界主要贸易国家或地区出口市场格局比较,中国出口市场集中度适当;黄坚(2004)认为,中国出口市场结构在调整中趋于优化,虽仍高度集中,但出口市场过于依赖中国香港特区市场及美日欧等发达国家市场的状况已经有所改善。批评派则强调,中国出口贸易的地区结构问题不容忽视,如强永昌(1992)、宣家骥和戴克维(1996)以及高敬峰(2001)等都认为,中国出口过分集中在少数几个地区对中国外贸发展是有风险的;魏浩和马野青(2006)也认为,虽然中国出口市场多元化战略取得了一定业绩,但是,中国的对外贸易特别是出口贸易结构存在一定程度的不安全性,国际贸易摩擦因此不断增加;魏浩(2007)进一步认为,中国出口结构存在的国际和国内地区结构过于集中等五大问题日益凸显,直接影响到中国外贸的发展和国家经济安全。

但是,在上述诸多文献中,对中国出口省际失衡问题的研究相对不足。尤其是,对其产生原因和决定因素问题的研究更为薄弱,几乎尚未有文献从企业异质性微观层面来分析这一问题。本章重点考察改革开放三十多年以来中国货物出口的省际地区结构失衡问题,试图弥补上述现有文献的研究不足。余下结构安排如下:第二节,简要回顾总结改革开放以来中国货物出口所取得的三大主要成就;第三节,重点考察中国货物出口省际地区结构失衡问题的具体表现及其影响;第四节,全面剖析中国货物出口省际失衡的产生原因和影响因素;最后一节是本章小结。

第二节 中国出口的三大主要成就

一、出口规模不断扩大,国际地位持续提升,发展成为全球货物出口第一大国

自1978年改革开放三十多年以来,中国对外贸易发展迅猛,货物贸易进出口规模不断扩大(见图4-1)。1978～2010年期间,无论是货物贸易进出口还是出口,一直都保持着持续增长态势:中国货物进出口总额从1978年的206.4亿美元增加到2010年的29727.6亿美元,年均增长18.2%,32年间增长超过144倍。其中,货物出口额从1978年的97.5亿美元增加到2010年的15779.3亿美元,年均增长18.3%,32年间增长接近162倍。尤为值得一提的是,2001年12月11日中国加入WTO以来,中国对外贸易发展步伐进一步加快:尽管受2008年国际金融危机和世界经济危机影响,2009年货物贸易进出口和出口出现大幅下滑,但中国货物贸易进出口和出口的年均增长率2002～2010年期间分别高达22.6%和22.9%,显著高于1978～2001年期间的16.5%和16.6%(见表4-3)。

不仅如此,改革开放三十多年以来,中国货物贸易出口的发展速度显著高于世界货物贸易同期发展速度(见图4-2),中国货物贸易出口的国际地位持续提升(见图4-3)。1978～2010年期间,中国货物贸易出口和世界货物贸易出口的年均增长率分别为18.3%和8.1%,前者为后者的2.3倍。其中,2002～2010年期间,中国和世界货物贸易出口年均增长率分别为22.9%和9.8%,前者为后者的2.4倍(见表4-3)。因此,中国货物贸易出口在全球货物贸易出口中的份额不断提高、地位持续提升。1978年,即改革开放的当年,

(单位：亿美元)

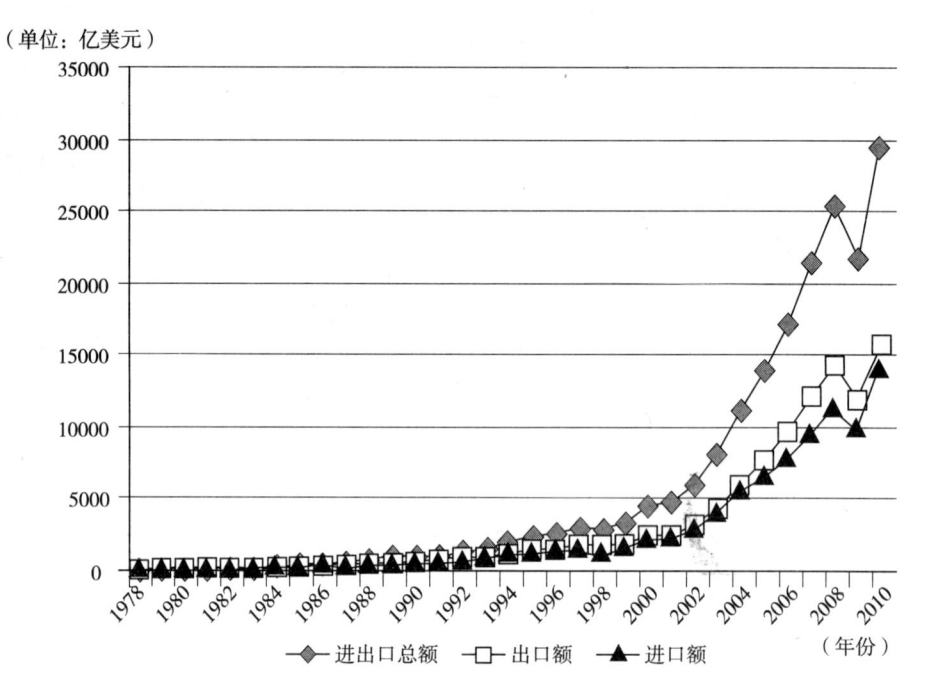

图 4-1　中国货物贸易进出口发展轨迹图（1978～2010 年）

资料来源：《中国贸易外经统计年鉴 2011》。

中国货物贸易出口总额占世界货物贸易出口总额的比重仅为 0.7%，排名全球第 32 位。1979 年，即改革开放之后的第二年，中国出口的世界排名提升了 2 位。而之后的两年提升速度更快，分别提升了 4 个位置和 7 个位置。到 1981 年，中国出口已经排名全球第 19 位。20 年之后，到 2001 年，中国货物贸易出口占世界货物贸易出口的比重逐步提升到 4.3%，排名全球第 6 位。中国加入 WTO 以后，中国货物贸易出口世界地位提升速度进一步加快，几乎每一或两年提升一个位置。到 2009 年，中国货物贸易出口总额占世界货物贸易出口总额的比重已经高达 9.9%，中国发展成为货物贸易出口全球第一大国。2010 年，中国出口世界占比再次提高到 10.4%，继续保持货物贸易出口全球第一大国地位（见表 4-4）。

与此同时，与其他主要发展和新兴国家相比，改革开放以来，中国货物贸易出口世界份额的上升幅度明显高于印度、巴西、南非等其他"金砖国家"以及墨西哥。中国货物贸易出口世界份额，1973 年和 1983 年分别为

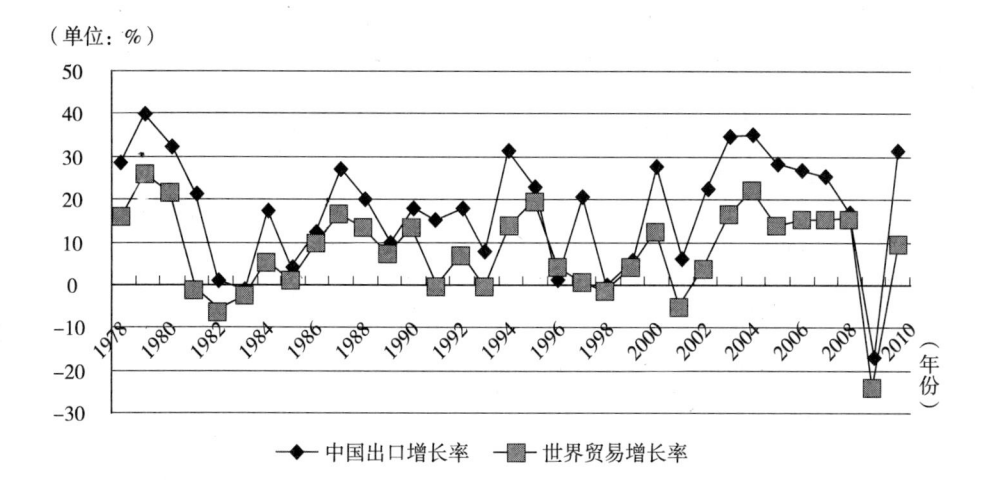

图 4-2 中国和世界货物出口发展速度比较图(1978~2010年)

资料来源：WTO统计数据库。

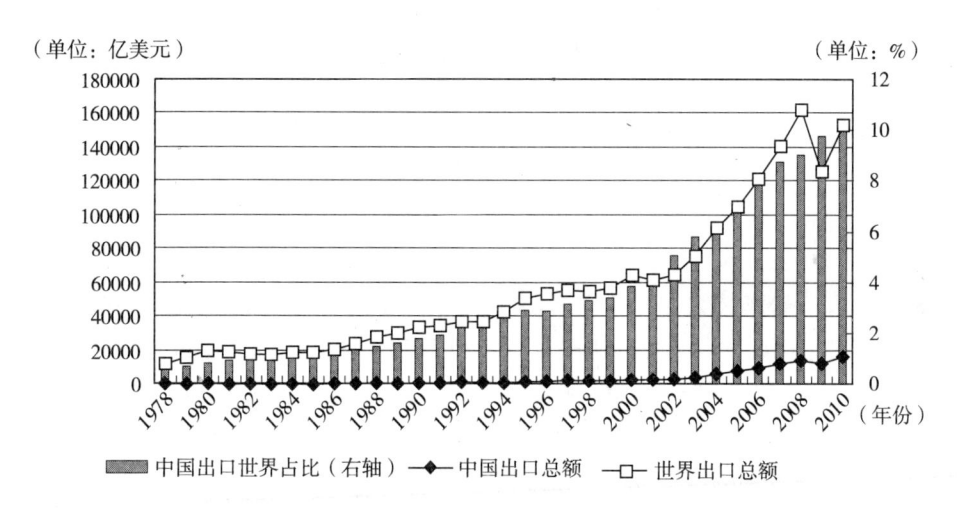

图 4-3 中国货物出口占世界货物出口的比重(1978~2010年)

资料来源：WTO统计数据库。

1.0%和1.2%；然而，2003年和2010年，分别达到5.9%和10.6%。印度货物出口世界份额，1973年和1983年均为0.5%，2003年和2010年仍不过0.8%和1.5%。巴西货物出口世界份额则一直比较稳定，大体为1.0%~1.4%。墨西哥货物出口世界份额相对变化较大，从1973年的0.4%扩大到2003年的2.2%，但2010年又回落到2.0%。南非货物出口世界份额则呈持续缩小趋势，从1973年和1983年的1.0%减少到2003年和 2010 年的 0.5% 和 0.6%（见表 4-5）。

表 4-5　主要国家货物出口的世界份额（1973、1983、1993、2003 和 2010 年）

（单位:%）

年份 国家	1973	1983	1993	2003	2010
巴西	1.1	1.2	1.0	1.0	1.4
印度	0.5	0.5	0.6	0.8	1.5
墨西哥	0.4	1.4	1.4	2.2	2.0
南非	1.0	1.0	0.7	0.5	0.6
中国	1.0	1.2	2.5	5.9	10.6
美国	12.3	11.2	12.6	9.8	8.6
日本	6.4	8.0	9.9	6.4	5.2
德国	11.7	9.2	10.3	10.2	8.5
法国	6.3	5.2	6.0	5.3	3.5
意大利	3.8	4.0	4.6	4.1	3.0
英国	5.1	5.0	4.9	4.1	2.7
加拿大	4.6	4.2	3.9	3.7	2.6

资料来源：WTO，*International Trade Statistics* 2011。

较之主要发达资本主义国家，中国货物贸易出口的世界份额则不断实现"赶超"。美国、日本、德国、法国和意大利等五个"七国集团"国家的货物出口世界份额，尽管在 20 世纪 80、90 年代略有上升，但 21 世纪以来都呈不断下降趋势。美国货物出口的世界份额，从 1983 年的 11.2% 提高到 1993 年的 12.6%，但 2003 年和 2010 年则分别下降到 9.8% 和 8.6%。日本货物出口的世界份额，从 1983 年的 8.0% 提高到 1993 年的 9.9%，但 2003 年和 2010 年分别下降到 6.4% 和 5.2%。德国货物出口的世界份额，则从 1983 年的 9.2% 提高到 1993 年的 10.3%，2003 年和 2010 年分别下降到 10.2% 和 8.5%。法国货物出口的世界份额，从 1983 年的 5.2% 提高到 1993 年的 6.0%，2003 年和 2010 年分别下降到 5.3% 和 3.5%。英国和加拿大两个"七国集团"国家的货物贸易出口世界份额则从 20 世纪 70 年代末以来持续下降。英国货物出口的世界份额，从 1973 年的 5.1% 持续下降到 2010 年的 2.7%。而加拿大货物贸易出口的世界份额，则从 1873 年的 4.6% 持续下降到 2010 年的 2.6%（见表

4-5)。因此,中国货物贸易出口的世界份额与之差距不断缩小并成功实现赶超:2000年,中国货物出口总额为2492亿美元,超过意大利的2405亿美元;2001年,中国货物出口实现2661亿美元,超过加拿大的2599亿美元;2002年,中国货物出口总额达到3256亿美元,超过英国的2802亿美元;到2003年,中国货物出口实现4382亿美元,超过法国的3920亿美元,发展成为仅次于德国、美国和日本的货物贸易出口第四大国;2004年,中国货物贸易出口总额达到5933亿美元,一举超过日本的5657亿美元,跻身全球货物贸易出口前三强;2007年,中国货物贸易出口突破万亿美元大关,高达12205亿美元,而美国当年只实现11482亿美元,中国再次赶超美国,跃居全球第二;2009年,尽管受国际金融危机和世界经济危机影响,中国货物出口出现较大幅度回落,但是其回落幅度远低于德国,因此,其总额反而赶超德国,发展成为全球货物出口第一大国[①](见表4-6)。根据中国商务部数据,截止到2011年12月,中国同时为欧盟(27国)、美国和日本的最大进口来源地。

表4-6 中国与"七国集团"国家货物出口比较(2000~2010年)

(单位:10亿美元)

国别 年份	中国	德国	美国	日本	法国	英国	加拿大	意大利	中国排名
2000	249.2	551.8	781.9	479.2	327.6	285.4	276.6	240.5	7
2001	266.1	571.6	729.1	403.5	323.4	272.7	259.9	244.5	6
2002	325.6	615.8	693.1	416.7	331.7	280.2	252.4	254.4	5
2003	438.2	751.6	724.8	471.8	392.0	305.6	272.7	299.3	4
2004	593.3	909.9	814.9	565.7	452.1	347.5	316.8	353.8	3
2005	762.0	970.9	901.1	594.9	463.4	384.5	360.5	373.1	3
2006	969.0	1108.1	1026.0	646.7	495.9	448.7	388.2	416.9	3
2007	1220.5	1321.2	1148.2	714.3	559.6	439.1	420.7	499.9	2
2008	1430.7	1446.2	1287.4	781.4	615.9	459.5	456.7	542.7	2
2009	1201.6	1120.0	1056.0	580.7	484.6	352.9	316.7	406.9	1
2010	1577.8	1268.8	1278.1	769.8	520.5	404.7	387.2	447.8	1

资料来源:WTO Statistics Database。

[①] 2009年,中国货物出口总额为12016亿美元,同比下降16.0%;德国货物贸易出口总额为11200亿美元,同比下降22.6%。

二、对外开放不断提高,外汇储备持续增加,逐步成为全球外汇储备第一大国

中国对外贸易的迅猛发展是与其改革开放的强力推进密不可分的。中国政府推行多轮贸易与投资自由化改革,对外贸易在其国民经济中的地位日益提高,中国经济与世界经济联系日益紧密,其对外开放程度不断提高。

外贸依存度是反映一个国家或地区的对外贸易活动对其经济发展的影响和依赖程度的重要经济分析指标,也是一国或地区对外开放度的评估与衡量的主要指标之一。[①] 接下来,我们以外贸出口依存度(货物与服务出口占GDP比重)指标来考察中国经济的对外开放程度的变动轨迹。

一方面,对中国经济进行自身纵向比较,中国货物贸易出口的发展速度明显高于GDP发展速度(见图4-4)。1978~2010年期间,中国货物出口和GDP的年均增长率分别为18.3%和9.9%,前者为后者的1.8倍。其中,2002~2010年,中国货物出口和GDP的年均增长率分别为22.9%和10.4%,前者为后者的2.2倍(见表4-3)。因此,中国外贸出口依存度不断提高,对外开放度稳步扩大(见图4-5)。1978年,中国外贸出口依存度仅为6.6%,改革开放初期,一直到1986年,也即中国正式申请重新加入关税及贸易总协定(GATT)当年,中国外贸出口依存度大体在10.0%上下波动。此后,中国外贸出口依存度迅速提高,到2001年中国正式加入WTO,中国外贸出口依存度已经达到22.6%。也即经过从"复关"到"入世"的15年,中国的外贸出口依存度提高了2.3倍。自2001年以来,外贸出口依存度的提高更为显著:尽管受全球国际金融危机和国家宏观调控政策影响,2008年外贸出口依存度出现大幅下滑,但2002~2010年期间,中国外贸出口依存度年均达到32.7%,是1978~2001年期间的2倍多,其中,2006年最高达到39.1%(见表4-7)。

[①] 外贸依存度的计算方法和名称根据分析问题的角度不同而有所差别。当只观察国际市场需求对本地区经济发展的影响时,可不考虑进口对本地区市场的影响,使用"外贸出口依存度",其计算方法是:用外贸出口额与国内生产总值之比,乘以百分之百求得。在国民经济核算综合分析中,为观察对外贸易对整体国民经济的影响,需考虑进口和出口的双向影响,使用"外贸依存度"或"外贸进出口依存度",其方法是:用净出口(对外贸易出口减进口)与国内生产总值之比乘以百分之百求得;或用进出口总额与国内生产总值之比乘以百分之百求得。

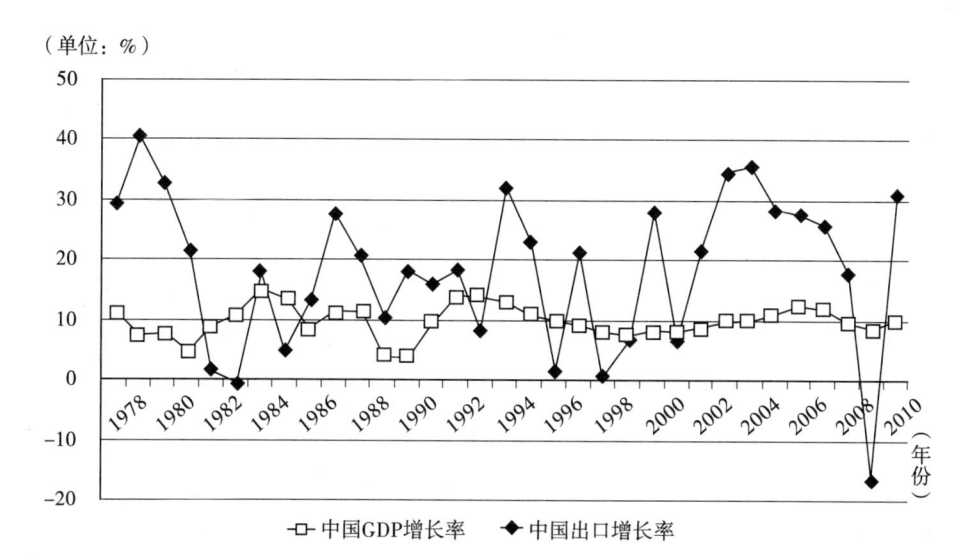

第四章 中国出口省际失衡:1978~2010年

图4-4 中国货物出口和GDP增长率变动轨迹图（1978~2010年）

资料来源：中国国家统计局。

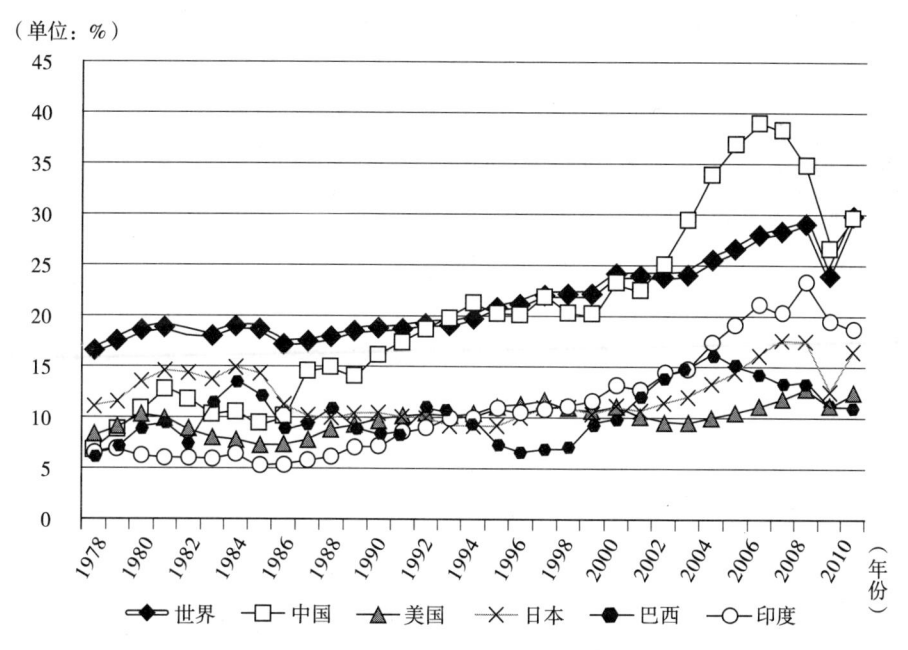

图4-5 世界主要国家外贸出口依存度变动轨迹图（1978~2010年）

资料来源：世界银行和WTO。

表 4-7　世界主要贸易大国外贸出口依存度比较（1978～2010 年）

（单位:%）

国别 年份	世界	中国	美国	日本	巴西	印度
1978	16.7	6.6	8.2	11.0	6.7	6.4
1979	17.6	8.5	9.0	11.4	7.1	6.8
1980	18.7	10.6	10.1	13.5	9.1	6.2
1981	19.1	12.6	9.8	14.5	9.4	6.0
1982	18.5	11.7	8.8	14.3	7.6	6.1
1983	18.2	10.2	7.9	13.7	11.4	5.9
1984	19.1	10.4	7.8	14.8	13.5	6.4
1985	18.8	9.2	7.2	14.2	12.2	5.3
1986	17.4	10.0	7.2	11.2	8.8	5.3
1987	17.6	14.5	7.7	10.2	9.5	5.7
1988	18.0	14.8	8.8	9.8	10.9	6.1
1989	18.6	13.9	9.2	10.3	8.9	7.1
1990	18.9	16.1	9.6	10.4	8.2	7.1
1991	18.8	17.4	10.0	9.9	8.7	8.6
1992	19.4	18.6	10.1	9.8	10.9	8.9
1993	19.2	19.6	9.9	9.1	10.5	9.9
1994	19.9	21.3	10.3	9.1	9.5	10.0
1995	21.0	20.2	11.0	9.1	7.3	11.0
1996	21.3	20.1	11.1	9.8	6.6	10.5
1997	22.2	21.8	11.5	10.9	6.8	10.8
1998	22.3	20.3	10.9	10.9	6.9	11.2
1999	22.4	20.2	10.6	10.3	9.4	11.7
2000	24.3	23.3	11.0	11.0	10.0	13.2
2001	24.2	22.6	10.0	10.6	12.2	12.8
2002	24.1	25.1	9.5	11.4	14.1	14.5
2003	24.3	29.6	9.4	12.0	15.0	14.8

续表

国别 年份	世界	中国	美国	日本	巴西	印度
2004	25.8	34.0	10.0	13.3	16.4	17.6
2005	26.8	37.1	10.4	14.3	15.1	19.3
2006	28.2	39.1	11.0	16.1	14.4	21.3
2007	28.7	38.4	11.8	17.6	13.4	20.4
2008	29.3	35.0	12.8	17.5	13.7	23.5
2009	24.2	26.7	11.2	12.5	11.1	19.6
2010	30.0	29.7	12.3	16.5	11.1	18.8
1978~2010	21.6	20.3	9.9	12.2	10.5	11.2
1978~2001	19.7	15.6	9.5	11.2	9.3	8.3
2002~2010	26.8	32.7	10.9	14.6	13.8	18.9

资料来源:根据世界银行WDI数据库和WTO统计数据库相关数据计算整理得出。

另一方面,与世界平均水平和主要经济大国横向比较,中国对外开放的扩大程度,既快于美国和日本等发达大国,也快于巴西和印度等发展中大国(见图4-5)。美国、日本和巴西等三个国家的外贸出口依存度在1978~2010年期间的提高幅度很小,分别在9.9%、12.2%和10.5%上下浮动,因此,尽管1978年这三个国家的外贸出口依存度与中国相比,或显著高于(日本)、或略高于(美国)、或大体相当(巴西),但到2010年,都远远不如中国。尽管印度自20世纪90年代以来对外开放程度也不断加快,但由于20世纪80年代其外贸依存度一直在6.0%上下波动,而中国的外贸依存度在1990年已经达到16.1%,因此,印度的对外开放程度一直不如中国。因此,尽管1978年中国的外贸出口依存度不仅低于美国的8.2%和日本的11.0%,更显著低于世界平均水平的16.7%,大体与巴西的6.7%和印度的6.4%相近。但是,到2010年,中国外贸出口依存度已经显著高于美国、日本、巴西和印度,和世界平均水平大体相当(见表4-7)。当然,作为大国经济,外贸依存度过高,也有其弊端。但不可否认,从另一个侧面也反映出,对外贸易在中国国民经济中的地位日益提高,中国经济同世界经济联系日益紧密,中国经济的开放度日益扩大。

与此同时,中国货物贸易出口自 1990 年以来几乎每年(1993 年除外)都超过进口,连续保持 20 年的贸易顺差(见图 4-6)。中国货物贸易顺差总额,2005 年突破 1000 亿美元,达到 1020.0 亿美元;最高峰的一年 2008 年达到 2981.3 亿美元;尽管受国际金融危机和全球经济危机影响 2009 年以来有所回落,但 2010 年仍保持 1831.0 亿美元(见表 4-3)。多年持续的货物贸易顺差为中国外汇储备持续攀升做了巨大贡献。2005 年是中国双顺差格局的一个分水岭(见图 4-7)。2005 年以前,中国的双顺差主要表现为资本项目(更严格地讲是资本与金融项目)顺差,之后主要表现为经常项目(其中又主要表现为货物贸易项目)顺差。其中,2006 年和 2008 年经常项目顺差占国际收支总顺差的比重分别为 82% 和 90%。中国外汇储备 2006 年突破万亿美元以来,连续 5 年雄踞全球第一。其中,2009 年达到 23991.5 亿美元,占全球外汇储备的比重接近 30%(见表 4-8)。截止到 2011 年 12 月底,中国外汇储备进一步攀升到 31811.5 亿美元。

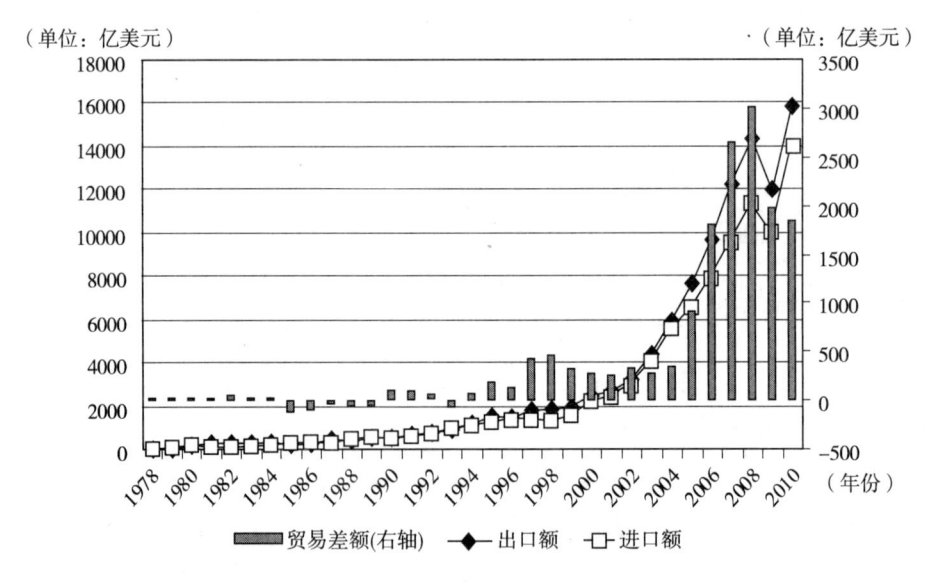

图 4-6　中国货物贸易进出口差额变动轨迹(1978~2010 年)

资料来源:中国商务部。

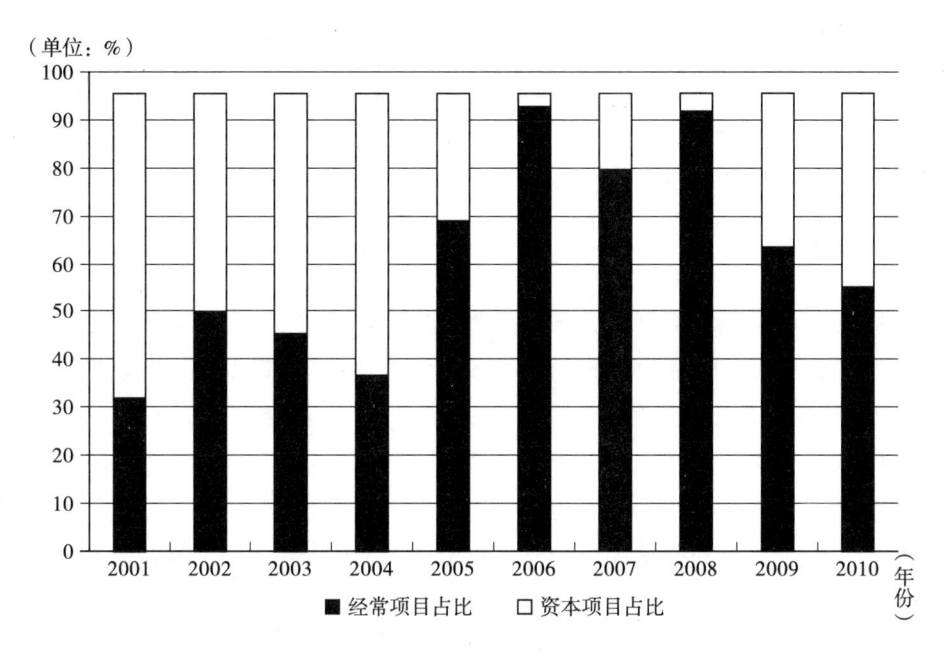

图 4-7 中国国际收支顺差结构变动轨迹（2001~2010 年）

资料来源：中国外汇管理局。

表 4-8 中国国际收支顺差结构（2001~2010 年） （单位：亿美元）

年份	国际收支 总差额	经常项目 差额	经常项目 占比	资本项目 差额	资本项目 占比	外汇储备 中国	外汇储备 世界	占比	排名
2001	522	174	33	348	67	2121.7	21006	10	2
2002	677	354	52	323	48	2864.1	24766	12	2
2003	986	459	47	527	53	4032.5	31080	13	2
2004	1794	687	38	1107	62	6099.3	38204	16	2
2005	2351	1341	57	1010	43	8188.7	43417	19	2
2006	2854	2327	82	526	18	10663.4	52535	20	1
2007	4491	3540	79	951	21	15282.5	66896	23	1
2008	4587	4124	90	463	10	19460.3	73364	27	1
2009	4420	2611	59	1808	41	23991.5	84636	29	1
2010	5314	3054	57	2260	43	28473.4	—	—	1

资料来源：中国外汇管理局和世界银行 WDI 数据库。

外汇储备是一个国家经济实力的重要组成部分,尽管中国过高的外汇储备也有一些弊端,但是至少可以带来四大好处:一是彻底解决了其国家外汇短缺问题,增强其经济发展的独立性;二是有利于维持汇率稳定,确保其国家外贸和经济发展的安全性;三是有利于推动人民币国际化,提升其国际竞争力;四是在国际事务中拥有更大的话语权,提升其国际影响力。

三、商品结构不断优化,产品技术持续提升,稳步走向世界贸易强国

无论是从中国货物出口自身纵向比较,还是与其他国家货物出口横向比较,都可以发现,改革开放三十多年以来,中国货物贸易出口的商品结构不断得到优化,产品技术持续得到提升,中国正稳步走向世界贸易强国。

一方面,按联合国的国际贸易标准分类(SITC),从中国货物出口自身纵向发展较为粗略地比较,中国货物出口商品结构中,初级产品比重不断下降、工业制成品比重持续上升(见图4-8)。改革开放初期,中国货物出口中,初级产品和工业制成品大体各占一半左右,这种局面一直持续到1985年。1986年,工业制成品出口迅猛发展,由1985年的135.1亿美元提高到1986年的195.5亿美元,同比增长44.7%,而初级产品出口则反而由1985年的138.4亿美元回落到1986年的113.9亿美元,同比下降17.7%,因此,1986年货物出口商品结构得到明显改进,初级产品的比重降到36.8%,工业制成品比重提升到63.2%。此后,货物出口商品结构进一步得到优化:1992年,初级产品的比重下降为20.0%,工业制成品的比重则上升到80.0%;2001年,初级产品的比重不到10.0%,工业制成品比重则超过90.0%。21世纪以来,中国货物出口商品结构继续得到改善,到2010年,初级产品和工业制成品的比重分别为5.2%和94.8%。与此同时,工业制成品的内部构成也发生了明显变化,高新技术产品的比重快速提高。高技术产品在工业制成品中的比重,1992年仅为6.0%、1995年便突破了10.0%、2001年再次突破20.0%,到2010年已经达到32.9%(见表4-9)。

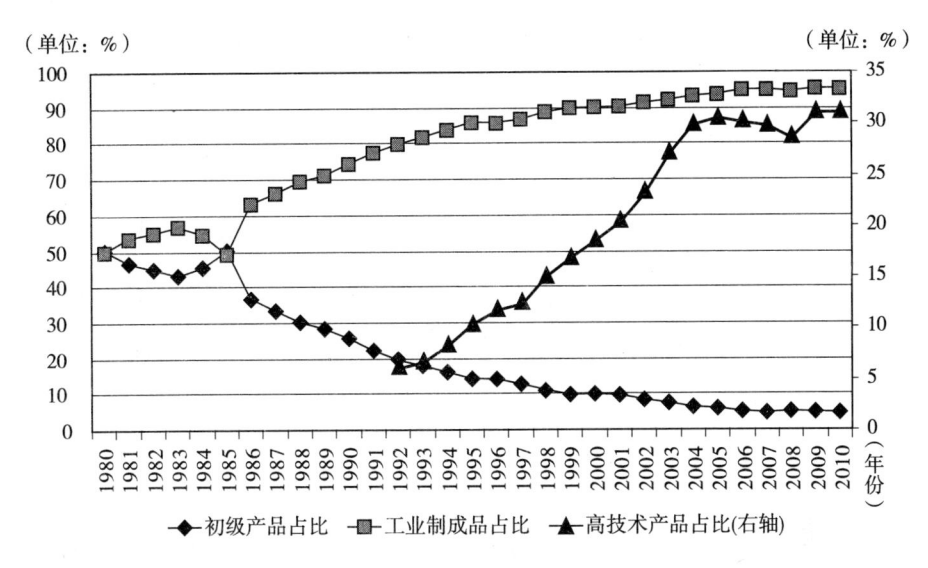

图 4-8 中国货物出口商品结构变动轨迹(1980~2010 年)

资料来源：中国商务部和世界银行。

表 4-9 中国货物出口商品结构(1980~2010 年)

(单位：出口金额,亿美元;占比,%)

年份	出口总值	初级产品出口值	工业制成品出口值	高技术产品出口值	初级产品占比	工业制成品占比	高技术品工业占比
1980	181.0	91.1	90.1	—	50.3	49.7	—
1981	220.1	102.8	117.3	—	46.7	53.3	—
1982	223.2	100.4	122.8	—	45.0	55.0	—
1983	222.3	96.3	126.0	—	43.3	56.7	—
1984	261.4	119.2	142.2	—	45.6	54.4	—
1985	273.5	138.4	135.1	—	50.6	49.4	—
1986	309.4	113.9	195.5	—	36.8	63.2	—
1987	394.4	132.1	262.3	—	33.5	66.5	—
1988	475.2	144.5	330.7	—	30.4	69.6	—
1989	525.4	150.8	374.6	—	28.7	71.3	—
1990	620.9	159.0	461.9	—	25.6	74.4	—

续表

年份	出口总值	初级产品出口值	工业制成品出口值	高技术产品出口值	初级产品占比	工业制成品占比	高技术品工业占比
1991	719.1	161.8	557.3	—	22.5	77.5	—
1992	849.4	169.9	679.5	40.9	20.0	80.0	6.0
1993	917.4	167.0	750.4	50.6	18.2	81.8	6.7
1994	1210.1	197.2	1012.9	84.4	16.3	83.7	8.3
1995	1487.8	214.2	1273.6	131.8	14.4	85.6	10.3
1996	1510.5	219.0	1291.5	152.9	14.5	85.5	11.8
1997	1827.9	239.5	1588.4	197.9	13.1	86.9	12.5
1998	1837.1	205.9	1631.2	242.0	11.2	88.8	14.8
1999	1949.3	198.8	1750.5	288.5	10.2	89.8	16.5
2000	2492.0	254.6	2237.4	408.4	10.2	89.8	18.3
2001	2661.0	263.4	2397.6	484.9	9.9	90.1	20.2
2002	3256.0	285.4	2970.6	681.8	8.8	91.2	23.0
2003	4382.3	348.1	4035.6	1075.4	7.9	92.1	26.6
2004	5933.3	405.5	5528.2	1616.0	6.8	93.2	29.2
2005	7619.5	490.4	7129.6	2142.5	6.4	93.6	30.1
2006	9689.8	529.3	9161.5	2711.7	5.5	94.5	29.6
2007	12204.6	615.5	11564.7	3370.1	5.1	94.9	29.1
2008	14306.9	778.5	13507.0	3813.4	5.4	94.6	28.2
2009	12016.1	631.0	11385.6	3768.6	5.3	94.7	33.1
2010	15778.2	817.2	14962.2	4923.9	5.2	94.8	32.9

资料来源：中国商务部和世界银行 WDI 数据库。

另一方面，根据美国学者构建的三个技术指数，对中国货物出口与其他国家货物出口横向细化比较，无论是较之其他发展中国家，还是与 OECD 国家等主要发达国家比，都表明，中国货物出口产品的技术含量不断提升，出口竞争力持续增强。

第一，Rodrik（2006）构建了一个衡量一国贸易产品生产率水平的出口复杂度 EXPY 指数①，通过对中国与全球其他 50 个不同发展程度国家的货物出口商品结构比较研究，发现，中国发展了一条独特的货物出口模式。② 中国货物出口模式致力于较高生产率产品的生产，努力开拓先进的、高技术产品的出口之路。如果依据产品的精密性来考察，中国的货物出口的商品结构与比其人均收入高三倍的国家的货物出口商品结构相似。

第二，Schott(2008)通过 Finger and Kreinin(1979)构建的出口相似度指数 ESI③，比较中国和 OECD 国家的货物出口产品技术结构后，得出以下两个主要结论。一是从地区看，无论与亚洲地区，还是拉丁美洲地区，或者是 OECD 国家，中国与其出口相似度指数都提高很快：与亚洲地区的出口相似度指数，从 1972 年的 0.14 持续提高到 1983 年的 0.30 和 1994 年的 0.37，到 2005 年，进一步提高到 0.46；同期与拉丁美洲国家的出口相似度指数分别为 0.05、0.10、0.20 和 0.26；尽管与 OECD 国家的出口相似度指数相对亚洲和拉丁美洲小一些，但也呈现显著提高趋势，分别为 0.05、0.08、0.15 和 0.21（见表

---

①EXPY 指数构建方法：EXPY 指数是与一国出口相对应的代表性收入的加权平均指数，权重为一国第 l 种商品的出口价值与总出口的比率，第 j 个国家的 EXPY 指数为：$EXPY_j = \sum_l \frac{x_{jl}}{X_j} PRODY_l$。其中，PRODY 指数是出口某项商品的各国人均 GDP 的加权和，因此，代表了每一种商品相应的收入水平。以 j 代表第 j 个国家，l 代表第 l 种商品，对与某一给定年份，第 j 个国家的出口总值为：$X_j = \sum_l x_{jl}$。以 Y_j 代表第 j 个国家的人均 GDP，第 k 种商品的 PRODY 指数为：$EXPY_k = \sum_j \frac{x_{jk}/X_j}{\sum_j (x_{jk}/X_j)} Y_j$。

②这 50 个国家既有美国、瑞士等发达国家，也有印度、巴西等发展中国家，同时包括尼日尔和海地等最不发达国家，具体名单如下：澳大利亚、孟加拉、伯利兹、玻利维亚、布基纳法索、巴勒斯坦、巴西、瑞士、中国、智利、哥伦比亚、阿尔及利亚、厄瓜多尔、芬兰、几内亚、希腊、海地共和国、匈牙利、印度尼西亚、印度、爱尔兰、冰岛、牙买加、肯尼亚、韩国、圣卢西亚、斯里兰卡、摩纳哥、马达加斯加、墨西哥、莫桑比克、尼日尔、尼日利亚、挪威、秘鲁、菲律宾、葡萄牙、巴拉圭、罗马尼亚、卢旺达、沙特阿拉伯、新加坡、斯洛文尼亚、瑞典、斯威士兰、泰国、特立尼达和多巴哥、土耳其、美国等等。

③ESI 构建方法相对简单，对美国在 t 年的任何两个贸易伙伴 c 国和 d 国，仅取每一产品的两国相似度中最小值的和：$ESI_t^{cd} = \sum_p \min(s_{tp}^c, s_{tp}^d)$，这里，$s_{tp}^c$ 表示贸易伙伴 c 国的制造产品 p 的出口额在其 t 年出口总额中所占的比重。如两国出口在 t 年没有共同产品则 ESI_t^{cd} 为零，如其产品种类完全相同，则 ESI_t^{cd} 为 1。

4-10)。二是按国别比较,在 20 个与 OECD 发达国家出口相似度指数提高程度上,中国最快:在货物出口产品与 OECD 国家最为相似的 20 个非 OECD 国家中,中国从 1972 年的第 19 位不断上升到 1983 年的第 13 位和 1994 年的第七位,到 2005 年,进一步提升到第四位,仅次于韩国、墨西哥和中国台湾(见表 4-11)。

表 4-10 中国与亚洲、拉丁美洲以及 OECD 国家的出口相似度指数(1972~2005 年)

地区	1972 年	1983 年	1994 年	2005 年
亚洲[a]	0.14	0.30	0.37	0.46
拉丁美洲	0.05	0.10	0.20	0.26
OECD	0.05	0.08	0.15	0.21

注:[a] 亚洲地区不含中国。
资料来源:转引自 Schott, P.:"The Relatine Sophistication of Chinese Exports", Economic Policy, Vol. 53, No. 1, 2008, p. 26。

表 4-11 与 OECD 国家货物出口相似度指数最高国家(1972~2005 年)

序号\年份	1972		1983		1994		2005	
1	墨西哥	0.18	墨西哥	0.20	墨西哥	0.28	韩国	0.33
2	巴西	0.15	韩国	0.18	韩国	0.25	墨西哥	0.33
3	中国台湾	0.14	中国台湾	0.17	中国台湾	0.22	中国台湾	0.22
4	以色列	0.11	以色列	0.16	巴西	0.19	中国	0.21
5	韩国	0.11	巴西	0.16	中国香港	0.17	巴西	0.20
6	阿根廷	0.11	中国香港	0.13	新加坡	0.16	波兰	0.17
7	中国香港	0.11	新加坡	0.13	中国	0.15	以色列	0.17
8	捷克	0.10	阿根廷	0.09	马来西亚	0.15	印度	0.16
9	波兰	0.10	南斯拉夫	0.09	以色列	0.14	新加坡	0.15
10	南斯拉夫	0.10	匈牙利	0.08	泰国	0.14	中国香港	0.15
11	哥伦比亚	0.07	波兰	0.08	阿根廷	0.09	泰国	0.15
12	南非	0.07	沙特阿拉伯	0.08	波兰	0.09	阿根廷	0.13
13	委内瑞拉	0.06	中国	0.08	印度	0.09	匈牙利	0.13
14	新加坡	0.06	南非	0.07	菲律宾	0.08	马来西亚	0.11
15	匈牙利	0.05	列斯群岛	0.07	委内瑞拉	0.08	印度尼西亚	0.11

续表

年份 序号	1972		1983		1994		2005	
16	罗马尼亚	0.05	印度	0.07	匈牙利	0.07	菲律宾	0.10
17	塞浦路斯	0.05	菲律宾	0.07	印度尼西亚	0.07	南非	0.10
18	直布罗陀	0.05	巴拿马	0.06	南非	0.07	巴拿马	0.09
19	中国	0.05	泰国	0.06	百慕大群岛	0.06	罗马尼亚	0.08
20	印度	0.05	哥伦比亚	0.06	哥伦比亚	0.06	哥伦比亚	0.08

资料来源：转引自 Schott, P.: "The Relative Sophistication of Chinese Exports", Economic Policy, Vol. 53, No. 1, 2008, p. 26。

第三，Wang 和 Wei（2010）通过构建出口差异性指数 EDI[①]，比较中国与美国、欧盟 15 国和日本（简称 G3）出口产品的技术结构时发现，中国与 G3 发达国家货物出口产品的重合度越来越高。从 1996 年到 2005 年，G3 高收入国家出口的 HS—6 位产品线数量基本维持在 4150 左右，但中国出口的 HS—6 位产品线数量则由 2942 持续增加到 3609，G3 发达国家出口但中国不出口的 HS—6 位产品数量线的比重由 28.7% 持续降低到 13.6%，两者之间的 EDI 由 133.7 持续降低到 121.5（见表 4-12）。

表 4-12 不断提高的出口结构重合度：中国相对
美国、欧盟以及日本（1996～2005 年）

年份	G3 高收入国家出口的 HS—6 位产品线数量（1）	同时为中国出口的 HS—6 位产品线数量（2）	G3 出口但中国不出口产品线的百分比 [1-(2)÷(1)]×100	出口差异性指数 EDI
1996	4126	2942	28.7	133.7
1997	4123	3042	26.2	132.5
1998	4121	3041	26.2	130.8

---

① EDI 的构建方法：$EDI_{rft} = 100[\sum_i abs(s_{irft} - S_{i,t}^{ref})]$，其中 $s_{irft} = \frac{E_{irft}}{\sum_i E_{irft}}$ 表示 t 年中国的 f 性企业的 i 产品在中国 r 城市出口中的份额，s_{irft}^{ref} 表示 i 产品在 G3 发达国家中的份额。EDI 值越小，被比较的出口结构的重合度越大，如果 EDI 为零，两国出口结构完全相同；如果 EDI 为 200，则两国出口结构完全没有重合。EDI 和 ESI 之间的关系为：$ESI_{rft} = \frac{200 - EDI_{rft}}{2}$。

续表

年份	G3 高收入国家出口的 HS—6 位产品线数量（1）	同时为中国出口的 HS—6 位产品线数量（2）	G3 出口但中国不出口产品线的百分比 [1-(2)÷(1)]×100	出口差异性指数 EDI
1999	4120	3024	26.6	129.2
2000	4116	3172	22.9	125.5
2001	4118	3184	22.7	124.8
2002	4184	3306	21.0	125.4
2003	4182	3408	18.5	126.1
2004	4186	3515	16.0	123.1
2005	4179	3609	13.6	121.5

资料来源：中国国家统计局和联合国 Comtrade 数据库，转引自 Wang, Z. and S. -J. Wei: "What Accounts for the Rising Sophistication of China's Exports?" in China's Growing Role in World Trade, Feenstra, R. and S. -J. Wei Ced.), Chicago, IL: University of Chicago Press, 2010。

根据本文第一章介绍的 21 世纪国际贸易领域中最为流行的异质性企业贸易理论，生产率水平较高的国家生产和出口的产品范围更广。这表明，中国货物出口产品的技术含量不断提升，不仅已经位于发展中国家前列，而且和发达国家相似度越来越高、差异性越来越低，中国出口产品的竞争力持续增强，中国正稳步走向世界贸易强国。

第三节　中国出口省际失衡问题及其影响

改革开放三十多年来，中国对外贸易出口取得了非凡成就，由世界贸易体系中的一个微不足道的贸易小国逐步发展成为举足轻重的贸易大国。然而，中国对外贸易出口发展过程中，也暴露出诸多问题和挑战，比如市场结构失衡和贸易摩擦频发、服务贸易相对落后和环境污染严重等等。下文简要分析中国出口当前所面临的国际市场结构失衡、服务贸易发展滞后、过度依赖外资和外需等四个问题之后，重点分析中国出口的省际地区结构失衡问题。

一、国际市场结构失衡和贸易摩擦问题

21 世纪以来，中国对外贸易货物出口所面临的一个最为突出的问题是，国际市场结构失衡和进出口流向失称。国际市场结构失衡主要体现在两个方

面:一是从地区结构看,过于集中在亚洲、北美洲和欧洲等三大洲,2001~2010年期间,这三大洲货物出口的市场份额之和年均高达91.5%;二是从国别结构看,则主要集中在美国、中国香港、日本、韩国和德国等五大国(地),2001~2010年期间,这五大国(地)一直位居中国货物出口前五位国家(地区),其出口的市场份额之和年均达到55.6%。不仅如此,中国进、出口流向极不对称。分洲际看,相对其货物出口市场份额的48.7%,亚洲货物进口的市场份额更高,达到63.7%;相对其货物出口市场份额的21.4%,北美洲和欧洲的进口市场份额则严重不足,分别只有9.2%和16.1%。从贸易伙伴看,美国和欧盟市场矛盾最为尖锐:美国出口市场份额高达20.0%,而进口市场份额却仅占8.0%;欧盟出口市场份额为18.3%,进口市场份额也只有12.4%(见表4-13)。

表4-13 中国出口洲际和国际市场结构(2001~20010年)   (单位:%)

国别 年份	亚洲	北美洲	欧洲	欧盟	美国	中国香港	日本	韩国	德国
2001	53.0	21.7	18.5	15.4	20.4	17.5	16.9	4.7	3.7
2002	52.3	22.8	18.2	14.8	21.5	18.0	14.9	4.8	3.5
2003	50.8	22.4	20.1	16.5	21.1	17.4	13.6	4.6	4.0
2004	49.8	22.5	20.6	18.1	21.1	17.0	12.4	4.7	4.0
2005	48.1	22.9	21.7	18.9	21.4	16.3	11.0	4.6	4.3
2006	47.0	22.6	22.2	19.2	21.0	16.0	9.5	4.6	4.2
2007	46.6	20.7	23.6	20.1	19.1	15.1	8.4	4.6	4.0
2008	46.4	19.2	24.0	20.5	17.7	13.4	8.1	5.2	4.1
2009	47.0	20.1	22.1	19.8	18.6	13.5	8.2	4.5	4.2
2010	46.4	19.4	22.5	19.7	18.0	13.8	7.7	4.4	4.3
出口年均	48.7	21.4	21.4	18.3	20.0	15.8	11.1	4.7	4.0
进口年均	63.7	9.2	16.1	12.4	8.0	2.0	15.3	10.5	5.3

资料来源:根据中国商务部数据计算整理得出。

上述问题所引发的后果是,中国与美国和欧盟等贸易伙伴之间的双边贸易失衡问题严重。自2001年以来,中国一直为美国和欧盟的最大贸易逆差来源地。据美国商务部统计数据,2011年,美中货物贸易逆差为2954.6亿美元,占美国对外货物贸易总逆差(7263.8亿美元)的38.6%。据欧盟统计局统计数据,2011年1~9月,欧(欧盟27国)中货物贸易逆差为1657.1亿美元,占欧盟对外货物贸易总逆差(1851.9亿美元)的89.5%。

尽管贸易摩擦的产生原因涉及国际政治、世界经济等多种因素,但不可否认的是,双边贸易失衡在一定程度上难免会引发贸易逆差国贸易保护主义的兴起,从而增加双边贸易摩擦发生的概率。近年来,美国和欧盟等国家和地区对华贸易保护主义明显抬头,针对中国的反倾销和反补贴等贸易救济措施频发。WTO 数据显示,2008 年 10 月至 2009 年 10 月,美国共发起 39 宗反倾销和反补贴等贸易救济措施,其中,针对或涉及中国的 27 宗(反倾销 13 宗、反补贴 12 宗、"特保"1 宗及其他 1 宗),占其总数比重高达 69.2%;完全针对中国的 22 宗(反倾销 10 宗、反补贴 11 宗、"特保"1 宗),占其总数的百分比为 56.4%;欧盟共发起 23 宗反倾销和反补贴贸易救济措施,其中,针对或涉及中国的 8 宗,占其总数的 35%,完全针对中国的 7 宗,占其总数的 31%。在某种意义上,这无不与中国为其最大贸易逆差伙伴有较大关系。

二、服务贸易出口相对滞后和环境污染问题

尽管中国已经发展成为货物出口全球第一大国,但是,其服务贸易出口却显得相对滞后、竞争力明显偏弱,与其贸易大国地位极不相称。

尽管自加入 WTO 以来中国服务贸易发展步伐明显加快:中国服务贸易年出口额从 2001 年的 329.0 亿美元增加到 2010 年的 1702.0 亿美元,10 年期间年均增长率为 19.7%。中国服务贸易出口的国际市场占有率及全球排名也提升较快:从 2001 年的 2.3%(第十二)分别上升到 2005 年的 3.1%(第九)和 2009 年的 4.6%(第四)。然而,一方面,较之本国货物出口,中国服务出口发展仍显得相对滞后:2001 年、2005 年和 2010 年中国货物出口的国际市场占有率及其全球排名分别为 4.3%(第六)、7.3%(第三)和 10.6%(第一)。另一方面,与美国、德国和英国等三大服务贸易大国相比,中国服务贸易出口的国际市场占有率则明显不足,如 2010 年上述三个国家服务贸易出口的国际市场占有率分别为 14.1%、6.3% 和 6.2%,显著高于中国的 4.6%(见表 4-14)。

表4-14 世界主要贸易大国国际市场占有率(2001、2005和2010年)

(单位:%)

国家	2001年 服务贸易 世界份额	2001年 服务贸易 全球排名	2001年 货物贸易 世界份额	2001年 货物贸易 全球排名	2005年 服务贸易 世界份额	2005年 服务贸易 全球排名	2005年 货物贸易 世界份额	2005年 货物贸易 全球排名	2010年 服务贸易 世界份额	2010年 服务贸易 全球排名	2010年 货物贸易 世界份额	2010年 货物贸易 全球排名
美国	18.1	1	11.9	1	14.7	1	8.7	2	14.1	1	8.6	2
德国	5.5	4	9.3	2	6.2	4	9.3	1	6.3	2	8.5	3
英国	7.4	2	4.4	5	7.8	2	3.7	7	6.2	3	2.7	10
法国	5.5	3	5.2	4	4.8	3	4.4	5	3.8	5	3.5	6
日本	4.4	5	6.6	3	4.5	5	5.7	4	3.8	6	5.2	4
中国	2.4	12	4.3	6	3.1	9	7.3	3	4.6	4	10.6	1

资料来源:WTO,*International Trade Statistics*,2002,2006 and 2011。

与此同时,中国服务贸易出口的国际竞争力明显偏弱。我们采用贸易竞争优势指数(TC)和显示性比较优势指数(RCA)两个国际贸易竞争力通行指标,结合中国自身货物贸易和世界主要服务贸易大国对这一问题进行比较分析。

从贸易竞争优势指数看(见表4-15)①,2001~2010年期间,中国服务贸易的 TC 指数一直小于零,而且其绝对值2009年较2008年显著增加,说明中国服务贸易的竞争力较弱且抗风险能力较差,相比其货物贸易的 TC 指数一直大于零并呈递增趋势,显然相对滞后。与此同时,与世界主要贸易大国相比,英国和美国的 TC 指数不仅显著大于零,而且呈递增趋势,说明中国服务贸易竞争力与之差距明显且不断扩大;尽管德国和日本的 TC 指数也小于零,

---

① 贸易竞争优势指数 TC_{ij} 是指 i 国 j 产业或产品的进出口差额与其进出口总额的比值,其计算公式为:$TC_{ij}=(X_{ij}-M_{ij})/(X_{ij}+M_{ij})$,其中,$X_{ij}$ 表示 i 国 j 产业(产品)的出口额,M_{ij} 表示 i 国 j 产业(产品)的进口额,将其运用到服务贸易,则指一国服务贸易进出口差额与其进出口总额的比值。该指标的优点是,作为一个贸易总额的相对值,剔除了通货膨胀等宏观总量方面波动的影响,即无论进出口的绝对量是多少,该指数值均介于-1 和+1 之间,因此,在不同时期、不同国家之间是可比的,成为分析服务贸易出口国际竞争力的常用工具。一般来讲,如果该指数介于-1 和-0.6 之间,说明一国服务贸易出口竞争劣势非常明显;介于-0.6 和-0.3 之间,说明其竞争劣势较为明显;(-0.3,0)则说明竞争劣势较弱;相应地,如果介于 0 和 0.3 之间,说明竞争优势较弱;(0.3,0.6)说明竞争优势较强;(0.6,1)说明竞争优势非常显著。

表4-15 世界主要贸易出口大国贸易竞争优势指数（2001~2010年）

（单位:%）

国家 年份	美国	英国	德国	法国	日本	印度	中国 （服务）	中国 （货物）
2001	0.13	0.10	-0.25	0.13	-0.21	-0.08	-0.09	0.04
2002	0.13	0.11	-0.20	0.11	-0.19	-0.04	-0.08	0.05
2003	0.12	0.12	-0.19	0.09	-0.16	-0.02	-0.08	0.03
2004	0.12	0.14	-0.17	0.08	-0.14	0.03	-0.07	0.03
2005	0.13	0.13	-0.14	0.07	-0.09	0.05	-0.06	0.07
2006	0.12	0.16	-0.09	0.07	-0.08	0.09	-0.05	0.10
2007	0.16	0.18	-0.08	0.07	-0.08	0.10	-0.03	0.12
2008	0.17	0.17	-0.07	0.07	-0.05	0.07	-0.04	0.12
2009	0.17	0.20	-0.09	0.06	-0.08	-0.10	0.09
2010	0.18	0.19	-0.05	0.05	-0.06	-0.03	-0.06	0.06
2001~2010	0.14	0.15	-0.13	0.08	-0.11	0.02	-0.07	0.07

资料来源：根据WTO数据库数据计算得出。

且其绝对值在2001~2008年期间略大于中国，但其绝对值呈递减趋势且2009年和2010年已经小于中国，这说明，中国服务贸易发展势头不如德国和日本。

从显性比较优势指数看（见表4-16）[①]，可以得出与TC指数相类似的结论。此外，有两点尤为值得关注。一是中国服务贸易的RCA指数表现出明显的递减趋势，从2001年的最高值0.57显著降低到2003年的0.49，此后一直到2010年，基本维持在0.49左右，说明中国服务贸易的竞争力不仅较弱而且

[①] 显示性比较优势指数RCA_{ij}由美国经济学家巴拉萨（Balassa）于1965年提出，反映i国家j产业或产品的出口与世界平均水平之间的相对优势，其计算公式为：$RCA_{ij}=(X_{ij}/X_i)/(W_j/W)$，其中，$X_{ij}$表示$i$国$j$产业（产品）的出口额，$X_i$表示$i$国出口总额，$W_j$表示世界$j$产业（产品）的出口额，$W$表示世界出口总额，将其运用到服务贸易，则表示一国服务贸易出口与世界平均水平之间的相对优势。由于剔除了国家总量波动和世界总量波动的影响，该指数更为准确地反映了一国服务贸易出口的相对优势。一般来讲，如果该指数大于2.5，表明一国服务贸易出口具有极强的国际竞争力；如介于1.25和2.5之间，则表明具有较强国际竞争力；如介于0.8和1.25之间，则表示具有中等的国际竞争力；如该指数小于0.8，则国际竞争力较弱。

表4-16 世界主要贸易大国显示性比较优势指数(2001~2010年)

(单位:%)

年份\国家	美国	英国	德国	法国	日本	印度	中国（服务）	中国（货物）
2001	1.38	1.57	0.66	1.02	0.72	1.44	0.57	1.10
2002	1.43	1.63	0.69	1.04	0.69	1.42	0.55	1.11
2003	1.45	1.73	0.69	1.03	0.68	1.47	0.49	1.12
2004	1.49	1.85	0.68	1.04	0.70	1.71	0.49	1.12
2005	1.50	1.81	0.73	1.08	0.77	1.80	0.46	1.13
2006	1.50	1.81	0.76	1.09	0.80	1.92	0.46	1.13
2007	1.49	2.00	0.72	1.09	0.78	1.88	0.47	1.13
2008	1.50	2.00	0.75	1.12	0.83	1.80	0.49	1.12
2009	1.47	1.93	0.77	1.09	0.84	1.70	0.46	1.14
2010	1.45	1.82	0.78	1.07	0.77	1.71	0.49	1.13
2001~2010	1.47	1.81	0.72	1.07	0.76	1.68	0.49	1.12

资料来源:根据WTO数据库数据计算得出。

持续减弱。二是尽管2001~2010年德国和日本的 RCA 指数年均值也略低于 0.8,和中国一样,属于国际竞争力较弱国家,但其 RCA 指数均呈递增趋势,尤其日本,从2001年的0.72持续提升到2006年的0.80,2009年曾一度达到0.84,由国际竞争力较弱国家跨越到中等国家,其发展经验值得中国借鉴。

不仅如此,中国服务贸易出口的相对滞后还导致其出口模式的能源密集型和污染密集型特征。中国货物出口产品主要集中在低技术、高能耗、高污染的劳动密集型和资源密集型产业上,对生态和环境的影响很大。据世界银行数据,2006年,中国单位GDP能耗分别是美国的4.0倍、日本和德国的5.9倍、巴西的3.4倍和墨西哥的3.8倍,而这其中,其能源总消耗的40%左右直接或间接用于其出口生产(World Bank,2010);中国单位GDP二氧化碳排放量则分别为上述五个国家的5.3倍、7.8倍、8.3倍、7.1倍和5.0倍。2006年,中国 CO_2 年排放总量达到60.99亿吨,超过美国(57.48亿吨),成为二氧化碳排放全球第一大国。与制造产业相比较,服务产业显然能耗较低,对环境的污染程度也较小。如2008年中国服务产业单位GDP能耗仅为其制造产业的14.3%。因此,相对于制造产业和货物贸易出口,服务产业和服务贸易出口无疑是一种低碳经济发展方式。从这个意义上讲,中国经济发展过程中的高碳排放量和空气污染等环境问题显然与其服务贸易出口的相对滞后有较大关系。

三、过度依赖外资和外需与内需不足问题

中国货物出口贸易结构中,外商投资企业和加工贸易方式所占比重明显偏高。从出口企业性质结构看,外商投资企业相对份额自2001年以来每年都超过了50%,最高峰的2005年和2006年分别达到58.3%和58.2%,2001~2010年期间年均为55.4%;从贸易方式结构看,同一时期,尽管加工贸易所占比重发展趋势略有走低,但其年均相对份额也达到52.2%(见表4-17)。

表4-17 中国货物出口中外资企业和加工贸易出口占比(2001~2010年)

(单位:进出口金额,亿美元;占比,%)

年份	货物出口总额	外资企业出口额	加工贸易出口额	外资企业出口占比	加工贸易出口占比
2001	2661.0	1332.2	1474.3	50.1	55.4
2002	3256.0	1699.9	1799.3	52.2	55.3
2003	4382.3	2403.4	2418.5	54.8	55.2
2004	5933.3	3386.1	3279.9	57.1	55.3
2005	7619.5	4442.1	4164.8	58.3	54.7
2006	9689.8	5638.3	5103.8	58.2	52.7
2007	12204.6	6955.2	6176.6	57.0	50.6
2008	14306.9	7906.2	6751.8	55.3	47.2
2009	12016.1	6722.3	5869.8	55.9	48.8
2010	15777.8	8623.1	7403.3	54.7	46.9
2001~2010	8784.7	4910.9	4444.2	55.4	52.2

资料来源:根据中国商务部数据计算整理得出。

外资企业和加工贸易在中国经济增长中所做的贡献问题在学术界一直颇有争议。我们认为,其贡献度并不高,以两个广为引用的经典案例为证。Feenstra(1998)芭比娃娃例子中,中国的劳动力附加值只占产品最终销售价值的3.5%;而Gee(2008)30GB苹果iPod播放器例子中,中国大陆和台湾一起的劳动力附加值占比才1.2%。由此可见,无论是劳动密集型低端产品(芭比娃娃),还是技术密集型高端产品(苹果iPod播放器),外资企业和加工贸易为

中国真正创造的价值都很低。

不仅如此，外商投资企业和加工贸易方式所占比重过高，还会引起外贸依存度偏高、贸易失衡加大以及国民收入严重偏低和内需不足等一系列问题。

首先，外商投资企业和加工贸易方式所占比重过高容易引起外贸依存度偏高问题。例如，2001～2010年期间，中国出口依存度年均为31.7%，不仅显著高于美国和日本等发达大国（分别为10.8%和14.2%），也明显高于巴西和印度等新兴与发展中大国（分别为13.7%和18.3%）（见表4-18）。

表4-18 主要贸易大国外贸出口依存度比较（2001～2010年）

（单位：%）

国别 年份	世界	中国	美国	日本	巴西	印度
2001	24.2	22.6	10.0	10.6	12.2	12.8
2002	24.1	25.1	9.5	11.4	14.1	14.5
2003	24.3	29.6	9.4	12.0	15.0	14.8
2004	25.8	34.0	10.0	13.3	16.4	17.6
2005	26.8	37.1	10.4	14.3	15.1	19.3
2006	28.2	39.1	11.0	16.1	14.4	21.3
2007	28.7	38.4	11.8	17.6	13.4	20.4
2008	29.3	35.0	12.8	17.5	13.7	23.5
2009	24.2	26.7	11.2	12.5	11.1	19.6
2010	30.0	29.7	12.3	16.5	11.1	18.8
2001～2010	26.6	31.7	10.8	14.2	13.7	18.3

资料来源：根据世界银行WDI数据库和WTO统计数据库相关数据计算整理得出。

其次，中国的对外贸易顺差很大程度上是由外资企业和加工贸易所致。如2001～2010年期间，加工贸易顺差占货物进出口顺差比重的年均值为178.5%。其中，2010年，中国加工贸易顺差为3229.0亿美元，占货物进出口顺差1831.0亿美元的176.4%（见表4-19）。图4-9表明，外商投资企业加工贸易是货物贸易顺差的最主要来源，如2000～2010年期间，有8个年份出现外商投资企业加工贸易顺差超过货物贸易顺差局面。这意味着，扣除外商投资企业加工贸易所导致的贸易顺差，中国货物进出口实际上反而将表现出贸易逆差。如2010年，来自国有企业的一般贸易逆差为1798.3亿美元。

表4-19　加工贸易贸易差额占中国货物贸易差额比重(2001~2010年)

(单位:进出口金额,亿美元;加工贸易差额占比,%)

年份	出口总额	进口总额	贸易差额	加工贸易出口额	加工贸易进口额	加工贸易贸易差额	加工贸易差额占比
2001	2661.0	2435.5	225.5	1475.0	1021.0	454.0	201.3
2002	3256.0	2951.9	304.1	1799.0	1222.0	577.0	189.7
2003	4382.3	4127.6	254.7	2418.0	1629.0	789.0	309.8
2004	5933.2	5612.3	320.9	3280.0	2217.0	1063.0	331.3
2005	7619.5	6599.5	1020.0	4165.0	2740.0	1425.0	139.7
2006	9689.4	7914.6	1774.8	5104.0	3215.0	1889.0	106.4
2007	12177.8	9559.5	2618.3	6177.0	3684.0	2493.0	95.2
2008	14306.9	11325.6	2981.3	6752.0	3784.0	2968.0	99.3
2009	12016.1	10059.2	1956.9	5870.0	3223.0	2647.0	135.3
2010	15779.3	13948.6	1831.0	7403.0	4174.0	3229.0	176.4
2001~2010	8782.2	7453.4	1328.8	4444.3	2690.9	1753.4	178.5

资料来源:根据中国国家统计局数据计算整理得出。

最后,更为严重的是,外商投资企业和加工贸易方式所占比重过高导致国民收入偏低和内需不足。尽管中国经济总量或早在2002年(按购买力平价计算)或在2010年(按美元汇率计算)已经跃居全球第二,但其人均国民收入直到2010年仍不足5000美元(4260美元),不到世界平均水平(9097美元)的一半,仅为46.8%,排名尚在全球100名之外(106位)(见表4-20)。由此,中国内需明显不足。

表4-20　中国GDP和人均GNI世界排名(2001~2010年)

年份	GDP 按PPP衡量 万亿国际元	世界位置	GDP 按美元汇率衡量 万亿美元	世界位置	人均GNI(美元) 按美元汇率计算 中国水平(1)	世界平均(2)	(1)×100÷(2)	世界位置
2001	3.31	3	1.32	6	1000	5262	19.0	120
2002	3.67	2	1.45	6	1100	5219	21.1	117

续表

年份	GDP 按PPP衡量 万亿国际元	GDP 按PPP衡量 世界位置	GDP 按美元汇率衡量 万亿美元	GDP 按美元汇率衡量 世界位置	人均GNI(美元) 按美元汇率计算 中国水平(1)	人均GNI(美元) 按美元汇率计算 世界平均(2)	人均GNI(美元) 按美元汇率计算 (1)×100÷(2)	人均GNI(美元) 按美元汇率计算 世界位置
2003	4.12	2	1.64	6	1270	5617	22.6	115
2004	4.66	2	1.93	6	1500	6422	23.4	116
2005	5.36	2	2.26	5	1760	7132	24.7	117
2006	6.24	2	2.71	4	2050	7605	27.0	116
2007	7.34	2	3.49	3	2490	8109	30.7	117
2008	8.22	2	4.52	3	3050	8701	35.1	110
2009	9.06	2	4.99	3	3650	8721	41.9	108
2010	10.08	2	5.88	2	4260	9097	46.8	106

资料来源：根据世界银行WDI数据库整理得出。

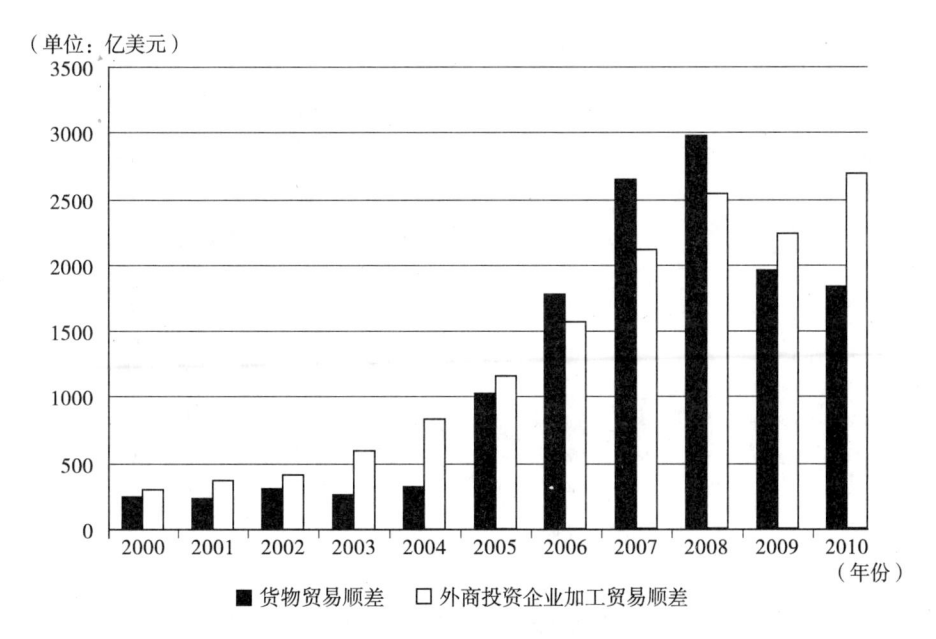

图4-9 货物贸易顺差与外商投资企业加工贸易顺差

资料来源：中国海关总署，转引自中国外汇管理局《2010年中国国际收支报告》。

四、"双顺差"和国民福利损失问题

中国对外贸易所面临的另一个问题是货物贸易进出口失衡,多年维持贸易顺差并顺差持续扩大(见图4-10)。如前所述,中国自1990年以来连续20年(1993年除外)保持贸易顺差。中国货物贸易顺差2007年和2008年分别高达3154亿美元和3607亿美元,占当年GDP比重分别为9.0%和8.0%。与此同时,吸引FDI方面,中国自1992年以来连续18年居发展中国家首位,外国来华直接投资净流入资金,2007年和2008年分别高达1384亿美元和1478亿美元,占当年GDP比重分别为4.1%和3.4%。长年贸易顺差和FDI资金净流入的直接结果是,国际收支多年呈现"双顺差"。中国经常项目顺差2007年和2008年分别高达3540亿美元和4124亿美元,占当年GDP的比例分别达到11.1%和9.1%;资本和金融项目顺差2010年则实现2260亿美元,占当年GDP的百分比为3.8%(见表4-21)。持续的"双顺差"必然导致外汇储备的不断增加。前文已述,中国外汇储备自2006年突破万亿美元大关以来连续5年位居全球第一,截止到2011年12月底,中国外汇储备进一步攀升到31811.5亿美元。

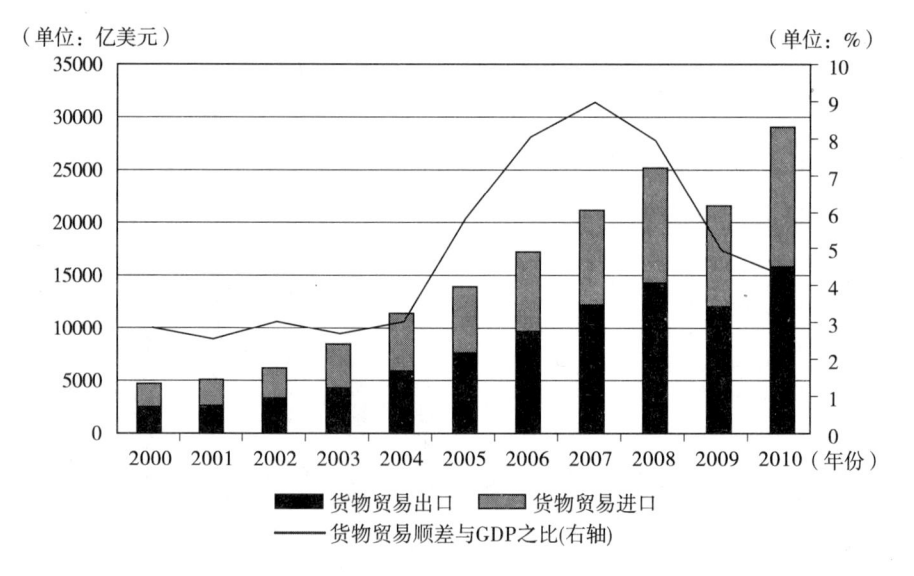

图4-10 中国货物贸易进出口及顺差与GDP之比

资料来源:中国外汇管理局和中国统计局,转引自中国外汇管理局《2010年中国国际收支报告》。

表 4-21　中国货物贸易顺差和国际收支顺差及其与 GDP 之比（2001～2010 年）

年份	GDP	货物贸易差额	与 GDP 比	国际收支差额	与 GDP 比	经常项目差额	与 GDP 比	资本项目差额	与 GDP 比
2001	1.32	340	2.6	522	4.0	174	1.3	348	2.6
2002	1.45	442	3.0	677	4.7	354	2.4	323	2.2
2003	1.64	447	2.7	986	6.0	459	2.8	527	3.2
2004	1.93	590	3.1	1794	9.3	687	3.6	1107	5.7
2005	2.26	1342	5.9	2351	10.4	1341	5.9	1010	4.5
2006	2.71	2177	8.0	2854	10.5	2327	8.6	526	1.9
2007	3.49	3154	9.0	4491	12.9	3540	10.1	951	2.7
2008	4.52	3607	8.0	4587	10.1	4124	9.1	463	1.0
2009	4.99	2495	5.0	4420	8.9	2611	5.2	1808	3.6
2010	5.88	2542	4.3	5314	9.0	3054	5.2	2260	3.8

资料来源：根据中国外汇管理局和统计局数据计算整理得出。

按照国际经济学原理，如果一个发展中国家是引资国（资本和金融项目顺差），则其应该成为经常项目逆差国。因为引进外资的主要目的是为了购买外国的先进技术和机器设备，正常情况下，资本流入一定会转化成经常项目逆差。中国长年保持经常项目和资本与金融项目"双顺差"，导致其国家外汇储备过高。如前所述，尽管成为全球外汇储备第一大国有诸多好处。但是，由双顺差所导致的高外汇储备显然是一种不合理的国际经济现象，其负面影响至少有两点。

一是增加了其宏观经济调控的复杂性。由于中国实行事实上的盯住美元汇率制度，为了维护人民币汇率不变，央行不得不持续大量买入美国国库券和其他美元资产。因此，外汇持续净流入给中国注入大量流动性资金，其货币供应量大大超出经济增长。据中国人民银行数据，2001～2010 年期间，中国广义货币供应量年均增长率为 18.7%，远高于同一时期 GDP 年均增长率（10.2%），其中，2009 年广义货币供应量和名义 GDP 同比增加率分别为 28.4% 和 8.7%。由此造成通货膨胀压力和资产价格泡沫等问题，从而加大其货币调控操作的难度，直接影响中国货币政策的独立性和宏观调控的有效性。

二是造成其国民福利的严重损失。一方面，双顺差意味着高成本输入资本、低收益输出资本。据世行数据,2001~2010 年期间,外国在华直接投资利润汇款与其净流入量的平均比例为 35.2%,这意味着中国引入外资的成本或年利息大约为 35% 左右。美联储统计数据则显示,2001~2010 年期间,3 个月期美国国债收益率的平均水平仅为 3.44%,该利率 2008 年 11 月曾降至 0.01%,这意味着中国外汇储备购买美国政府债券的收益率不到 3.5%。也就是说中国输入资本的成本是输出资本收益的 10 倍左右。另一方面,高外汇储备则让中国处于因"美元陷阱"[①](Krugman,2009)而导致的资本损失高风险之中。如果美元对一篮子货币汇率贬值或人民币兑美元汇率升值,外汇储备所代表的购买力将无疑会受到巨大损失。而事实上,一方面,美元汇率自 2001 年以来已经贬值 40% 左右,而且美元长期汇率进一步贬值的可能性非常大。另一方面,2005 年 7 月人民币汇率改革以来,人民币对美元中间汇率已经累计升值 23.6%。其中,自 2010 年 6 月 19 日再次汇改到 2012 年 2 月 27 日,人民币对美元中间汇率累计升值 7.8%。[②] 此外,人民币对美元长期汇率进一步升值的可能性也很大。

五、出口省际失衡与中国地方经济发展不平衡问题

国内省际地区结构失衡是中国货物出口长期以来存在的一个突出问题与挑战。中国货物出口的省际失衡主要表现在两个方面:一方面,从出口企业经营地所在省份看,主要集中在东南沿海地区十个省份;另一方面,从出口企业经营所在城市看,主要集中在 4 个经济特区和 14 个沿海开放城市。接下来,我们以 1985~2010 年各地货物出口数据依次考察这两个方面。

(一)从出口企业经营地所在省份看,主要集中在东南沿海地区十个省份

东南沿海地区十个省份,从全国省份数量比例上看,仅为 32.3%,但是,

[①] 如果继续持有,甚至进一步增加持有美国国债,中国将冒巨额资本损失的危险;如果推进外汇储备多元化,中国马上就会遭受资本损失。这种进退两难的局面,就是克鲁格曼所谓的"中国的美元陷阱"。

[②] 2005 年 7 月 21 日,中国人民银行发布关于完善人民币汇率形成机制改革的公告,"自 2005 年 7 月 21 日起,我国开始实行以市场供求为基础、参考一篮子货币进行调节、有管理的浮动汇率制度。人民币汇率不再盯住单一美元,形成更富弹性的人民币汇率机制"。2010 年 6 月 19 日,中国人民银行宣布,决定进一步推进人民币汇率形成机制改革,增强人民币汇率弹性。中国人民银行数据显示,2005 年 7 月 21 日、2010 年 6 月 19 日和 2012 年 2 月 27 日,1 美元兑人民币中间汇率分别为 8.2765、6.8275 和 6.2985。

1985～2010年期间,其货物出口占全国货物总出口的比重年均却达到83.7%,其中,"大珠三角"经济圈中的广东和福建两个省份就占了34.5%,"长三角"经济圈里的上海、江苏和浙江三个省份也占了28.0%[①];自2001年12月加入WTO之后,中国货物出口国内地区结构失衡更为突出:2002～2010年期间,东南沿海地区十个省份的货物出口占全国货物总出口的比重几乎每年都超过了90%,年均达到91.3%,其中,"大珠三角"的两个省份和"长三角"的三个省份货物出口的全国份额分别为36.0%和37.4%(见表4-22)。

东南沿海地区十个省份货物出口的全国份额变动轨迹大体上可以分为三个阶段(见图4-11)。(1)1985～1992年期间,总体呈下降趋势,但是,其内部各经济圈的货物出口全国占比变动趋势升降不一。东南沿海地区十个省份货物出口的全国份额从1985年的77.2%下降到1992年的70.0%。"大珠三角"经济圈的比重不断上升,从1985年的13.1%持续上升到1992年的29.7%。"环渤海"经济圈的份额则大幅下降,从1985年的41.5%持续下降到1992年的20.8%。"长三角"经济圈的比例小幅下降,从1985年的22.6%下降到1992年的19.5%。(2)1993～2005年期间,总体表现为上升趋势,但是,其内部各经济圈的货物出口全国占比变化趋势也不一样。1992年邓小平南方谈话之后,东南沿海地区十个省份货物出口的全国份额迅速提高,仅仅4年时间,便提高20个百分点,从1992年的70.0%提高到1996年的90.0%。但是,由于受1997年亚洲金融危机影响,1997年和1998年两年有所降低,此后又持续提高,2005年达到最高点92.3%。"大珠三角"经济圈的货物出口全国份额变动趋势先升后降,从1993年的35.9%上升到1998年的46.6%,此后又回落到2005年的35.9%。"长三角"经济圈的比重则一直不断上升,从1993年的19.3%持续上升到2005年的38.1%。"环渤海"则比较平稳,一直在18%左右波动。(3)2006～2010年期间,则呈现出微幅下降趋势。受美国次贷危机引发的全球金融危机和国家宏观调控影响,东南沿海十个省份的货物出口全国份额持续下降,从2006年的91.8%回落到2010年的90.2%。

---

① "大珠三角"指大珠三角经济圈,包括广东和福建两个省份;"长三角"指长三角经济圈,包括上海、江苏和浙江两省一市;"黄渤海"指环渤海经济圈,包括北京、天津、山东、辽宁和河北三省两市。

但是,值得关注的是,"长三角"经济圈的货物出口全国份额不仅没有下降,反而小幅上升,从2006年的38.7%持续提升到2010年的40.5%(见表4-22)。由此表明,较之中、西部各省份,东南沿海地区十省份的货物出口,尤其是"大珠三角"经济圈的广东和福建两个省份,受国家宏观政策和全球经济波动的影响更大。

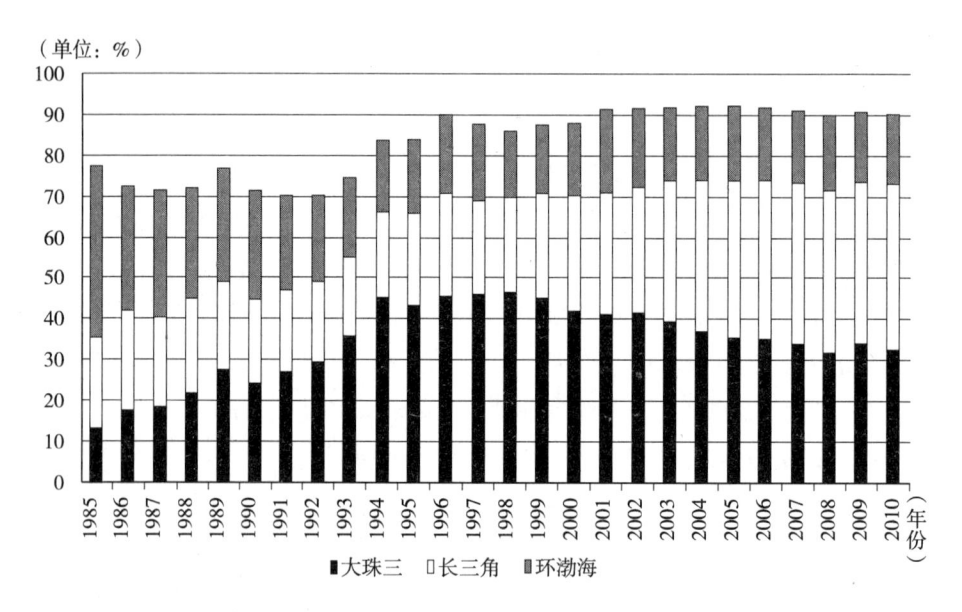

图4-11 东南沿海十省份货物出口全国份额变动轨迹(1985~2010年)

资料来源:中国商务部。

表4-22 中国东南沿海地区十省份货物出口全国份额(1985~2010年)

(单位:%)

年份	广东	江苏	上海	浙江	山东	福建	北京
1985	11.2	6.0	13.0	3.6	10.3	1.9	2.4
1986	15.9	6.4	13.3	4.3	7.9	2.1	2.7
1987	16.0	6.1	12.0	4.0	8.6	2.5	2.6
1988	18.4	5.8	13.3	4.0	7.3	3.5	2.5
1989	24.0	5.6	11.6	4.3	7.0	3.8	2.7
1990	20.3	5.7	10.2	4.3	6.7	4.3	2.5
1991	22.4	5.7	9.4	4.8	6.3	4.8	2.2
1992	24.1	6.1	8.6	4.8	6.1	5.6	2.0

续表

年份	广东	江苏	上海	浙江	山东	福建	北京
1993	29.5	6.5	8.0	4.8	6.5	6.4	1.9
1994	38.7	7.4	8.2	5.2	5.8	6.8	1.8
1995	37.2	7.9	8.9	5.7	6.5	6.3	1.7
1996	39.1	9.3	9.7	6.2	7.2	6.6	1.5
1997	39.8	8.3	8.7	6.1	7.2	6.3	1.4
1998	41.2	8.5	8.7	5.9	5.6	5.4	1.5
1999	39.9	9.4	9.6	6.6	5.9	5.3	1.7
2000	36.9	10.3	10.2	7.8	6.2	5.2	1.9
2001	35.9	10.9	10.4	8.6	6.8	5.2	4.4
2002	36.4	11.8	9.8	9.0	6.5	5.3	3.9
2003	34.9	13.5	11.1	9.5	6.1	4.8	3.8
2004	32.3	14.7	12.4	9.8	6.0	5.0	3.5
2005	31.3	16.1	11.9	10.3	6.1	4.6	4.1
2006	31.2	16.6	11.7	10.4	6.0	4.3	3.9
2007	30.3	16.7	11.8	10.5	6.2	4.1	4.0
2008	28.1	16.8	11.9	10.9	6.5	4.0	4.0
2009	29.9	16.6	11.8	11.1	6.4	4.4	4.0
2010	28.3	17.2	11.6	11.7	6.6	4.6	3.6
1985～2010	29.7	10.2	10.7	7.1	6.7	4.7	2.8
2002～2010	31.4	15.6	11.6	10.3	6.3	4.6	3.9

资料来源：根据《中国商务年鉴》(2004～2011年)和《中国对外经济贸易年鉴》(1986～2003年)数据计算整理得出。

表 4-22（续） 东南沿海地区十省份货物出口全国份额(1985～2010年)

（单位：%）

年份	天津	辽宁	河北	东沿海	大珠三角	长三角	环渤海
1985	4.4	19.4	5.0	77.2	13.1	22.6	41.5
1986	4.7	11.4	3.9	72.6	18.0	24.0	30.6
1987	4.4	11.0	4.3	71.5	18.5	22.1	30.9
1988	4.1	9.5	3.8	72.2	21.9	23.1	27.2
1989	3.9	10.2	3.8	76.9	27.8	21.5	27.6

续表

年份	天津	辽宁	河北	东沿海	大珠三角	长三角	环渤海
1990	3.4	10.8	3.3	71.5	24.6	20.2	26.7
1991	2.6	9.4	2.8	70.4	27.2	19.9	23.3
1992	2.3	8.1	2.3	70.0	29.7	19.5	20.8
1993	2.1	6.8	2.2	74.7	35.9	19.3	19.5
1994	2.0	5.7	2.1	83.7	45.5	20.8	17.4
1995	2.0	5.6	2.1	83.9	43.5	22.5	17.9
1996	2.7	5.5	2.2	90.0	45.7	25.2	19.1
1997	2.7	4.9	2.1	87.5	46.1	23.1	18.3
1998	3.0	4.4	1.7	85.9	46.6	23.1	16.2
1999	3.2	4.2	1.6	87.4	45.2	25.6	16.6
2000	3.5	4.4	1.5	87.9	42.1	28.3	17.5
2001	3.6	4.1	1.5	91.4	41.1	29.9	20.4
2002	3.6	3.8	1.4	91.5	41.7	30.6	19.2
2003	3.3	3.3	1.4	91.7	39.7	34.1	17.9
2004	3.5	3.2	1.6	92.0	37.3	36.9	17.8
2005	3.6	3.1	1.4	92.3	35.9	38.1	18.3
2006	3.5	2.9	1.3	91.9	35.5	38.7	17.6
2007	3.1	2.9	1.4	91.0	34.4	39.0	17.6
2008	3.0	3.0	1.7	89.9	32.1	39.6	18.2
2009	2.5	2.8	1.3	91.0	34.3	39.4	17.2
2010	2.4	2.8	1.5	90.2	32.8	40.5	16.9
1985~2010	3.2	6.3	2.3	83.7	34.5	28.0	21.2
2002~2010	3.2	3.1	1.4	91.3	36.0	37.4	17.9

资料来源：根据《中国商务年鉴》(2004~2011年)和《中国对外经济贸易年鉴》(1986~2003年)数据计算整理得出。

（二）从出口企业经营地所在城市看，主要集中在经济特区和沿海开放城市

中国对外开放格局形成的过程，大体可以分为四个步骤。第一步是创办经济特区。1980年8月，在广东省的深圳市、珠海市、汕头市和福建省的厦门市建立四个经济特区；1988年4月，建立海南省经济特区。第二步是开放沿

海港口城市。1984年5月,中共中央和国务院决定,进一步开放天津、上海、大连、秦皇岛、烟台、青岛、连云港、南通、宁波、温州、福州、广州、湛江和北海14个沿海港口城市。第三步是建立沿海经济开放区。第四步是开放沿江及内陆和沿边城市。经济特区和沿海开放城市企业的货物出口由于得到政策支持,有着得天独厚的优势,在全国各城市货物出口中占据着非常重要的地位。全国287个地级及以上城市中①,4个经济特区城市和14个沿海开放城市,从城市数量比重上看,仅占6.6%,但是,1985~2010年期间,其货物出口的全国份额年均高达40.8%,其中,4个经济特区城市,城市数量虽然只占1.4%,但货物出口全国份额却高达15.8%。1996年以来,4个经济特区城市和14个沿海开放城市货物出口的全国份额进一步提高:1996~2010年期间年均高达46.9%,其中,4个经济特区城市货物出口的全国份额达到18.7%(见表4-23)。

表4-23 经济特区和沿海开放城市货物出口全国份额(1985~2010年)

(单位:出口金额,亿美元;出口占比,%)

年份	经济特区和沿海开放城市出口额	全国出口总额	经济特区和沿海开放城市出口份额	首批经济特区出口全国份额	沿海开放城市出口全国份额
1985	68.4	259.2	26.4	4.4	22.0
1986	73.2	270.1	27.1	5.2	21.9
1987	98.9	347.1	28.5	7.5	21.0
1988	123.6	406.4	30.4	9.6	20.8
1989	150.5	434.4	34.6	9.9	24.8
1990	162.2	620.9	26.1	9.2	16.9
1991	194.1	718.4	27.0	10.2	16.8
1992	277.6	849.4	32.7	15.1	17.6
1993	342.4	917.6	37.3	17.0	20.3
1994	540.0	1210.4	44.6	21.8	22.8
1995	650.3	1487.7	43.7	20.1	23.7
1996	712.2	1510.6	47.1	20.4	26.7

① 截至2007年年底,中国城市总数656个,其中,直辖市4个、副省级城市15个、地级市268个、县级市369个。因此,地级及以上城市为287个,数据来源:《中国城市统计年鉴2008》。

续表

年份	经济特区和沿海开放城市出口额	全国出口总额	经济特区和沿海开放城市出口份额	首批经济特区出口全国份额	沿海开放城市出口全国份额
1997	830.0	1827.0	45.4	20.3	25.1
1998	835.1	1837.6	45.4	20.6	24.8
1999	905.4	1949.3	46.4	19.9	26.5
2000	1166.6	2492.1	46.8	19.1	27.8
2001	1260.3	2661.0	47.4	18.7	28.6
2002	1566.3	3255.7	48.1	19.3	28.8
2003	2109.2	4383.7	48.1	19.0	29.1
2004	2853.5	5933.6	48.1	17.6	30.5
2005	3616.5	7620.0	47.5	17.6	29.9
2006	4547.2	9690.7	46.9	18.2	28.7
2007	5657.9	12180.1	46.5	17.9	28.6
2008	6595.2	14285.5	46.2	16.7	29.5
2009	5683.7	12016.6	47.3	17.8	29.5
2010	7232.2	15779.3	45.8	16.8	29.0
1985~2010	1855.9	4036.3	40.8	15.8	25.1
1996~2010	3038.1	6494.9	46.9	18.7	28.2

资料来源：根据《中国商务年鉴》（2004~2011年）和《中国对外经济贸易年鉴》（1986~2003年）数据计算得出。

从图4-12中，我们可以发现，经济特区和沿海开放城市货物出口全国份额的变动有几个有趣现象。一是1989年后的一年，经济特区和沿海开放城市货物出口的全国份额大幅度下降，从1989年的34.6%下降到1990年的26.1%。二是1992年邓小平南方谈话之后，经济特区和沿海开放城市货物出口的全国份额又大幅度上升，从1992年的32.7%分别上升到1993年的37.3%和1994年的44.6%。三是2001年中国加入WTO以后，经济特区和沿海开放城市的全国份额反而小幅下降，从2002年的48.1%持续下降到2010年的45.8%（见表4-23）。这说明：(1) 较之中、西部内陆城市，经济特区和沿海开放城市的货物出口受国内政策的影响更大；(2) 较之经济特区和沿海开放城市，中、西部内陆城市的货物出口受中国加入WTO等国际事务的影响更大。

(单位：%)

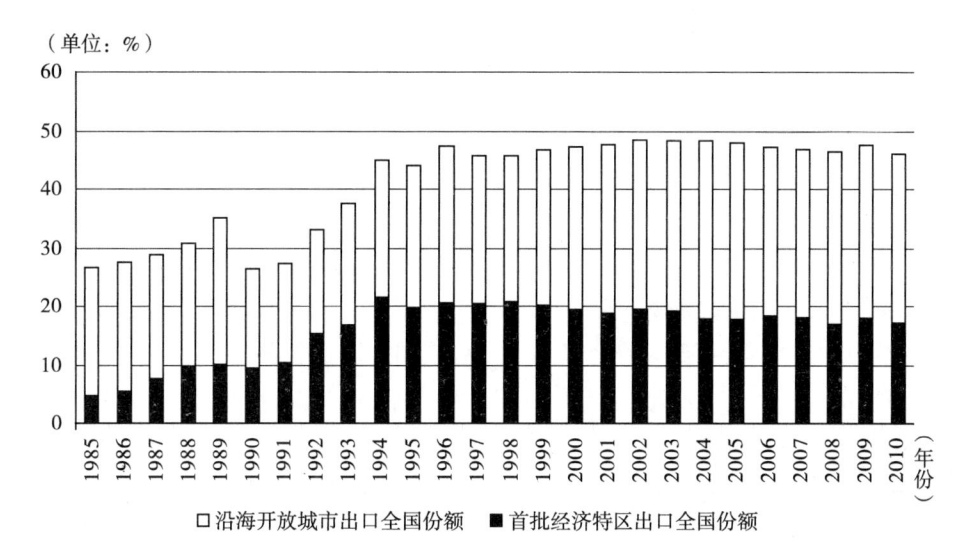

图4-12 经济特区和沿海开放城市货物出口全国份额变动轨迹（1985~2010年）
资料来源：中国商务部。

中国货物出口的国内地区结构失衡或过度集中在东南沿海地区十个省份，在一定程度上导致或者说加深了中国各省份之间，以及东部、中部和西部各地区之间的经济差距，从而形成了当前中国经济发展中日益凸显的两个"不平衡"：从全国看，东西部发展不平衡，"东高西低"；从东部看，南北发展不平衡，"南快北慢"。当然，造成这种省市和地区之间不平衡的原因有多种。但是，不可否认的是，与中国对外贸易出口过度集中于东南沿海地区及其4个经济特区和14个沿海开放城市有很大关系。

第四节 中国出口省际失衡的决定因素

中国货物出口省际失衡的决定因素，大体上可以归纳为企业异质性微观层面、商品运输方式行业中观层面和国家政策支持宏观层面等三大类。本部分先做定性分析，第五章再运用计量方法对企业异质性微观层面影响因素进行定量分析。

一、企业异质性微观层面的影响因素

根据第一章的异质性企业贸易理论，企业规模、劳动生产率水平等企业异

质性因素对一个国家或地区的贸易模式、贸易的广度边际和深度边际有着重要的影响。接下来，我们按照异质性企业贸易模型理论，考察企业的企业规模、劳动生产率、所有权形式以及资本密集程度和技术密集程度等企业异质性微观层面的因素对中国各省份之间货物出口的深度边际和省际地区结构失衡的影响。

考虑到中国货物出口商品结构中工业制成品所占比重自1997年以来一直超过86.9%，其中，2001年以来一直超过90.1%（见表4-9），结合第二章讨论的相关指标，我们以地方国有及规模以上非国有工业企业的营业收入和人均资产两个指标分别衡量企业规模和企业资本密集程度，以全员劳动生产率、在岗职工平均工资、大专及以上人口占比和外资企业出口占比等四个指标分别衡量企业劳动生产率、企业所支付工资水平、企业人力资本水平和企业所有权性质等企业异质性微观层面的影响因素。按与中国各省份货物出口总额全国排名的相关性程度高低，我们依次列举了中国货物出口前十个省级行政区1997~2010年期间[①]外资企业出口占比、全员劳动生产率[②]、工业企业营业额、在岗职工平均工资、大专及以上人口占比[③]和工业企业人均资产等六项指标的全国排名（见表4-25）。从表4-26中各项指标排名情况，我们可以初步判断，影响中国各省份货物出口的贸易深度边际（货物出口总额）和省际地区结构失衡的企业异质性微观层面的因素按影响程度大小排序依次为，出口企业的所有权性质、劳动生产率、企业规模、所支付工资水平，以及人力资本水平和资本密集程度等因素。但是，从表4-25的统计结果看，大专以上人口占比一项指标，除了北京、上海、天津3个直辖市以及辽宁和浙江两个省在全国排名中的位置比较靠前以外，东南沿海地区其他5个省份的排名都在前十以外，似乎技术和人力资本水平对出口企业出口的贸易深度边际影响并不大；工业企业人均资产一项指标中，除了北京、上海和天津3个直辖市位于全国排名前十以外，东南沿海地区其他7个省份的排名都在前十之外，其中，江苏、浙江、山东、广东和福建5个货物出口大省均排名22位以后，尤其是广东和福建

---

① 选择1997~2010年期间的主要原因是，1997年3月14日，经八届全国人大五次会议审议批准，重庆正式成为中国第四个直辖市和第31个省级行政区。

② 全员劳动生产率指根据产品的价值量指标计算的平均每一个从业人员在单位时间内的产品生产量，是考核企业经济活动的重要指标，是企业生产技术水平、经营管理水平、职工技术熟练程度和劳动积极性的综合表现，其计算公式为：全员劳动生产率=工业增加值/全部从业人员平均人数。

③ 大专及以上人口占比是指大专及以上人口占比在6岁及6岁以上人口中所占的百分比。

两个省份分别位于第 30 位和第 31 位。由此我们可以初步判断，资本密集程度与中国出口企业出口的贸易深度边际的关联性很小。

表 4－24　中国货物出口前十个省份排名（1997～2010 年）

（按年度货物出口额排序）

年份	广东	江苏	上海	浙江	山东	福建	北京	辽宁	天津	河北
1997	1	3	2	6	4	5	10	7	8	9
1998	1	3	2	4	5	6	10	7	8	9
1999	1	3	2	4	5	6	9	7	8	10
2000	1	2	3	4	5	6	9	7	8	10
2001	1	2	3	4	5	6	7	8	9	10
2002	1	2	3	4	5	6	7	8	9	10
2003	1	2	3	4	5	6	7	8	9	10
2004	1	2	3	4	5	6	8	9	7	10
2005	1	2	3	4	5	6	7	9	8	10
2006	1	2	3	4	5	6	7	9	8	10
2007	1	2	3	4	5	6	7	9	8	10
2008	1	2	3	4	5	6	7	9	8	10
2009	1	2	3	4	5	6	7	8	9	10
2010	1	2	3	4	5	6	7	8	9	10
综合	1	2	3	4	5	6	7	8	9	10

资料来源：根据《中经网统计数据库》（1997～2010 年）计算整理得出。

表 4－25　各项指标全国排名（1997～2010 年）

（根据各指标 1997～2010 年平均值排序）

排名	地方货物出口总额（亿美元）		外资企业出口占比（%）		工业企业营业额（亿元）		全员劳动生产率（万元/人）	
1	广东	2146.6	天津	74.7	广东	32410.0	上海	4.33
2	江苏	1058.9	江苏	72.4	江苏	31852.8	天津	4.02
3	上海	783.3	上海	66.3	山东	29535.9	江苏	2.13
4	浙江	699.4	广东	61.5	浙江	19816.3	广东	2.03
5	山东	433.5	福建	56.6	上海	14335.4	辽宁	1.84
6	福建	309.4	山东	53.3	辽宁	11884.7	浙江	1.82
7	北京	273.5	辽宁	51.7	河南	11471.0	山东	1.68

续表

排名	地方货物出口总额（亿美元）		外资企业出口占比（%）		工业企业营业额（亿元）		全员劳动生产率（万元/人）	
8	辽宁	213.4	海南	37.9	河北	10698.9	内蒙古	1.62
9	天津	207.5	北京	37.1	福建	7540.3	北京	1.60
10	河北	100.0	河北	35.9	四川	6957.6	黑龙江	1.47
11	黑龙江	60.5	江西	34.4	湖北	6838.2	福建	1.46
12	四川	59.0	浙江	33.9	天津	6591.1	吉林	1.30
13	新疆	55.7	湖北	32.4	北京	6195.5	山西	1.28
14	安徽	51.5	吉林	28.2	湖南	5328.9	河北	1.23
15	湖北	51.4	安徽	25.6	安徽	5312.3	新疆	1.17
16	河南	46.3	四川	22.3	山西	4429.3	湖北	0.93
17	湖南	36.9	内蒙古	20.3	黑龙江	4369.7	陕西	0.88
18	广西	36.3	广西	19.9	吉林	4164.0	河南	0.85
19	江西	35.7	河南	19.2	江西	3810.2	宁夏	0.82
20	山西	31.8	陕西	18.4	内蒙古	3683.4	青海	0.81
21	云南	27.8	重庆	16.0	陕西	3495.6	江西	0.70
22	陕西	27.5	宁夏	14.8	重庆	2829.0	重庆	0.69
23	重庆	26.1	山西	14.6	广西	2802.8	湖南	0.64
24	吉林	23.4	湖南	14.2	云南	2556.8	四川	0.57
25	内蒙古	16.2	甘肃	11.9	新疆	2029.1	安徽	0.56
26	海南	11.2	贵州	11.7	甘肃	1922.4	广西	0.52
27	甘肃	9.0	黑龙江	7.1	贵州	1499.6	甘肃	0.52
28	贵州	8.9	云南	7.1	宁夏	653.4	云南	0.49
29	宁夏	6.2	青海	3.5	青海	507.4	海南	0.43
30	青海	2.7	新疆	2.2	海南	498.8	贵州	0.31
31	西藏	2.3	西藏	0.7	西藏	26.4	西藏	0.13

资料来源：根据《中经网统计数据库》计算整理得出。

表4-25（续） 各项指标全国排名（1997～2010年）

（根据各指标1997～2010年平均值排序）

排名	工业企业人均资产（万元/人）		在岗职工平均工资（元）		大专及以上人口占比（%）	
1	北京	121.1	上海	34296	北京	22.8

续表

排名	工业企业人均资产（万元/人）		在岗职工平均工资（元）		大专及以上人口占比（%）	
2	青海	104.9	北京	32202	上海	16.6
3	西藏	88.6	西藏	29124	天津	12.0
4	新疆	83.3	天津	24377	新疆	8.3
5	海南	82.0	浙江	22880	辽宁	8.0
6	内蒙古	76.0	广东	22272	吉林	6.4
7	云南	72.4	江苏	19591	浙江	6.1
8	上海	72.2	青海	18847	内蒙古	5.9
9	天津	68.0	宁夏	17655	陕西	5.9
10	宁夏	64.7	福建	16940	宁夏	5.8
11	陕西	61.0	辽宁	16660	湖北	5.5
12	湖北	55.8	重庆	16187	山西	5.3
13	吉林	54.4	山东	16165	黑龙江	5.3
14	甘肃	53.7	新疆	15666	江苏	5.3
15	辽宁	53.1	云南	15623	广东	5.2
16	贵州	50.6	四川	15507	青海	5.2
17	山西	50.4	内蒙古	15388	福建	4.7
18	黑龙江	47.2	陕西	15239	海南	4.7
19	河北	45.6	广西	15199	山东	4.4
20	四川	45.2	湖南	15121	湖南	4.4
21	广西	43.8	安徽	15118	江西	4.3
22	江苏	42.7	甘肃	14997	河北	4.2
23	安徽	41.6	山西	14886	河南	3.6
24	重庆	39.8	河北	14738	甘肃	3.6
25	浙江	39.0	贵州	14532	重庆	3.5
26	山东	38.5	吉林	14299	四川	3.5
27	湖南	34.3	湖北	14279	安徽	3.4
28	河南	34.1	河南	14197	广西	3.2
29	江西	32.5	黑龙江	14144	贵州	3.1
30	广东	30.5	海南	13894	云南	2.5
31	福建	29.2	江西	13312	西藏	0.9

资料来源：根据《中经网统计数据库》计算整理得出。

表4-26 中国东南沿海十省份各项指标全国排名(1997~2010年)

省份	地方货物出口总额	外资企业出口占比	全员劳动生产率	工业企业营业额	在岗职工平均工资	大专以上人口占比	工业企业人均资产
广东	1	4	4	1	5	15	30
江苏	2	2	3	2	6	14	22
上海	3	3	1	5	1	2	8
浙江	4	12	6	4	4	7	25
山东	5	6	7	3	13	19	26
福建	6	5	11	9	10	17	31
北京	7	9	9	13	2	1	1
辽宁	8	7	5	6	11	5	15
天津	9	1	2	12	3	3	9
河北	10	10	14	8	24	22	19
排名和	55	59	62	63	83	105	186

资料来源:根据表4-24和表4-25计算整理得出。

二、运输方式等行业中观层面的影响因素

中国货物出口从货物运输方式结构看,也表现出明显的非均衡性。水路运输方式所占的比重最高,其次是公路运输方式,再次是航空运输方式,铁路运输方式和其他运输方式所占比重很低。如1997~2009年期间,水路运输方式、公路运输方式和航空运输方式所占比重年均分别为64.6%、22.5%和11.3%,铁路运输方式和其他运输方式则分别只有0.9%和0.6%(见表4-27)。从动态发展的角度看,中国货物出口的运输方式结构演变的特征是:水路运输方式始终占据重要地位并不断提升,公路运输方式地位不断下降,航空运输方式地位不断上升(见图4-13)。20世纪90年代末期,水路运输方式所占比重大略低于60%,2000年首次突破60%,此后一直高于60%,2008年接近70%,2009年尽管略有回落,但仍占67.9%。公路运输方式所占比重则从1997年的33.0%一直持续下降到2009年的16.5%。与公路运输方式所占比重变动趋势相反,航空运输方式所占比重呈现出持续上升态势,从1997年的5.1%一直持续上升到2009年的14.4%,与公路运输方式所占比重差距不断缩小和接近。

表4-27 中国货物出口运输方式结构(1997~2009年)

(单位:出口金额,亿美元;占比,%)

年份	货物出口总额	水路运输额	公路运输额	航空运输额	铁路运输额	其他运输额	水运份额	公运份额	航运份额	铁运份额	其他份额
1997	1827.9	1085.7	603.2	94.6	31.9	12.4	59.3	33.0	5.1	1.7	0.5
1998	1838.1	1087.4	604.6	110.0	23.9	12.2	59.1	32.8	5.9	1.2	0.5
1999	1949.3	1157.2	618.6	141.4	17.8	14.2	59.3	31.7	7.2	0.9	0.6
2000	2492.0	1552.8	690.0	205.9	24.1	163.8	62.3	27.7	8.2	0.9	0.7
2001	2661.0	1745.3	646.9	225.6	22.6	20.6	65.5	24.3	8.4	0.8	0.6
2002	3256.0	2169.6	713.9	329.0	23.5	19.9	66.6	21.9	10.1	0.7	0.5
2003	4382.3	2904.3	879.6	541.0	32.5	24.9	66.2	20.0	12.3	0.7	0.4
2004	5933.3	3895.0	1072.5	888.6	39.6	37.5	65.6	18.0	14.9	0.6	0.5
2005	7619.5	4962.6	1329.1	1230.3	50.0	47.5	65.1	17.4	16.1	0.7	0.6
2006	9689.4	6382.5	1627.8	1558.9	63.9	56.2	65.9	16.8	16.1	0.7	0.6
2007	12177.8	8198.1	2003.5	1796.9	96.4	82.9	67.3	16.5	14.8	0.8	0.7
2008	14306.9	9907.0	2234.1	1935.5	129.2	101.0	69.2	15.6	13.5	0.9	0.7
2009	12016.1	8156.8	1982.9	1731.1	87.4	57.9	67.9	16.5	14.4	0.7	0.5
1997~2009	6165.4	4092.6	1154.4	829.9	49.4	50.1	64.6	22.5	11.3	0.9	0.6

资料来源:《中国海关统计年鉴》(1997~2009年)。

比较中国和美国货运各种运输方式能力强弱,发现中国的公路运输和空运能力远弱于美国,但水路运输能力则高于美国。中国的公路运输能力在2006年只有美国的52%,航空运输能力则更低,2008年仅仅相当于美国的29%。而中国国际海运能力在2006年则是美国国际海运能力的1.8倍(见表4-28)。

(单位：%)

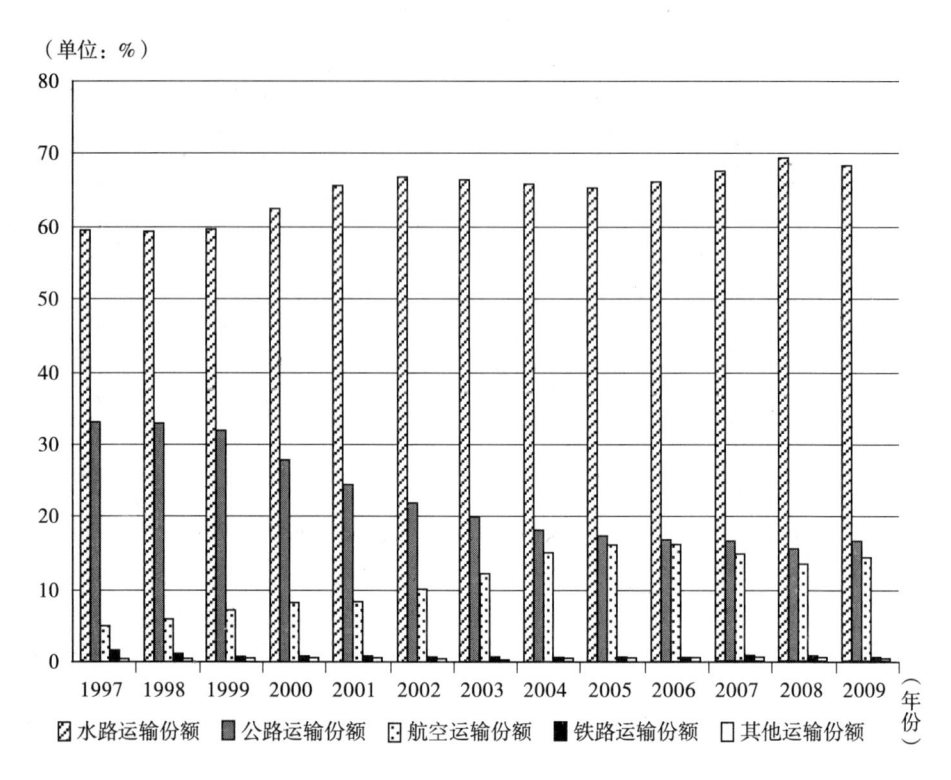

图 4-13　中国货物出口运输方式结构变动轨迹（1997~2009 年）

资料来源：《中国海关统计年鉴》(1997~2009 年)。

表 4-28　中国和美国各种运输方式能力对比

国家	公路货运周转量（亿吨公里，2006 年）	铁路货运周转量（亿吨公里，2008 年）	国际海运装卸货量（万吨，2006 年）	空运货物周转量（万吨公里，2008 年）
中国	9754.2	25118	203000	1138606
美国	18899.3	27882.3	134694	3931360
中国*100/美国	52	90	181	29

资料来源：根据《国际统计年鉴 2011》整理计算得出。

中国公路运输能力太弱的主要原因之一是，中国境内各省份之间贸易壁垒太高。中国各省份之间，甚至同一地区各县市交界处和各级公路出口处，各种收费站林立，其直接后果是既增加运输成本，又耗费时间、降低运输效率。

据统计,从中国中部的湖南省会城市长沙自驾车到首都北京,途经湖北、河南和河北等3个省份,全程大约1500公里,一般得耗时2天一晚,过路费用和油耗成本大体相当①,几乎各占一半,分别为800元人民币左右。而在美国,整个国家是一个自由大市场,各州之间基本没有什么收费站。笔者在美访学期间,2008年6月曾经和几个中国留学生一起,从美国中部的俄亥俄(Ohio)州雅典(Athens)市开车到美国最南部佛罗里达(Florida)州的奥兰多(Orlando),途经西维吉尼亚(West Virginia)州、维吉尼亚(Virginia)州、北卡罗尼亚(North Carolina)州、南卡罗尼亚(South Carolina)州以及乔治亚(Georgia)等六大州,历程大约也是1500多公里,但全程不到12个小时,过路费仅交一次,才0.25美元。

公路运输和航空运输占比太低和能力太弱,严重制约着中国内陆各省份对外贸易出口的发展,如根据表4-22,我们不难推算出,2002~2010年,中国内陆21个省份,从省份数量上看,所占比重超过了67.7%;可从货物出口额度上看,所占比重却每年都不到10%,年均仅为8.7%。固然,影响中国内陆省份货物出口落后的原因有多种,但不可否认,中国公路运输和航空运输所占比重太低和能力太弱是一个重要因素之一。

三、经济特区等国家宏观政策层面的影响因素

建立经济特区和开放沿海港口城市是中国改革开放过程中的一个重大政策举措,对这些城市的货物出口和经济发展产生着重要的积极影响。经济特区和沿海开放城市企业的货物出口由于得到国家政策支持,有着得天独厚的优势,不仅在全国对外货物出口中占据着非常重要的地位,而且对东南沿海地区货物出口的深度边际也产生着重要影响。全国287个地级及以上城市中,4个经济特区城市和14个沿海开放城市,从数量比重上看,仅占6.6%,但其货物出口额占全国货物出口总额的比重,1985~2010年期间年均超过40%(见表4-29)。与此同时,4个经济特区和14个沿海开放城市货物出口的全国份额变动趋势与东南沿海地区十个省份货物出口的全国份额变动趋势高度一致(见图4-14),18个城市的货物出口大体上占据着十个省份货物出口总额的"半壁江山"。1985~2010年期间年均为48.3%,其中,1993年以来则每年都

---

①全国各地高速公路收费标准有所差别,如北京高速公路为0.55元/公里,湖南0.45元/公里,湖北0.5元/公里,四省一市平均约0.5元/公里。

超过了50%（见表4-29）。这无不说明，国家政策支持对东南沿海地区十个省份的货物出口影响显著。

表4-29 经济特区和沿海开放城市出口占东南沿海地区出口比（1985~2010年）

（单位：%）

年份	全国出口总额	东南沿海地区十省份出口额(1)	经济特区和沿海城市出口额(2)	东南沿海出口全国份额	经济特区和沿海城市出口全国份额	(2)×100÷(1)
1985	259.2	200.1	68.4	77.2	26.4	34.2
1986	270.1	196.1	73.2	72.6	27.1	37.3
1987	347.1	248.2	98.9	71.5	28.5	39.9
1988	406.4	293.4	123.6	72.2	30.4	42.1
1989	434.4	334.1	150.5	76.9	34.6	45.1
1990	620.9	443.9	162.2	71.5	26.1	36.5
1991	718.4	505.8	194.1	70.4	27.0	38.4
1992	849.4	594.6	277.6	70.0	32.7	46.7
1993	917.6	685.4	342.4	74.7	37.3	50.0
1994	1210.4	1013.1	540.0	83.7	44.6	53.3
1995	1487.7	1248.2	650.3	83.9	43.7	52.1
1996	1510.6	1359.5	712.2	90.0	47.1	52.4
1997	1827.0	1598.6	830.0	87.5	45.4	51.9
1998	1837.6	1578.5	835.1	85.9	45.4	52.9
1999	1949.3	1703.7	905.4	87.4	46.4	53.1
2000	2492.1	2190.6	1166.6	87.9	46.8	53.3
2001	2661.0	2432.2	1260.3	91.4	47.4	51.8
2002	3255.7	2979.0	1566.3	91.5	48.1	52.6
2003	4383.7	4019.9	2109.2	91.7	48.1	52.5
2004	5933.6	5458.9	2853.5	92.0	48.1	52.3
2005	7620.0	7033.3	3616.5	92.3	47.5	51.4
2006	9690.7	8896.1	4547.2	91.8	46.9	51.1
2007	12180.1	11083.9	5657.9	91.0	46.5	51.0
2008	14285.5	12842.7	6595.2	89.9	46.2	51.4

续表

年份	全国出口总额	东南沿海地区十省份出口额（1）	经济特区和沿海城市出口额（2）	东南沿海出口全国份额	经济特区和沿海城市出口全国份额	（2）×100÷（1）
2009	12016.6	10935.1	5683.7	91.0	47.3	52.0
2010	15779.3	14232.9	7232.2	90.2	45.8	50.8
1985~2010	4036.3	3619.5	1855.9	83.7	40.8	48.3

资料来源：根据表4-30和表4-31数据整理计算得出。

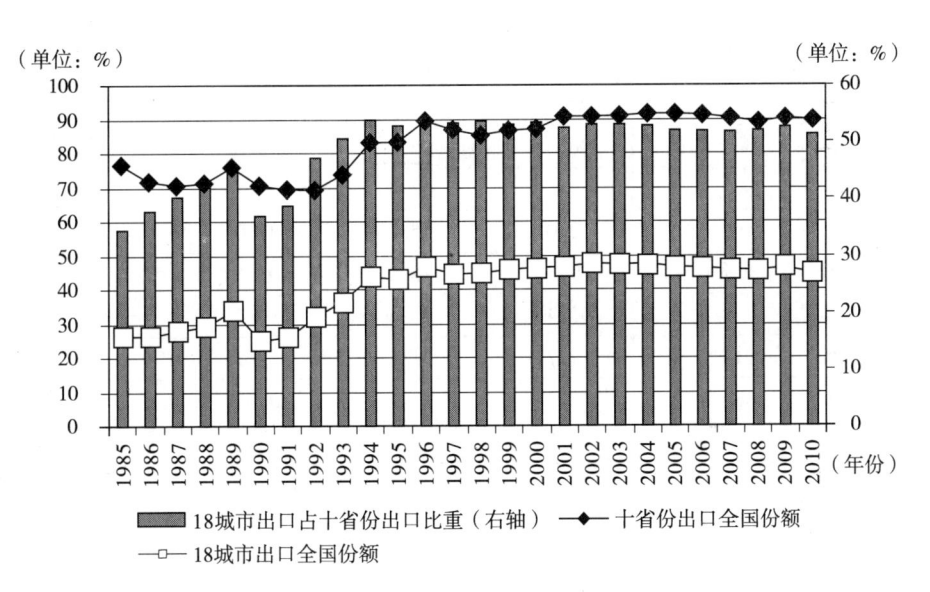

图4-14 东南沿海十省份及其18城市出口全国份额变动轨迹（1985~2010年）
资料来源：中国商务部。

表4-30 经济特区货物出口额（1985~2010年） （单位：亿美元）

年份	深圳	珠海	汕头	厦门	海南
1985	5.63	0.57	2.8	1.7	0.8
1986	7.26	0.71	4.1	1.6	0.4
1987	14.1	2.7	5.3	2.6	1.2
1988	18.5	4.2	7.7	5.8	2.8
1989	21.7	3.7	7.5	6.5	3.4

续表

年份	深圳	珠海	汕头	厦门	海南
1990	30.0	4.9	9.6	7.8	4.7
1991	34.5	7.0	13.4	11.5	7.0
1992	51.0	9.2	16.1	42.8	8.8
1993	58.9	10.6	19.1	58.3	9.0
1994	183.1	14.9	22.0	33.9	9.9
1995	208.1	21.2	26.0	34.8	8.3
1996	212.0	24.6	26.8	37.0	8.4
1997	255.8	29.7	34.5	42.5	8.9
1998	264.0	30.0	34.5	43.0	7.6
1999	282.1	27.0	26.9	44.4	7.5
2000	345.6	36.5	26.0	58.8	8.0
2001	374.5	37.9	13.4	65.1	8.0
2002	465.6	52.0	15.7	88.0	8.2
2003	629.6	69.1	18.9	105.6	8.7
2004	778.5	90.4	25.4	139.5	10.9
2005	1015.2	107.7	31.8	172.7	10.2
2006	1361.0	148.4	34.8	205.1	13.8
2007	1684.9	184.7	39.1	255.5	13.7
2008	1811.8	211.7	43.2	293.9	18.6
2009	1619.8	177.8	40.2	276.7	19.0
2010	2041.8	208.6	49.4	353.2	23.9

资料来源:根据《中国商务年鉴》(2004~2011年)和《中国对外经济贸易年鉴》(1986~2003年)历年数据计算得出。

表4-31　沿海开放城市货物出口额(1985~2010年)　(单位:亿美元)

年份	天津	秦皇岛	大连	上海	连云港	南通	宁波
1985	11.5	0	4.2	33.6	0	2.2	0.01
1986	12.6	0	2.0	35.8	0	0.12	0.37
1987	15.2	0	2.8	41.6	0	0.6	0.61
1988	16.8	0	4.2	46.1	0	0.9	1.1
1989	16.9	0.12	5.6	50.3	0.04	1.1	1.8

续表

年份	天津	秦皇岛	大连	上海	连云港	南通	宁波
1990	17.9	0.09	6.7	53.2	0.08	1.6	2.8
1991	16.1	0.20	10.0	57.4	0.11	2.6	4.7
1992	19.2	0.25	12.5	65.6	0.39	3.5	7.3
1993	19.4	0.45	15.7	73.2	0.55	5.6	11.1
1994	24.0	0.78	20.0	99.2	1.2	9.5	17.5
1995	30.0	1.2	25.3	131.9	2.2	13.7	23.7
1996	40.5	1.7	26.3	149.1	3.0	16.9	26.7
1997	50.2	2.2	30.1	159.0	3.3	17.4	32.6
1998	55.0	1.8	34.5	159.6	2.7	13.3	29.6
1999	63.1	1.9	40.6	187.9	3.2	16.0	34.8
2000	86.3	2.3	54.7	253.5	3.9	20.3	51.7
2001	95.0	2.5	60.3	276.2	4.9	20.8	62.4
2002	116.0	3.5	68.5	320.5	5.0	25.3	81.6
2003	143.7	10.1	82.9	484.8	5.8	32.9	120.7
2004	208.7	16.1	101.5	735.1	7.6	43.5	166.9
2005	274.2	18.4	124.4	907.2	9.3	57.9	222.2
2006	335.4	19.6	156.6	1136.0	14.5	72.1	287.7
2007	381.6	21.4	196.9	1439.0	18.5	90.2	382.6
2008	422.3	31.3	238.4	1694.0	22.9	117.5	463.3
2009	299.9	16.2	208.2	1419.0	19.5	111.8	386.5
2010	375.2	18.8	273.9	1808.0	40.1	141.1	519.7

资料来源：根据《中国商务年鉴》(2004~2011年)和《中国对外经济贸易年鉴》(1986~2003年)历年数据整理计算得出。

表4－31(续)　沿海开放城市货物出口额(1985~2010年)

(单位:亿美元)

年份	温州	福州	青岛	烟台	广州	湛江	北海
1985	0	0.13	0.68	0.12	4.1	0.21	0.12
1986	0.01	0.13	0.98	0.17	6.1	0.67	0.13
1987	0.02	0.4	1.4	0.25	9.0	0.92	0.11
1988	0.03	0.9	2.2	0.2	10.8	1.3	0.08
1989	0.08	14.1	2.9	1.5	12.1	1.1	0.08

续表

年份	温州	福州	青岛	烟台	广州	湛江	北海
1990	0.18	2.3	3.4	1.0	14.4	1.44	0.11
1991	0.36	3.0	4.4	1.3	18.4	1.96	0.12
1992	0.58	4.7	6.6	1.9	24.6	2.3	0.24
1993	1.1	9.4	10.0	2.2	35.1	2.4	0.32
1994	1.8	13.0	23.5	8.1	50.98	6.1	0.55
1995	2.8	15.7	24.5	14.1	62.5	3.6	0.68
1996	3.8	17.7	28.8	18.6	65.2	4.4	0.74
1997	5.3	20.2	33.9	23.7	75.4	4.5	0.84
1998	6.8	19.5	41.0	12.8	75.2	3.4	0.76
1999	8.2	20.9	44.6	14.7	78.2	2.5	0.86
2000	15.0	27.2	61.0	19.7	91.8	3.8	0.49
2001	20.1	30.0	71.2	21.6	91.9	4.0	0.51
2002	26.5	35.3	85.0	25.7	137.8	5.5	0.62
2003	34.2	46.6	103.6	33.3	168.9	9.0	0.77
2004	45.8	74.4	139.1	45.0	214.7	9.4	0.98
2005	61.8	85.2	175.9	64.8	266.7	9.6	1.3
2006	88.1	101.7	216.5	88.0	323.8	12.3	1.9
2007	101	123.2	267.8	140.9	379.0	14.6	3.0
2008	119	135.9	314.6	206.5	429.6	16.3	4.4
2009	109	120.1	269.2	198.3	374.1	13.7	4.7
2010	145	163.1	333.5	254.8	483.8	15.1	7.3

资料来源：根据《中国商务年鉴》(2004~2011年)和《中国对外经济贸易年鉴》(1986~2003年)历年数据整理计算得出。

第五节 小 结

本章通过1978~2010年期间大量统计数据，简要总结改革开放三十多年以来中国对外货物出口发展所取得的三大主要成就之后，通过2001~2010年期间的翔实数据，全面分析了21世纪以来中国对外货物出口的所面临的五大问题与挑战及其影响。其中，重点考察了中国货物出口省际失衡的表现、影响及其决定因素。研究表明，无论是从出口企业经营地所在省份看，还是从出口企业经营所在城市看,中国对外货物出口都过度集中在东南沿海地区十个省份及其4个经济特区和14个沿海开放城市。作为拉动经济发展的三大马车之一,对外货物出口在地方经济发展中意义重大,因此,中国货物出口的地区结构失衡或过度集中在东南沿海地区十个省份直接影响或导致了中国东部、中部和西部地区的经济发展不平衡。研究发现,中国货物出口的决定因素大体上可以归纳为企业异质性微观层面因素、货物出口运输方式等行业性中观层面因素以及国家政策调控宏观层面因素等三个层面的因素。那么,企业异质性微观层面因素的影响到底如何呢?第五章我们将运用1997~2010年中国31个省份的面板数据做进一步的定量分析,以检验本章的定性推断。

第五章 企业异质性与中国出口省际失衡：基于1997~2010年省级面板数据的经验分析

第一节 问题的提出和文献综述

本书第一章已述，21世纪以前的国际贸易理论，无论是李嘉图模型、H—O模型等传统贸易理论，还是克鲁格曼模型等新贸易理论，以及H—K模型，都假定企业具有同质性。尽管这一假定便利研究，却与现实国际贸易活动中所观察到的越来越多的特征事实并不相符。事实上，20世纪90年代中期以来，大量基于企业层面生产和贸易数据的微观经验研究发现，美国、德国等西方发达国家和韩国、中国香港等新兴国家和地区同一产业内部各企业之间，尤其是出口企业和非出口企业之间，在企业的规模、劳动生产率和工资水平、资本和技术密集程度等方面存在着显著的异质性。更为重要的是，企业的这些异质性特征对贸易模式和贸易结构、贸易福利所得和收入分配等各方面产生着重要的影响。由此，国际贸易理论和实证研究重点，不断由传统研究的国家和产业等宏观层面日渐转入到企业和产品等微观层面，企业异质性对贸易模式和贸易结构的影响问题成为21世纪以来国际贸易理论和实证研究的最前沿课题和最热门话题之一，其中，企业异质性对贸易的广度边际和深度边际的影响成为最近几年国际贸易研究的重点关注问题，很多美国著名学者从不同角度研究了这些问题，本书第一章对这方面研究的文献进行了较为全面的述评。

另外，中国作为最大的发展中国家，自1978年改革开放三十多年以来，经济发展取得举世瞩目成就的同时，对外贸易也发展迅猛。随着对外贸易总量不断提高，中国的进出口贸易结构，尤其是出口贸易结构及其决定因素问题，也成为国内外学者关注的热点问题之一。目前，国内外较多的文献考察了中国出口贸易结构的决定因素问题①。例如,江小涓(2007)认为,比较优势、国内产业基础和市场结构、参与全球分工程度是决定一国贸易增长和贸易结构的三类主要因素。杨汝岱(2008)则通过对出口贸易经验事实的分析,发现出口技术升级、出口企业所有制类型、贸易方式和经济开发区等政策性因素对中国对外贸易发展有非常重要的影响。Wang 和 Wei(2010)运用中国不同城市产品层面的出口数据,考察了中国出口结构优化和贸易模式升级的决定因素,其研究结果显示,既非加工贸易也非外商投资企业,而是人力资本的改善和政府政策(通过高技术开发区等税收支持的形式)决定着中国出口贸易结构的优化升级;另外,加工贸易、外商投资企业和政府支持的高新技术开发区对在某一给定的产品种类的中国出口单位价值的不断提升均起着较大的作用。

然而,现有国内外研究文献中,中国企业的异质性问题没有被引起足够的关注,关于这方面研究的文献并不多;从企业异质性角度来研究中国各省份出口贸易的深度边际和省际失衡问题的文献则更少。

事实上,中国各行业内部的企业,无论是本国内部各企业之间,还是与发达国家企业相比较,在企业规模、劳动生产率水平、资本密集程度和所有权性质等各方面,与上述发达国家和新兴国家(地区)一样,都存在着明显的异质性。不仅如此,较之发达国家企业,中国企业除在企业规模和劳动生产率等方面存在较大差异之外,还在国有垄断性和吸引 FDI 等两方面具有较为显著的特性。而且,这些特性的存在,使得中国出口企业较之一般企业,在企业规模、所有权性质和地域分布等各方面也表现出一定的特色。本书第二章以 2002~2010 年期间中国企业 500 强、世界企业 500 强,以及中国进出口企业 500 强和出口企业 200 强为对象,对中国企业的异质性进行了较为全面的考察。

尽管中国对外出口贸易发展迅猛,但是,中国货物出口的贸易结构,无

---

① 参见林毅夫、蔡昉、李周:《中国的奇迹:发展战略与经济改革》,上海人民出版社、上海三联书店1994年版。方世建、付文林:《影响中国出口贸易增长的因素分析》,《上海经济研究》2001年第9期。江小涓:《我国出口商品结构的决定因素和变化趋势》,《经济研究》2007年第5期。刘志忠、杨海余、王耀中:《中国出口高速增长之源》,《经济评论》2007年第1期。杨汝岱:《中国工业制成品出口增长的影响因素研究:基于1994~2005年分行业面板数据的经验分析》,《世界经济》2008年第8期。Wang, Z. and S.-J. Wei: "What Accounts for the Rising Sophistication of China's Exports?" in Feenstra, R. C. and S.-J. Wei (ed.), *China's Growing Role in World Trade*, Chicago, IL: University of Chicago Press, 2010。

论是在从出口企业经营所在地省际地区结构和出口目的国国际地区结构方面,还是出口企业所有权性质和贸易方式结构,以及出口商品运输方式结构等各方面,都存在一些问题,本书第四章重点考察了中国出口省际失衡问题,并从企业异质性、商品运输方式和国家政策支持等企业微观、行业中观和政府宏观三大层次全面考察了中国出口省际失衡的决定因素,初步判断企业的所有权性质、劳动生产率水平、规模、资本密集程度和所支付工资水平等企业异质性因素对中国各省份货物出口的深度边际和省际失衡的产生着较大的影响。

本章延续第四章的研究,采用1997~2010年中国31个省份的省级面板数据,考察企业的规模、劳动生产率和工资水平、资本和技术密集程度,以及所有权性质等企业异质性因素对中国各省份货物出口的深度边际和省际地区结构失衡问题的影响。

本章余下部分结构安排如下:第二节是模型设定和数据说明;第三节是模型检验与选择;第四节是计量与比较分析,考察各企业异质性因素对中国各省份货物出口的深度边际和省际地区结构失衡的影响;最后是本章小结。

第二节 模型设定和数据说明

一、模型设定和变量定义

根据上文的分析思路,我们采用1997~2010年中国31个省份的省级面板数据,考察企业的规模、劳动生产率和工资水平、资本和技术密集程度以及所有权性质等企业异质性因素对中国各省份货物出口的深度边际和省际地区结构失衡的影响,拟建立的函数关系如下:

$$LEX_{it} = F(IER_{it}, OLP_{it}, AW_{it}, ED_{it}, IEA_{it}, FEE_{it}) \qquad (5-1)$$

其中,下标i表示省份,t表示年份。LEX_{it}是被解释变量,IER_{it}、OLP_{it}、AW_{it}、ED_{it}、IEA_{it}和FEE_{it}为解释变量,各变量含义分别如下。

1. 地方货物出口总额(LEX_{it})表示i省(市、区)t年的货物出口总额,我们用此指标表示出口企业经营所在地省份货物出口的深度边际。

2. 工业企业的营业收入(IER_{it})表示i省(市、区)t年的国有及规模以上非国有工业企业的营业收入。按照国际通行惯例,一般用企业营业收入来衡量企业规模,由于数据获取限制,我们用此指标衡量出口企业的规模。

3. 全员劳动生产率①（OLP_{it}）表示 i 省（市、区）t 年的工业增加值与该省份平均就业人数之比，表示全社会从业人员在一定时期内平均每人创造的生产总值（增加值），我们用此指标衡量出口企业劳动生产率水平。

4. 在岗职员平均工资（AW_{it}）表示 i 省（市、区）t 年的所有在岗职员的平均工资。一般的，地方在岗职员的平均工资水平与该地出口企业的工资水平有着较强的相关性，故我们用此指标衡量出口企业所支付的工资水平。

5. 大专及以上人口占比（ED_{it}）表示 i 省（市、区）t 年的大专及以上人口与该地区同年度 6 岁及以上人口之比。一般来说，教育水平越高，技术密集程度和人力资本水平也越高，一个地区的技术密集程度和人力资本水平越高，可以近似地认为该地出口企业的技术密集程度和人力资本也越高。因此，我们用该指标衡量出口企业的技术密集程度和人力资本水平。

6. 工业企业的人均资产（IEA_{it}）表示 i 省（市、区）t 年的国有及规模以上非国有工业企业的人均资产，我们用此指标衡量出口企业的资本密集程度。

7. 外商投资企业出口占比（FEE_{it}）表示 i 省（市、区）t 年的外商投资企业出口额与该地区同年度出口总额之比。根据所有权性质不同，出口企业分为国有及国有控股企业、集体企业、私营企业、外商投资企业等，我们控制前三种类型企业出口占比，以外商投资企业出口占比指标来衡量所有权性质。

二、数据说明

我们采用 1997～2010 年中国 31 个省份的省级面板年度数据，数据来源于《中经网统计数据库》提供的 1997～2010 年期间全国 31 个省份的各年数据，各类数据的计算方法及计量单位如下（见表 5-1）。

表 5-1 模型变量的符号、数据来源、单位和预期符号

模型变量	变量符号	数据来源	单位	预期符号
地方货物出口总额	LEX	《中经网统计数据库》	亿美元	
工业企业营业收入	IER	《中经网统计数据库》	亿元	+
全员劳动生产率	OLP	《中经网统计数据库》	元/人	+

---

① 全员劳动生产率指根据产品的价值量指标计算的平均每一个从业人员在单位时间内的产品生产量。是考核企业经济活动的重要指标，是企业生产技术水平、经营管理水平、职工技术熟练程度和劳动积极性的综合表现，一般是将工业企业的工业增加值除以同一时期全部从业人员的平均人数来计算的。

续表

模型变量	变量符号	数据来源	单位	预期符号
在岗职工平均工资	AW	《中经网统计数据库》	元	+
大专及以上人口占比	ED	《中经网统计数据库》	%	+
工业企业人均资产	IEA	《中经网统计数据库》	元/人	+
外资企业出口占比	FEE	《中经网统计数据库》	%	+

三、面板数据的统计量描述

为了确保各变量数据序列的平稳性,除了对外商投资企业出口占比(FEE)取原序列数据外,其他六个变量,即地方货物出口总额(LEX)、工业企业营业收入(IER)、全员劳动生产率(OLP)、在岗职工平均工资(AW)、工业企业人均资产(IEA)以及大专以上人口占比(ED),均取原序列数据的对数。中国31个省份面板数据的统计量描述如下(见表5-2)。

表5-2 中国31个省份面板数据的统计量描述

统计量	Ln LEX	Ln OLP	Ln IEA	Ln IER	Ln AW	Ln ED	FEE
均值	3.418	7.911	9.805	8.867	9.342	-3.228	0.262
中位数	3.081	8.058	9.760	8.813	9.313	-3.207	0.181
最大值	8.214	10.344	11.843	10.904	10.806	-1.201	0.818
最小值	-1.561	4.174	8.249	6.930	8.426	-6.908	0.001
标准差	1.754	1.106	0.678	0.808	0.514	0.752	0.204
偏度	0.287	-0.735	0.436	0.188	0.292	-0.704	0.966
峰度	2.905	3.702	2.849	2.372	2.400	6.350	2.831
观测值数	434	434	434	434	434	434	434
组数	31	31	31	31	31	31	31

第三节 模型检验与选择

一、面板数据的单位根检验

为避免因面板数据的时间序列非平稳而导致的伪回归,在对面板数据进行回归之前,我们先对面板数据进行单位根检验。对面板数据进行单位根检验的方法主要包括以下六种:LLC 检验(Levin,Lin 和 Chu,2002)、Breitung 检验(Breitung,2000)、Hadri 检验(Hardi,2000)、IPS 检验(Im,Pesaran 和 Shin,

2003)、Fisher—ADF 检验和 Fisher—PP 检验(Maddala 和 Wu,1999)。其中前三种为相同根情形下的单位根检验,后三种为不同根情形下的单位根检验。LLC 检验、Breitung 检验、IPS 检验、Fisher—ADF 检验和 Fisher—PP 检验的原假设为时间序列或截面数据中各截面序列均具有一个单位根,Hadri 检验的原假设为时间序列或截面数据中的各截面序列都不含有单位根。如果 LLC 检验、Breitung 检验、IPS 检验、Fisher—ADF 检验、Fisher—PP 检验拒绝零假设,则面板数据不存在单位根,是平稳的。反之,则认为数据可能是非平稳的,需要进一步结合 Hadri 检验进行分析,Hadri 检验的零假设是面板数据是平稳的。上述六种面板数据的单位根检验结果见表 5-3。

表 5-3 面板数据的单位根检验

类型	检验方法	Ln LEX	Ln OLP	Ln IEA	Ln IER
水平值	LLC 检验	-5.37*** (0.00)	1.86 (0.97)	-0.27 (0.39)	-0.89 (0.19)
	Breitung 检验	4.30 (1.00)	7.08 (1.00)	6.41 (1.00)	9.84 (1.00)
	IPS 检验	2.73 (1.00)	7.165 (1.00)	5.22 (1.00)	8.04 (1.00)
	Fisher—ADF 检验	40.80 (0.98)	15.35 (1.00)	25.81 (1.00)	23.31 (1.00)
	Fisher—PP 检验	59.76 (0.56)	20.42 (1.00)	31.57 (1.00)	14.97 (1.00)
	Hadri 检验	11.50*** (0.00)	10.23*** (0.00)	9.83*** (0.00)	10.58*** (0.00)
一阶差分值	LLC 检验	-17.34*** (0.00)	-18.72*** (0.00)	-14.17*** (0.00)	-12.19*** (0.00)
	Breitung 检验	-8.14*** (0.00)	-1.32* (0.09)	-3.92*** (0.00)	-2.24* (0.03)
	IPS 检验	-6.26*** (0.00)	-5.74*** (0.00)	-4.39*** (0.00)	-3.49*** (0.00)
	Fisher—ADF 检验	182.43*** (0.00)	153.11*** (0.00)	131.29*** (0.00)	129.55*** (0.00)
	Fisher—PP 检验	274.32*** (0.00)	180.93*** (0.00)	161.88*** (0.00)	246.00*** (0.00)
	Hadri 检验	19.00*** (0.00)	11.18*** (0.00)	10.81*** (0.00)	13.99*** (0.00)

注:*、**、*** 分别表示在 10%、5% 和 1% 的显著性水平上拒绝原假设,括号中的数值为该统计量的伴随概率。

由检验结果可知,LnLEX 序列除了 LLC 检验表明其不存在单位根之外,其他方法的检验结果都表明原序列存在单位根,所以从整体上可以认为其存在单位根;LnOLP 序列用各种方法检验的结果都表明其原序列存在单位根;LnIEA 序列的检验结果与 LnOLP 序列的检验结果相同,各种方法检验结果都表明其原序列存在单位根;LnIER 序列用各种检验方法检验结果都表明其原序列存在单位根;LnAW 在 LLC 检验和 Fisher – PP 检验中认为其原序列不存在单位根,其他检验都表明其存在单位根,所以从整体上来看不好确定其是否存在单位根;LnED 序列除了 Hadri 检验认为存在单位根之外,其他形式的检验都认为不存在单位根,所以从整体上可以认为其不存在单位根;FEE 序列在 LLC 检验、IPS 检验、Fisher – ADF 检验、Fisher – PP 检验中都认为不存在单位根,只有 Breitung 检验和 Hadri 检验中认为存在单位根,所以从整体上不好判断其是否存在单位根。因此,从整体上来看,面板数据原序列是不平稳的。但是,一阶差分之后,只有 FEE 序列在 Breitung 检验和 Hadri 检验方法下认为存在单位根,其他所有序列在 LLC 检验、Breitung 检验、IPS 检验、Fisher – ADF 检验、Fisher – PP 检验中都认为不存在单位根,只在 Hadri 检验中认为序列存在单位根,是非平稳的,这时应以前四种检验结果为主要参照,因此,从整体上看,所有序列一阶单整,用 I(1) 表示,符合面板协整①的前提。

表 5 – 3（续）　面板数据的单位根检验

类型	检验方法	Ln AW	Ln ED	FEE
水平值	LLC 检验	-4.17*** (0.00)	-15.71*** (0.00)	-7.18*** (0.00)
	Breitung 检验	5.02 (1.00)	-2.73*** (0.00)	2.29 (0.99)
	IPS 检验	1.66 (0.95)	-6.93*** (0.00)	-2.11** (0.02)
	Fisher—ADF 检验	61.86 (0.48)	153.35*** (0.00)	109.71*** (0.00)
	Fisher—PP 检验	92.69* (0.01)	201.72*** (0.00)	109.15*** (0.00)
	Hadri 检验	9.41*** (0.00)	11.74*** (0.00)	10.04*** (0.00)

① 非平稳变量之间存在的长期稳定的均衡关系称为协整关系。

续表

类型	检验方法	Ln AW	Ln ED	FEE
一阶差分值	LLC 检验	-12.33*** (0.00)	-19.17*** (0.00)	-13.50*** (0.00)
	Breitung 检验	-2.17* (0.01)	-5.75*** (0.00)	0.39 (0.65)
	IPS 检验	-5.25*** (0.00)	-8.31*** (0.00)	-3.79*** (0.00)
	Fisher—ADF 检验	146.65*** (0.00)	220.37*** (0.00)	136.58*** (0.00)
	Fisher—PP 检验	237.50*** (0.00)	350.18*** (0.00)	176.26*** (0.00)
	Hadri 检验	8.34*** (0.00)	24.37*** (0.00)	12.50*** (0.00)

注：*、**、***分别表示在10%、5%和1%的显著性水平上拒绝原假设，括号中的数值为该统计量的伴随概率。

二、面板数据的协整检验

由上述单位根检验结果可知，面板数据各序列一阶单整，面板数据之间可能存在协整关系。用Pedroni根据回归残差构造的统计量对面板数据的协整关系进行进一步检验，零假设为序列之间不存在协整关系。检验结果见表5-4。该检验结果表明，两个ADF统计量都非常显著地拒绝了原假设。由于组间统计Group rho—statistic最为保守，而Group ADF statistic最为激进，所以尽管Panel v—statistic、Panel rho—statistic、Group rho—statistic统计量无法拒绝，但仍然可以认为序列之间存在协整关系。进一步采用Kao残差协整检验对序列的协整关系进行检验，检验的零假设为序列之间不存在协整关系，检验结果见表5-5。从检验结果可知，序列之间存在协整关系，所以可以认为序列之间存在协整关系。

表5-4 Pedroni面板协整检验结果

统计量	统计值及伴随概率
Panel v—statistic	-7.19(1.00)
Panel rho—statistic	8.08(1.00)
Panel PP—statistic	-21.22***(0.00)

续表

统计量	统计值及伴随概率
Panel ADF—statistic	-4.24***(0.00)
Group rho—statistic	9.81(1.00)
Group PP—statistic	-29.95***(0.00)
Group ADF statistic	-3.93***(0.00)

注：***表明在1%的显著性水平上拒绝零假设,括号中的数值为伴随概率。

表5-5　Kao面板协整检验结果

统计量	统计值及伴随概率
ADF	-5.29***(0.00)

注：***表明在1%的显著性水平上拒绝零假设,括号中的数值为伴随概率。

三、面板协整模型的选择

一般来说,面板数据模型包括三种:纯 pooled 回归、固定效应模型和随机效应模型。首先对面板数据做 Redundant Fixed Effects 检验,检验的零假设为:(1)截面固定效应为零;(2)时间固定效应为零;(3)截面和时间固定效应同时为零。检验结果见表5-6。从检验结果来看,统计量在1%的显著性水平上拒绝零假设,所以应拒绝使用纯 pooled 回归,初步考虑使用固定效应模型。

表5-6　固定效应冗余检验(Redundant Fixed Effects Tests)结果

统计量	统计值及伴随概率
Cross—section F	34.93***(0.00)
Cross—section Chi-square	536.91***(0.00)
Period F	5.06***(0.00)
Period Chi—square	58.94***(0.00)
Cross—section/Period F	41.33***(0.00)
Cross—section/Period Chi—square	680.53***(0.00)

注：***表明在1%的显著性水平上拒绝零假设,括号中的数值为伴随概率。

接下来,我们进一步对面板数据进行 Hausman 检验,以确定使用固定效应模型还是随机效应模型。其检验结果见表5-7。

表5-7 面板协整方程的估计结果

解释变量	模型1		模型2	
$Ln(IER_{it})$	1.05936***(0.0292)		1.0704***(0.0264)	
$Ln(OLP_{it})$	0.4633***(0.1566)		0.4178***(0.0671)	
$Ln(IEA_{it})$	-0.1056(0.1264)			
FEE_{it}	2.08378***(0.1700)		2.0758***(0.1621)	
$Ln(AW_{it})$	1.2527***(0.1283)		1.1776***(0.1129)	
$Ln(ED_{it})$	0.0505(0.0516)			
R^2	0.9483		0.9481	
$F-statistic$ P值	382.09***(0.00)		433.51***(0.00)	
Hausman 检验(χ^2) P值	164.89***(0.00)		176.92***(0.00)	
Fixed Effects(Period)	1997—C	0.94551	1997—C	0.93651
	1998—C	0.57596	1998—C	0.56083
	1999—C	0.34075	1999—C	0.33489
	2000—C	0.28310	2000—C	0.28828
	2001—C	-0.05176	2001—C	-0.0427
	2002—C	-0.22301	2002—C	-0.20755
	2003—C	-0.24874	2003—C	-0.23519
	2004—C	-0.40959	2004—C	-0.39931
	2005—C	-0.60556	2005—C	-0.60362
	2006—C	-0.71271	2006—C	-0.71314
	2007—C	-0.94626	2007—C	-0.9461
	2008—C	1.05229	2008—C	1.02708
	2009—C	-0.60556	2009—C	-0.60362
	2010—C	-0.71271	2010—C	-0.71314
观察值个数	434		434	
组数	31		31	

注：系数下面括号内的数值为标准误差，*、**、***分别表示在10%、5%、1%的显著性水平上拒绝原假设。

无论是模型1还是模型2，Hausman检验的卡方值(模型1的χ^2=164.89，模型2的χ^2=176.92)均大于显著性水平为1%的临界值(模型1的临界值为16.81，模型2的临界值为13.28)。因此，拒绝随机效应的原假设，应采用固定效应模型。考虑到所选时期1997~2010年期间发生了亚洲金融危机和美国次贷危机引发的全球金融危机等关键性事件使得数据存在时期差异,同时,已经选择了影响各省份出口贸易的深度边际的各主要因素,所以选择时期固定效应模型估计此方程。因此,面板协整模型最终采用的方程如下:

$$Ln(LEX_{it}) = \eta_t + \beta_1 Ln(IER_{it}) + \beta_2 Ln(OLP_{it}) + \beta_3 Ln(IEA_{it}) + \beta_4 FEE_{it} + \beta_5 Ln(AW_{it}) + \beta_6 Ln(ED_{it}) + \partial + \mu_{it} \qquad (5-2)$$

其中,η_t 表示时间的固定效应,∂ 表示其他控制变量,μ_{it} 表示扰动项,其他解释变量和被解释变量含义如前文所述,β_1、β_2、β_3、β_4、β_5 和 β_6 表示各解释变量系数。

根据解释变量中是否包含"IEA_{it}"变量和"ED_{it}"变量,我们建立两个检验模型:模型 1 表示所有解释变量包括工业企业营业收入的对数值 [$Ln(IER_{it})$]、全员劳动生产率的对数值 [$Ln(OLP_{it})$]、工业企业人均资产的对数值 [$Ln(IEA_{it})$]、外资企业出口占比 (FEE_{it})、地区平均工资的对数值 [$Ln(AW_{it})$]、地区大专以上人口占比 [$Ln(ED_{it})$] 对企业出口总额对数值 [$Ln(LEX_{it})$] 的影响。模型 2 表示去除工业企业人均资产的对数值 [$Ln(IEA_{it})$] 和地区大专以上人口占比 [$Ln(ED_{it})$] 这两个解释变量之后,其余解释变量对企业出口总额对数值 [$Ln(LEX_{it})$] 的影响。

第四节 计量结果与比较分析

一、计量结果

我们对 1997~2010 年期间影响中国 31 个省份货物出口的深度边际和中国出口省际失衡的因素进行了经验检验,计量检验结果见表 5-7。其中,模型 1 表示包含 IEA_{it} 变量和 ED_{it} 变量等所有变量的模型,模型 2 则表示去掉 IEA_{it} 和 ED_{it} 两个变量的模型。

从模型 1 和模型 2 的检验结果来看,模型 1 中,除了工业企业人均资产"IEA_{it}"和"ED_{it}"这两个解释变量不显著 $Ln(IEA_{it})$ t 统计量的相伴概率为 0.4037,不能拒绝原假设;$Ln(ED_{it})$ 的 t 统计量相伴概率为 0.3286,不能拒绝原假设外,其他所有解释变量在 1% 的显著性水平上拒绝了原假设,非常显著。模型 2 中去掉工业企业人均资产变量"$Ln(IEA_{it})$"和地区大专以上人口占比"$Ln(ED_{it})$"这两个解释变量后,所有解释变量都在 1% 的显著性水平上拒绝了原假设,非常显著。

从表5-7中,我们看到,无论是模型1,还是模型2,工业企业营业收入、全员劳动生产率、外商投资企业出口占比、在岗职工平均工资等变量对各省份货物出口的影响均为正值,这与前文研究的预测一致,说明企业规模、劳动生产率水平、企业所有权性质等企业异质性因素与企业货物出口的深度边际正相关,在岗职工平均工资水平与企业货物出口之间也为正相关关系,有力地支持了我们的观点。但是,具体考察各解释变量对因变量的影响程度的相对重要性则需要对 β 系数进行进一步的分析比较。

二、β 系数的计算与比较分析

确定计量模型中各解释变量的相对重要性,需要对解释变量的系数进行调整。调整方法为:用解释变量的标准差除以被解释变量的标准差然后再乘以解释变量的系数,得到 β 系数,该系数可以消除各变量单位的影响,从而可以直接进行比较。β 系数的计算方法如下:

$$\beta_j^* = \beta_j \frac{S(X_{ij})}{S(y_t)} = \beta_j \sqrt{\frac{\sum (X_{jt} - \overline{X}_J)^2}{\sum (Y_i - \overline{Y})^2}} \tag{5-3}$$

根据计算结果,模型2中 $Ln(IER_{it})$ 的 β 系数为0.02627,$Ln(OLP_{it})$ 的 β 系数为0.02607,FEE_{it} 的 β 系数为0.3128(企业货物出口量每变动1%,外资企业货物出口所占比重就变动 0.3128/2.71828 = 0.1151),$Ln(AW_{it})$ 的 β 系数为0.1236。由此,我们可以得出以下两方面的结论。一方面,企业规模、劳动生产率和工资水平以及所有权性质等四个因素对中国企业货物出口的深度边际和省际失衡的影响显著且为正相关,这既符合 Melitz(2003)异质性企业贸易理论,也有力解释了前文所述的中国货物出口省际失衡的相关特征事实。另一方面:(1)中国出口企业的资本和技术(人力资本)密集程度对中国各省份货物出口的深度边际影响并不显著;(2)在其他四个影响显著的因素中,企业规模和劳动生产率水平对企业货物出口的深度边际影响反而不如工资水平和所有权性质,这并不吻合异质性企业贸易理论,同时与前文所述的特征事实也有所出入。

资本和技术密集程度对中国各省份出口贸易的深度边际和省际失衡的影响并不显著的原因可能有两个方面。一方面,是中国出口商品仍是劳动密集型产品,资本和技术密集程度并不高:东南沿海地区各省份的出口企业,无论是港澳台和外商投资企业,还是本土企业,大部分只是"加工厂",技术含量较低,研发能力很弱,对资金和技术的需求并不高,所雇员工大部分只需高中生、

中专生或高职生文化即可,对大专以上员工需求的比例较低。另一方面,东南沿海地区各省份中,除了北京、上海和天津三个直辖市之外,其他各个省份,尤其是广东和福建两个省份①,由于当地经济比较发达,经商氛围比较浓厚,文化底蕴相对欠缺,因此,对教育重视程度相对不高。

企业规模和劳动生产率水平对出口贸易的深度边际影响反而不如工资水平和所有权性质的原因主要与中国企业的特殊性有关。本书第二章已述,较之发达国家企业,中国企业除在企业规模和劳动生产率等方面存在较大差异之外,在国有垄断性与私营竞争性、吸引外来直接投资与进行对外直接投资等两个方面形成了鲜明的对比,有着显著的特性,并使得同一行业内部出口企业与非出口企业的异质性,既表现出与美国、德国和法国等发达国家以及韩国、中国香港、中国台湾等新兴国家和地区相似的特征,也显示出一些独有特性:(1)中国出口企业的规模与出口贸易的深度边际相关性并不大:如2010年中国企业500强与出口企业500强电子业前十家企业中,重合度仅为10%;(2)外资企业在出口企业中占主导地位:如2003~2010年期间,中国出口企业200强中,港澳台和外资企业占比年均高达63.0%,而国有及国有控股企业占比只占27.0%。

三、格兰杰因果检验

根据上述面板协整模型2,我们需要进一步分析影响企业出口的各因素中,哪些因素对企业出口量的影响是持久的,哪些因素只影响当前企业的出口量。依据格兰杰因果检验,我们分别选择滞后1期、滞后2期、滞后3期各因素对企业出口的影响。格兰杰因果检验结果见表5-8。

首先,选择滞后1期。(1)工业企业营业收入的对数值"$LnIER$"与企业出口量的对数值 $LnLEX$ 互相不为格兰杰因果关系,因此,企业规模(用"工业企业营业收入"来表示)对滞后1期企业出口量的影响不大,企业规模只影响企业当期出口。(2)全员劳动生产率的对数值"$LnOLP$"是企业出口量的对数值"$LnLEX$"的格兰杰原因,而后者不是前者的格兰杰原因,因此,全员劳动生产率会对滞后1期企业出口形成影响,劳动生产率水平的提高不仅会使当期企业出口增加,还会提高滞后1期企业的出口量。(3)在岗职工平均工资

---

①如表4-24和表4-25所示,广东、福建两省的出口额全国排名分别为第一、六位,大专以上人口占比排名全国第15、19位。

的对数值"$LnAW$"是企业出口量的对数值"$LnLEX$"的格兰杰原因,而后者不是前者的格兰杰原因,因此,滞后1期,职工平均工资水平仍然会影响到企业出口,职工平均工资越高,企业出口量会越大,而企业出口的提高对滞后1期职工平均工资水平的影响还不明显。(4)外资企业出口占比FEE不是企业出口量的对数值"$LnLEX$"的格兰杰原因,而企业货物出口量的对数值是外资企业出口占比的格兰杰原因,这表明,滞后1期,企业所有权性质对企业出口影响不大,企业所有权性质只影响当期企业出口。

其次,选择滞后2期。(1)工业企业营业收入的对数值"$LnIER$"与企业出口量的对数值"$LnLEX$"互相不为格兰杰因果关系,因此,滞后2期,企业规模对企业出口量的影响也不大。(2)全员劳动生产率的对数值"$LnOLP$"是企业出口量的对数值"$LnLEX$"的格兰杰原因,而后者不是前者的格兰杰原因,因此,全员劳动生产率滞后2期仍然会对企业出口产生影响。(3)在岗职工平均工资的对数值"$LnAW$"不是企业出口的对数值"$LnLEX$"的格兰杰原因,而后者是前者的格兰杰原因,因此,职工平均工资水平对滞后2期企业出口的影响不大,而企业出口的变化会影响到滞后2期企业职工的平均工资水平,企业出口的扩大会提高企业职工的平均工资水平,这与我们观察到的出口企业职工平均工资偏高一致。(4)外资企业出口占比"FEE"不是企业出口量的对数值"$LnLEX$"的格兰杰原因,而后者是前者的格兰杰原因,这表明,滞后2期,企业所有权性质对企业出口的影响也不大。

最后,选择滞后3期。(1)工业企业营业收入的对数值"$LnIER$"与企业出口量的对数值"$LnLEX$"互相不为格兰杰因果关系,因此,滞后3期,企业规模对企业出口量的影响也不大,企业规模只影响企业当期出口。(2)全员劳动生产率的对数值"$LnOLP$"与企业出口量的对数值"$LnLEX$"的互为格兰杰原因,因此,全员劳动生产率会影响到滞后3期企业的出口,因而劳动生产率的提高对企业出口扩大的影响是持久的,同时企业出口对全员劳动生产率的影响也开始显现出来,从中长期来看,企业出口的提高会提高全员劳动生产率,这与Meiltz(2003)的结论相同。(3)在岗职工平均工资的对数值"$LnAW$"不是企业出口量的对数值"$LnLEX$"的格兰杰原因,而后者是前者的格兰杰原因,因此,职工平均工资水平对滞后3期企业出口的影响不大,而企业出口的扩大却有助于滞后3期职工平均工资水平的提高。(4)外资企业出口占比"FEE"不是企业出口量的对数值"$LnLEX$"的格兰杰原因,而后者是前者的格兰杰原因,这表明,企业所有权性质对滞后3期企业出口影响不大,因此,企业所有权性质对企业出口的影响不够持久。

由以上分析可知,在影响企业出口的因素中,企业劳动生产率对企业出口的影响最为持久,不仅会提高企业当期的出口水平,而且会提高未来企业的出口水平;企业规模和所有权性质对企业出口的影响最为短暂,只影响企业的当期出口;工资水平的影响持续性介于前两者之间,既影响企业的当期出口,也影响滞后1期的出口,但是滞后2期以后的影响力就很小了。此外,从长远来看,企业的出口也有利于提高企业的劳动生产率和职工工资水平。

表 5-8 格兰杰因果检验结果

原假设	滞后阶数	F 统计量	相伴概率
$LnIER$ does not Granger Cause $LnLEX$	1	0.23586	0.6402
$LnLEX$ does not Granger Cause $LnIER$	1	1.10897	0.3231
$LnOLP$ does not Granger Cause $LnLEX$	1	3.48611	0.0988
$LnLEX$ does not Granger Cause $LnOLP$	1	0.09032	0.9682
$LnAW$ does not Granger Cause $LnLEX$	1	4.50462	0.0666
$LnLEX$ does not Granger Cause $LnAW$	1	0.35003	0.5704
FFE does not Granger Cause $LnLEX$	1	0.14746	0.7110
$LnLEX$ does not Granger Cause FFE	1	10.43430	0.0121
$LnIER$ does not Granger Cause $LnLEX$	2	0.02326	0.9771
$LnLEX$ does not Granger Cause $LnIER$	2	0.82545	0.4900
$LnOLP$ does not Granger Cause $LnLEX$	2	3.54028	0.1102
$LnLEX$ does not Granger Cause $LnOLP$	2	0.03258	0.9682
$LnAW$ does not Granger Cause $LnLEX$	2	2.41297	0.3064
$LnLEX$ does not Granger Cause $LnAW$	2	20.01570	0.0480
FFE does not Granger Cause $LnLEX$	2	0.01070	0.9894
$LnLEX$ does not Granger Cause FFE	2	6.61577	0.0394
$LnIER$ does not Granger Cause $LnLEX$	3	0.26019	0.8513
$LnLEX$ does not Granger Cause $LnIER$	3	3.07094	0.2552
$LnOLP$ does not Granger Cause $LnLEX$	3	9.56454	0.0961
$LnLEX$ does not Granger Cause $LnOLP$	3	10.12610	0.0912
$LnAW$ does not Granger Cause $LnLEX$	3	2.41297	0.3064
$LnLEX$ does not Granger Cause $LnAW$	3	20.01570	0.0480

续表

原假设	滞后阶数	F 统计量	相伴概率
FFE does not Granger Cause *LnLEX*	3	0.07800	0.9661
LnLEX does not Granger Cause *FFE*	3	8.74049	0.1044

第五节 小 结

本章采用1997～2010年期间中国31个省份的省级面板数据,检验了出口企业的规模、劳动生产率和工资水平、企业所有权性质以及资本和技术(人力资本)密集程度等企业异质性因素对中国各省份货物出口贸易的深度边际和省际失衡的影响。我们的研究首次从企业异质性角度研究中国出口贸易的省际失衡问题,并结合21世纪以来国际贸易研究领域最前沿的异质性企业贸易理论,利用翔实的数据进行了实证检验和分析,发现了一些不同于现有研究成果的结论,并从中国企业异质性的特殊性方面进行了有力解释。但是,由于缺乏企业层面的详细数据,本章只是设计一些指标来替代各种企业特性,其中,某些指标的选取是否十分合理,需要进一步的检验。

附图5-1 模型1的残差图

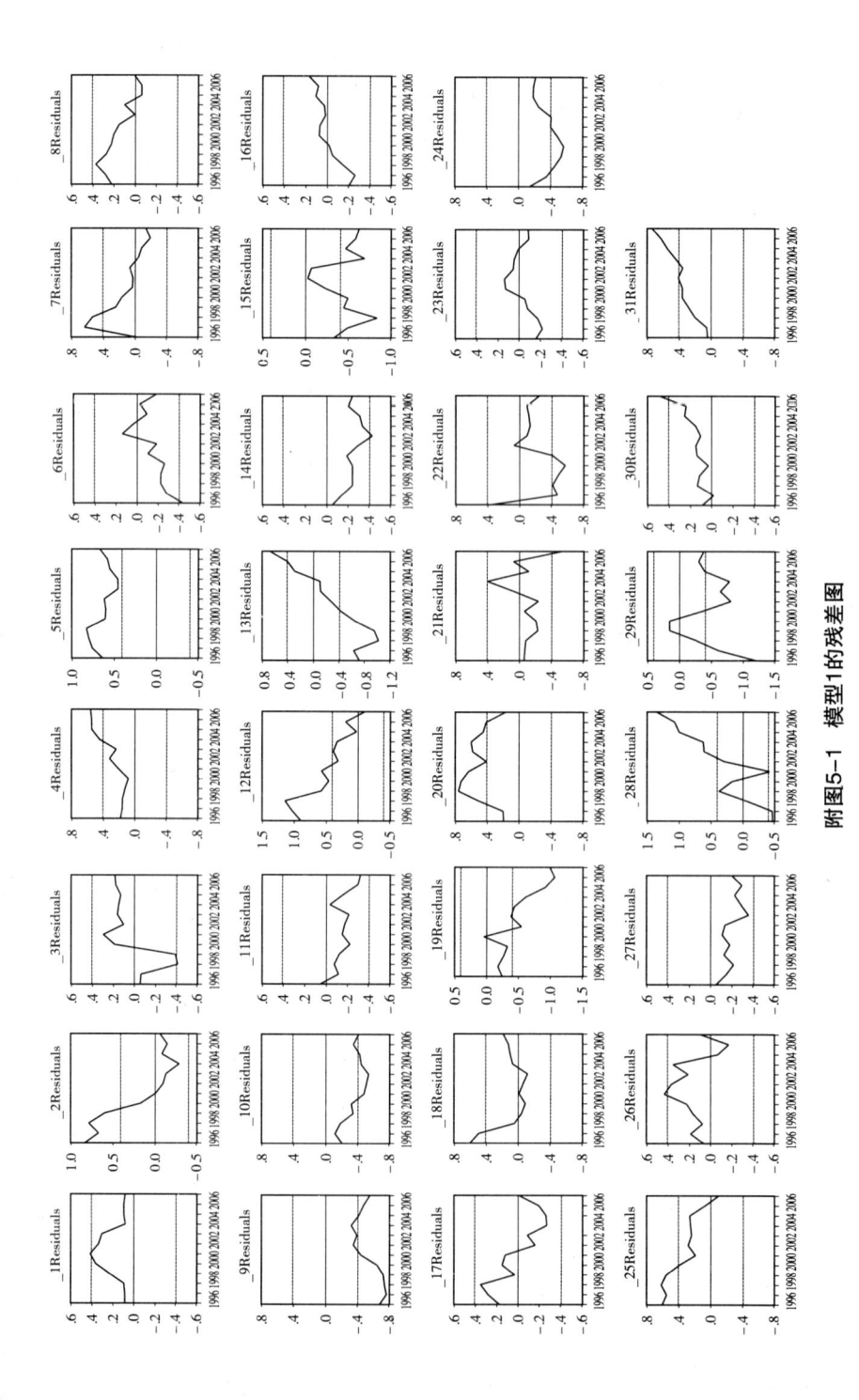

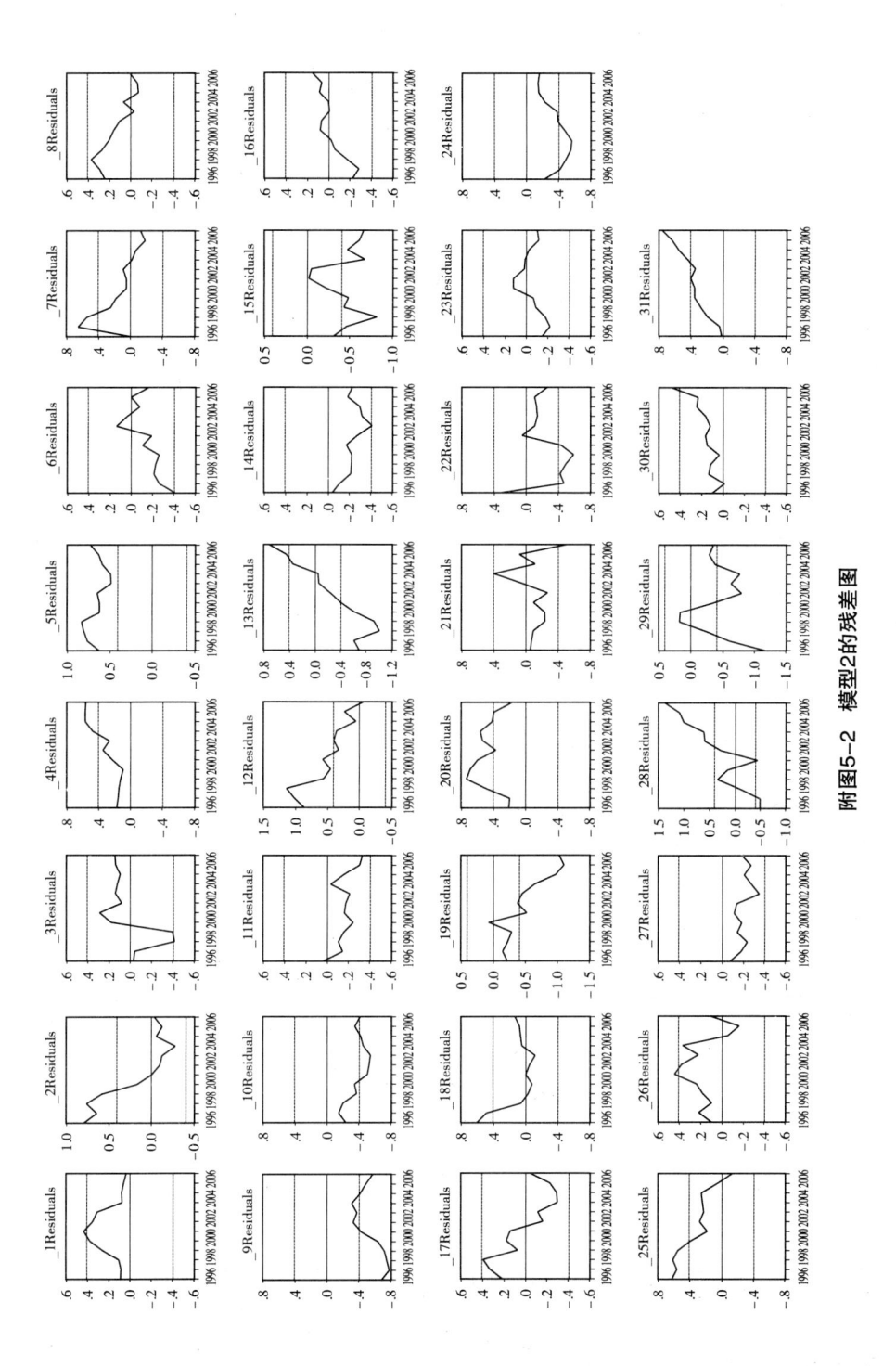

第五章 企业异质性与中国出口省际失衡：基于1997~2010年省级面板数据的经验分析

附图5-2 模型2的残差图

第六章　总结和政策建议

第一节　全书基本思想和研究结论

全书的基本思想和研究结论如下：

1. 20 世纪 90 年代中期以来，大量基于企业层面生产和贸易数据的微观经验研究发现，不同发展水平国家（地区）同一产业内部各企业之间，尤其是出口企业和非出口企业之间，在企业的规模、劳动生产率和工资水平、资本和技术密集程度、企业历史和人力资本，以及企业所有权性质等各个方面均存在着显著的异质性。而且这种异质性对国际贸易理论和实证模型非常重要，因其对贸易模式、贸易福利所得和收入分配等各方面产生着重要的影响。这些经验证据推动着新近的国际贸易理论和实证研究重心的转移，即不断由传统研究的国家和产业层面转到企业和产品层面。这些研究，部分是对传统理论的继承和补充，更多的则是非常新颖的思想和观点。通过加入异质性企业行为，尽管最新的国际贸易理论在解释贸易模式和生产率增长等多方面取得了突破性的进展，但仍有部分贸易行为和现象未能得到全面解释，尤其对中国等发展中国家的关注度不够。

2. 我们通过翔实的数据统计与分析发现，无论是本国同一产业内部各企业相互之间，还是与发达国家同一产业企业相比较，中国企业在企业规模、劳动生产率水平、资本密集程度和所有权性质等各个方面都存在着明显的异质性。不仅如此，较之发达国家同一产业企业，中国企业除了在企业规模和劳动生产率水平等方面存在较大差异之外，还在国有垄断性和吸引 FDI 等方面具有较为显著的特性。而且，这两个异质性特性的存在，使得中国出口企业较之一般企业在企业规模、所有权性质和地域分布等各方面也表现出一定的特色，从而使得出口企业异质性因素对中国出口贸易的深度边际和省际失衡问题的影响,既有与发达国家企业异质性影响相似的地方,也有一定的中国特色。

3. 尽管中国对外贸易发展迅猛,但是,从 1978~2010 年期间贸易统计数据中,不难发现,中国货物出口的贸易结构,无论是从出口企业经营所在地省际地区结构、商品出口目的国国际地区结构方面,还是出口企业所有权性质和贸易方式结构以及出口商品运输方式结构等各方面,都面临着一些问题和挑战。本书重点考察中国货物出口的省际地区结构失衡问题,从企业规模、劳动生产率水平等企业异质性微观因素、商品运输方式等行业中观因素和国家宏观政策支持等三个层面剖析了其产生原因和影响因素。

4. 基于中国 31 个省份 1997~2010 年期间的面板数据的经验检验表明:一方面,企业规模、劳动生产率和工资水平以及企业所有权性质等四个因素对中国出口贸易的深度边际和省际失衡的影响显著且为正相关,这符合异质性企业贸易理论;另一方面,中国出口企业表现出与美国、德国和法国等发达国家,以及韩国、中国香港地区和中国台湾地区等新兴工业国家和地区的出口企业一些不同的特性:一是中国出口企业的资本和技术密集程度对中国各省份出口贸易的深度边际和省际失衡影响并不显著;二是在其他四个影响显著的企业异质性因素中,企业规模和劳动生产率水平对出口贸易的深度边际和省际失衡影响力反而不如工资水平和企业所有权性质。同时,通过格兰杰因果检验发现,在影响企业出口的因素中,企业劳动生产率对企业出口的影响最为持久,不仅会提高企业当期的出口水平,而且会提高未来企业的出口水平;企业规模和所有权性质对企业出口的影响最为短暂,只影响企业的当期出口;工资水平的影响持续性介于前两者之间,既影响企业的当期出口,也影响滞后 1 期的出口,但是滞后 2 期以后的影响力就很小了。此外,从长远来看,企业的出口也有利于提高企业的劳动生产率和职工工资水平。

第二节 未来中国出口省际地区结构调整的方向和重点

针对前文所剖析的中国出口的省际地区结构问题及原因,我们建议未来中国出口省际地区结构调整的方向和重点如下。

一、着力提高企业劳动生产率和工资水平,从企业微观层面改善中国出口的省际失衡问题

根据 Melitz(2003)异质性企业贸易理论,在美国、德国和法国等发达国家,以及韩国、中国香港和中国台湾等新兴国家和地区,企业劳动生产率水平决定着企业是选择退出市场、出口,还是 FDI 或外包等不同的生产组织形式和贸易模式的关键因素。根据本书第五部分研究结果,尽管目前企业的劳动生产率水平对企业出口的深度边际影响并不如所有权性质和工资水平,但是,其影响力最为持久。因此,提高企业劳动生产率水平是扩大出口贸易的有效途径。中国要改善其出口的省际失衡、优化出口省际地区结构,不妨从如何提高出口企业的劳动生产率水平方面下工夫:比如加大对中西部内陆省份企业的技术、资金和人力资本投入,增强企业自主研发能力,不断提高企业的劳动生产率水平。

此外,前文已述,企业的工资水平不仅对企业出口的深度边际影响较为显著,而且较为持久。因此,提高企业职工的工资水平,不仅有利于扩大内需,维护社会和谐和稳定,而且还有利于企业扩大出口。从这个意义上讲,适当提高中西部内陆省份企业职工工资水平,也在一定程度上可以改善中国出口的省际失衡问题。

二、大力发展航空运输和公路运输,从行业中观层面优化中国出口的省际地区结构

目前,在中国货物出口的运输方式结构中,水路运输仍然占据主要地位,前文已述,其所占比重在 1997~2009 年期间年均为 64.4%。因此,保障货物出口的水路运输畅通,是中国扩大国际贸易的基本条件之一。但是,如前文所述,过分依赖水路运输方式已经严重制约了中国中西部内陆省份的经济发展和外贸增长。因此,从运输业等产业中观层面,还应大力发展航空运输和公路运输。

一方面,航空运输是最有潜力的运输领域,其在机电产品和高附加值商品的进口运输结构中已占据首位,并在出口总体运输结构中地位逐步升高。随着中国日益成为世界采购中心和制造中心,对于商品进出口的速度和安全的要求越来越高,空运具有很大的提升空间,其在出口贸易运输结构中的地位将进一步提高。另一方面,汽车运输在中国与周边国家与地区的贸易中占据重要地位,其作用仍不可忽视;同时,根据发达国家经验,汽车运输和航空运输联

运方式是未来国内贸易和国际贸易最有效率和最受欢迎的运输方式,如在美国,从美国大平原地区(Great Plains)到美国南部地区(American South)的近20个州,配送中心星罗棋布,国内航空市场卡车运输业务的改进正在给国际贸易带来新的机遇。①

发展航空运输和公路运输的关键是降低运输成本。航空运输成本的降低主要是依靠形成规模经济和加强管理。而公路运输成本的降低则主要是降低贸易壁垒,尤其是各地区之间的公路收费站,应逐步取消各种名目的收费站,提高公路运输的效率和降低其成本,建立一个全国自由开放的大市场。其次是加大对机场和公路等基础设施建设的投入,为汽车运输和航空运输联运提供硬件设施。

三、借鉴东部经验,发展外向型经济,从国家宏观政策层面上支持中西部内陆省份经济发展和外贸增长

中国有社会主义制度集中力量办大事的优越性,如2008年四川汶川特大地震抗灾救灾的重大胜利、北京奥运会开幕式的巨大成功、神舟七号载人航天飞行任务的圆满完成等。如前所述,中国政府所实施的建立经济特区和开放沿海城市等国家宏观政策对东南沿海地区各省份的经济发展和对外出口贸易都产生了巨大的积极效应。因此,优化出口贸易的省际地区结构,国家和地方各级政府对中西部内陆省份经济和外贸发展的政策支持必不可少。2000年1月、2003年9月和2004年3月中国相继实施西部大开发、振兴东北和中部崛起等大战略,国家宏观政策已经开始大力支持中西部内陆省份的经济发展和社会进步。中西部内陆各省份各级政府应充分抓住这一历史机遇,制定一些具体措施和办法:一是借鉴东南沿海地区各省份的成功经验,吸引FDI流入,发展出口导向的外向型经济;二是鼓励和支持本地企业发展对外出口贸易,逐步缩小与东南沿海地区各省份的经济和外贸差距。

---

① [美国]马克·卡维拉:《美国中西部:公路运输引导空运布局》,《市场周刊》2007年第8期。

参考文献

1. Acemoglu, D., P. Antras, and E. Helpman: "Contracts and Technology Adoption", *American Economic Review*, Vol. 97, No. 3, 2007, pp. 916-943.

2. Aghion, P. and P. Howitt: "A Model of Growth through Creative Destruction", *Econometrica*, Vol. 60, No. 2, 1992, pp. 323-351.

3. Ahn, J., A. Khandelwal, and S.-J. Wei: "The Role of Intermediaries in Facilitating Trade", *Journal of International Economics*, Vol. 84, No. 4, 2011, pp. 73-85.

4. Albornoz, F., P. Calvo, G. Corcos, and E. Ornelas: "Sequential Exporting", *CEP Discussion Paper* No. 974, 2010, London School of Economics.

5. Alessandria, G. and H. Choi: "Do Sunk Costs of Exporting Matter for Net Export Dynamics?" *Quarterly Journal of Economics*, Vol. 122, No. 1, 2007, pp. 289-336.

6. Alvarez, R. and R. López: "Exporting and Performance: Evidence from Chilean Plants", *Canadian Journal of Economics*, Vol. 38, No. 4, 2005, pp. 1384-1400.

7. Amiti, M. and J. Konings: "Trade Liberalization, Intermediate Inputs and Productivity", *American Economic Review*, Vol. 97, No. 5, 2007, pp. 1611-1638.

8. Anderson, J.: "The Gravity Model", *Annual Review of Economics*, Vol. 3, 2011, pp. 133-160.

9. Anderson, J. and E. Wincoop: "Gravity with Gravitas: A Solution to the Border Puzzle", *American Economic Review*, Vol. 93, No. 1, 2003, pp. 170-192.

10. Antras, P.: "Firms, Contracts, and Trade Structure", *Quarterly Journal of Economics*, Vol. 118, No. 4, 2003, pp. 1375-1418.

11. Antras P. and A. Costinot: "Intermediation and Economic Integration",

American Economic Review, Vol. 100, No. 2, 2010, pp. 424 – 428.

12. Antras P. and A. Costinotv: "Intermediated Trade", *Quarterly Journal of Economics*, Vol. 126, No. 3, 2011, pp. 1319 – 1374.

13. Antras, P., L. Garicano, and E. Rossi-Hansberg: "Offshoring in a Knowledge Economy", *Quarterly Journal of Economics*, Vol. 121, No. 1, 2006, pp. 31 – 77.

14. Antras, P. and E. Helpman: "Global Sourcing", *Journal of Political Economy*, Vol. 112, No. 3, 2004, pp. 552 – 580.

15. Antras, P. and E. Helpman: "Contractual Frictions and Global Sourcing", in *The Organization of Firms in a Global Economy*, Helpman, E., D. Marin, and T. Verdier (ed.), Cambridge, MA: Harvard University Press, 2008.

16. Antras, P. and E. Rossi-Hansberg: "Organizations and Trade", *Annual Review of Economics*, Vol. 1, 2009, pp. 43 – 64.

17. Antweiler, W. and D. Trefler: "Increasing Returns and All That: a View from Trade", *American Economic Review*, Vol. 92, No. 1, 2002, pp. 92 – 119.

18. Arkolakis, C., A. Costinot, and A. Rodriguez-Clare: "Gains from Trade under Monopolistic Competition: A Simple Example with Translog Expenditure Functions and Pareto Distributions of Firm-Level Productivity", *mimeo*, MIT, Penn State, and Yale University, 2010.

19. Arkolakis, C., A. Costinot, and A. Rodriguez-Clare: "New Trade Models, Same Old Gains?" *American Economic Review*, 2012 (forthcoming).

20. Arkolakis, C., S. Demidova, P. Klenow, and A. Rodriguez-Clare: "Endogenous Variety and the Gains from Trade", *American Economic Review*, Vol. 98, No. 2, 2008, pp. 444 – 450.

21. Arkolakis, C. and M. Muendler: "The Extensive Margin of Exporting Goods: A Firm-level Analysis", *NBER Working Paper*, No. 16641, 2010.

22. Atkeson, A. and A. Burstein: "Pricing-to-Market in a Ricardian Model of International Trade", *American Economic Review*, Vol. 97, No. 2, 2007, pp. 362 – 367.

23. Atkeson, A. and A. Burstein: "Pricing-to-Market, Trade Costs, and

International Relative Prices", *American Economic Review*, Vol. 98, No. 5, 2008, pp. 1998—2031.

24. Atkeson, A. and A. Burstein: "Innovation, Firm Dynamics, and International Trade", *Journal of Political Economy*, Vol. 118, No. 3, 2010, pp. 433 – 489.

25. Aw, B., S. Chung and M. Roberts: "Productivity and Turnover in the Export Market: Micro-Level Evidence from the Republic of Korea and Taiwan (China)", *World Bank Economic Review*, Vol. 14, No. 1, 2000, pp. 65 – 90.

26. Baldwin, R.: "Heterogeneous Firms and Trade: Testable and Untestable Properties of the Melitz Model", *NBER Working Paper*, No. 11471, 2005.

27. Baldwin, R. and R. Forslid: "Trade Liberalization with Heterogeneous Firms", *Review of Development Economics*, Vol. 14, No. 2, 2010, pp. 161 – 176.

28. Baldwin, R. and P. Krugman: "Market Access and International Competition: a Simulation Study of 16K Random Access Memories", in *Empirical Models for International Trade*, Feenstra, R. (ed.), Cambridge, MA: MIT Press, 1988.

29. Baldwin, R. and T. Okubo: "International Trade, Offshoring and Heterogeneous Firms", *NBER Working Paper*, No. 16660, 2011.

30. Baldwin, R. and F. Robert-Nicoud: "Trade and Growth with Heterogenous Firms", *Journal of International Economics*, Vol. 74, No. 1, 2008, pp. 21 – 34.

31. Bensidoun, I., F. Lemoine, and D. Ünal: "The Integration of China and India into the World Economy: a Comparison." *The European Journal of Comparative Economics*, Vol. 6, No. 1, 2009, pp. 131 – 155.

32. Bernard, A., J. Eaton, J. Jensen and S. Kortum: "Plants and Productivity in International Trade", *American Economic Review*, Vol. 93. No. 4, 2003, pp. 1268 – 1290.

33. Bernard, A. and J. Jensen: "Exporters, Jobs, and Wages in U. S. Manufacturing: 1976 ~ 1987", *Bookings Papers on Economic Activity, Microeconomics*, Washington DC, 1995.

34. Bernard, A. and J. Jensen: "Exporters, Skill-Upgrading, and the Wage

Gap", *Journal of International Economics*, Vol. 42, Vol. 1, 1997, pp. 3 – 31.

35. Bernard, A. and J. Jensen: "Exceptional Exporter Performance: Cause, Effect, or Both?" *Journal of International Economics*, Vol. 47, No. 1, 1999, pp. 1 – 25.

36. Bernard, A. and J. Jensen: "Why Some Firms Export", *Review of Economics and Statistics*, Vol. 86, No. 2, 2004a, pp. 561 – 569.

37. Bernard, A. and J. Jensen: "Exporting and Productivity in the USA", *Oxford Review of Economic Policy*, Vol. 20, No. 3, 2004b, pp. 343 – 357.

38. Bernard, A., J. Jensen, S. Redding and P. Schott: "Firms in International Trade", *Journal of Economic Perspectives*, Vol. 21, No. 3, 2007, pp. 105 – 130.

39. Bernard, A., J. Jensen, S. Redding, and P. Schott: "The Margins of U. S. Trade", *American Economic Review*, Vol. 99, No. 2, 2009, pp. 487 – 493.

40. Bernard, A., J. Jensen, S. Redding, and P. Schott: "Wholesalers and Retailers in U. S. Trade", *American Economic Review*, Vol. 100, No. 2, 2010a, pp. 408 – 413.

41. Bernard, A., J. Jensen, S. Redding, and P. Schott: "Intra-firm Trade and Product Contractibility", *American Economic Review*, Vol. 100, No. 2, 2010b, pp. 444 – 448.

42. Bernard, A., J. Jensen and P. Schott: "Falling Trade Costs, Heterogeneous Firms, and Industry Dynamics", *NBER Working Paper*, No. 9639, 2003.

43. Bernard, A., J. Jensen, and P. Schott: "Trade Costs, Firms and Productivity", *Journal of Monetary Economics*, Vol. 53, No. 5, 2006, pp. 917 – 937.

44. Bernard, A., J. Jensen and P. Schott: "Importers, Exporters, and Multinationals: A Portrait of Firms in the US that Trade Goods", in *Producer Dynamics: New Evidence from Micro Data*, Dunne T., J. Jensen, and M. Roberts (ed.), Chicago, IL: University of Chicago Press, 2009.

45. Bernard, A., J. Jensen, and J. Wagner: "The Good Go Abroad", in *Evolutions of Firms and Industries*, Laarsonens., Ed. Statistics Finland Helsinki, 1997.

46. Bernard, A., S. Redding, and P. Schott: "Comparative Advantage and

Heterogeneous Firms", *Review of Economic Studies*, Vol. 74, 2007, pp. 31 – 66.

47. Bernard, A., S. Redding, and P. Schott: "Multiple-Product Firms and Product Switching", *American Economic Review*, Vol. 100, No. 1, 2010, pp. 70 – 97.

48. Bernard, A. and J. Wagner: "Exports and Success in German Manufacturing", *Weltwirtschaftliches Archiv*, Vol. 133, No. 1, 1997, pp. 134 – 157.

49. Biesebroeck, J.: "Exporting Raises Productivity in Sub-Saharan African Manufacturing Firms", *Journal of International Economics*, Vol. 67, 2005, pp. 373 – 391.

50. Brainard, S.: "A Simple Theory of Multinational Corporations and Trade with a Trade-off between Proximity and Concentration", *NBER Working Paper*, No. 4269, 1993.

51. Brander, J.: "Intra-Industry Trade in Identical Commodities", *Journal of International Economics*, Vol. 11, 1981, pp. 1 – 14.

52. Brander, J. and P. Krugman: "A Reciprocal Dumping Model of International Trade", *Journal of International Economics*, Vol. 15, 1983, pp. 313 – 321.

53. Breitung, J.: "The Local Power of Some Unit Root Tests for Panel Data", in *Advances in Econometrics*, Vol. 15: *Nonstationary Panels, Panel Cointegration, and Dynamic Panel*, Baltagi B. (ed.), Amsterdam: JAI Press, 2000.

54. Broda, C. and D. Weinstein: "Globalization and the Gains from Variety", *Quarterly Journal of Economics*, Vol. 121. No. 2, 2006, pp. 541 – 585.

55. Broda, C., J. Greenfield, and D. Weinstein: "From Groundnuts to Globalization: A Structural Estimate of Trade and Growth", *NBER Working Paper*, No. 12512, 2006.

56. Burstein, A. and A. Monge-Naranjo: "Foreign Know-How, Firm Control and the Income of Developing Countries", *Quarterly Journal of Economics*, Vol. 124, No. 1, 2009, pp. 149 – 195.

57. Bustos, P.: "Trade Liberalization, Exports and Technology Upgrading: Evidence on the Impact of MERCOSUR on Argentinean Firms", *American Economic Review*, Vol. 101, No. 1, 2011, pp. 304 – 340.

58. Campbell, J. and H. Hopenhayn: "Market Size Matters", *Journal of Industrial Economics*, Vol. 53, 2005, pp. 1 – 25.

59. Caves, D., L. Christensen and E. Diewert: "The Economic Theory of Index Numbers and the Measurement of Input, Output and Productivity", *Econometrica*, Vol. 50, No. 6, 1982, pp. 1393 – 1414.

60. Chaney, T.: "The Dynamic Impact of Trade Opening: Productivity Overshooting with Heterogeneous Firms", *mimeo*, University of Chicago, 2005.

61. Chaney, T.: "Distorted Gravity: the Intensive and Extensive Margins of International Trade", *American Economic Review*, Vol. 98, No. 4, 2008, pp. 1707−1721.

62. Cherkashin, I., S. Demidova, H. L. Kee, and K. Krishna: "Firm Heterogeneity and Costly Trade: A New Estimation Strategy and Policy Experiments", *Unpublished*, Penn State University, 2010.

63. Chipman, J.: "External Economies of Scale and Competitive Equilibrium", *Quarterly Journal of Economics*, Vol. 85, 1970, pp. 347 – 385.

64. Chor, D.: "Unpacking Sources of Comparative Advantage: A Quantitative Approach", *Journal of International Economics*, Vol. 82, No. 2, 2010, pp. 152 – 167.

65. Clerides, S., S. Lach, and J. R. Tybout: "Is Learning by Exporting Important? Micro-Dynamic Evidence from Colombia, Mexico, and Morocco", *Quarterly Journal of Economics*, Vol. 113, No. 3, 1998, pp. 903 – 947.

66. Constantini, J. and M. Melitz, "The Dynamics of Firm-Level Adjustment to Trade Liberalization", in *The Organization of Firms in a Global Economy*, (ed.) Helpman, E., D. Marin, and T. Verdier, Cambridge, MA: Harvard University Press, 2008.

67. Corden, W.: "A Note on Economies of Scale, the Size of the Domestic Market and the Pattern of Trade", in *Studies in International Economics*, McDougall, I. and R. Snape, (ed.), Amsterdam, North-Holland, 1970.

68. Costinot, A.: "An Elementary Theory of Comparative Advantage", *Econometrica*, Vol. 77, No. 4, 2009a, pp. 1165 – 1192.

69. Costinot, A.: "On the Origins of Comparative Advantage", *Journal of International Economics*, Vol. 77, No. 2, 2009b, pp. 255 – 264.

70. Costinot, A.: "Heterogeneity and Trade", *mimeo*, MIT, 2007.

71. Costinot, A., D. Donaldson, and I. Komunjer: "What Goods Do

Countries Trade? A Quantitative Exploration of Ricardo's Ideas", *Review of Economic Studies*, 2012(forthcoming).

72. Das, M., M. Roberts and J. Tybout: "Market Entry Costs, Producer Heterogeneity and Export Dynamics", *Econometrica*, Vol. 75, No. 3, 2007, pp. 837-873.

73. Dasgupta, K.: "Learning, Knowledge Diffusion and the Gains from Globalization", *Unpublished*, University of Toronto, 2010.

74. Davis, D.: "The Home Market, Trade and Industrial Structure", *American Economic Review*, Vol. 88, No. 3, 1998, pp. 1264-1276.

75. Davidson, C. and S. Matusz: *International Trade with Equilibrium Unemployment*, Princeton, NJ: Princeton University Press, 2009.

76. Dekle, R., J. Eaton, and S. Kortum: "Unbalanced Trade", *American Economic Review*, Vol. 97, No. 2, 2007, pp. 351-355.

77. Dekle, R., J. Eaton, and S. Kortum: "Global Rebalancing with Gravity: Measuring the Burden of Adjustment", *IMF Staff Papers*, Vol. 55, No. 3, 2008, pp. 511-540.

78. Dixit, A.: "Optimal Trade and Industrial Policy for the U.S. Automobile Industry", in *Empirical Models for International Trade*, Feenstra, R. (ed.), Cambridge, MA: MIT Press, 1988.

79. Dixit A.: "International Trade, Foreign Direct Investment, and Security", *Annual Review of Economics*, Vol. 3, 2011, pp. 191-213.

80. Dixit, A. and V. Norman: *Theory of International Trade: A Dual General Equilibrium Approach*, Cambridge: Cambridge University Press, 1980.

81. Dixit, A. and J. Stiglitz: "Monopolistic Competition and Optimum Product Diversity", *American Economic Review*, Vol. 67, No. 3, 1977, pp. 297-308.

82. Eaton, J. and S. Kortum: "Technology, Geography, and Trade", *Econometrica*, Vol. 70, No. 5, 2002, pp. 1741-1779.

83. Eaton, J. and S. Kortum: *Technology and the Global Economy: a Framework for Quantitative Analysis*, Princeton, NJ: Princeton University Press, 2011.

84. Eaton, J., S. Kortum and F. Kramarz: "Dissecting Trade: Firms,

Industries, and Export Destinations", *American Economic Review*, Vol. 94, No. 1, 2004, pp. 150–154.

85. Eaton, J., S. Kortum and F. Kramarz: "An Anatomy of International Trade: Evidence from French Firms", *NBER Working Paper*, No. 14610, 2010.

86. Ethier, W.: "Internationally Decreasing Costs and World Trade", *Journal of International Economics*, Vol. 9, No. 1, 1979, pp. 1–25.

87. Ethier, W.: "National and International Returns to Scale in the Modern Theory of International Trade", *American Economic Review*, Vol. 72, No. 1, 1982, pp. 225–238.

88. Evenett, S. and W. Keller: "On Theories Explaining the Success of the Gravity Equation", *Journal of Political Economy*, Vol. 110, No. 2, 2002, pp. 281–316.

89. Feenstra, R.: "New Product Varieties and the Measurement of International Prices", *American Economic Review*, Vol. 84 No. 1, 1994, pp. 157–177.

90. Feenstra, R.: "Integration of Trade and Disintegration of Production in the Global Economy", *Journal of Economic Perspectives*, Vol. 12, No. 4, 1998, pp. 31–50.

91. Feenstra, R.: "Measuring the Gains from Trade under Monopolistic Competition", *mimeo*, University of California, Davis, 2009.

92. Feenstra, R. and H. Kee: "Export Variety and Country Productivity: Estimating the Monopolistic Competition Model with Endogenous Productivity", *Journal of International Economics*, Vol. 74, No. 2, 2008, pp. 500–518.

93. Feenstra, R. and D. Weinstein: "Globalization, Competition, and the U.S. Price Level", *mimeo*, University of California, Davis and Columbia University, 2009.

94. Finger, J. and M. Kreinin: "A Measure of 'Export Similarity' and Its Possible Uses", *Economic Journal*, Vol. 89, No. 3, 1979, pp. 905–912.

95. Fisman, R., and S.-J. Wei: "Tax Rates and Tax Evasion: Evidence from 'Missing Trade' in China", *Journal of Political Economy*, Vol. 112, No. 2, 2004, pp. 471–496.

96. Fisman, R., P. Moustakerski and S.-J. Wei: "Outsourcing Tariff Evasion: A New Explanation for Entrepot Trade", *Review of Economics and Statistics*, Vol. 90,

No. 3, 2008, pp. 587 – 592.

97. Fontagne, L., G. Gaulier, and S. Zignago: "Specialisation across Varieties within Products and North-South Competition", *Economic Policy CEPR-CES-MSH* 23, 2008.

98. Gaulier, G., F. Lemoine, and D. Ünal: "China's Emergence and the Reorganization of Trade Flows in Asia", *China Economic Review*, Vol. 18, 2007, pp. 209 – 243.

99. Ghironi, F. and M. Melitz: "International Trade and Macroeconomic Dynamics with Heterogeneous Firms", *Quarterly Journal of Economics*, Vol. 120, No. 3, 2005, pp. 865 – 915.

100. Ghironi, F. and M. Melitz: "Trade Flow Dynamics with Heterogeneous Firms", *American Economic Review*, Vol. 97, No. 2, 2007, pp. 356 – 361.

101. Girma, S., D. Greenaway and R. Kneller: "Does Exporting Increase Productivity? A Micro-econometric Analysis of Matched Firms", *Review of International Economics*, Vol. 12, No. 5, 2004, pp. 855 – 866.

102. Goldberg, P., A. Khandelwal, N. Pavcnik, and P. Topalova: "Trade Liberalization and New Imported Inputs", *American Economic Review*, Vol. 99, No. 2, 2009, pp. 494 – 500.

103. Greene, W.: *Econometric Analysis*, 6th edition, Englewood Cliffs, NJ: Prentice-Hall, 2006.

104. Grossman, G. and E. Helpman: "Product Development and International Trade", *Journal of Political Economy*, Vol. 97, No. 3, 1989, pp. 1261 – 1283.

105. Grossman, G. and E. Helpman: *Innovation and Growth in the Global Economy*, Cambridge, MA: MIT Press, 1991.

106. Grubel, H. and P. Lloyd: *Intra-industry Trade: The Theory and Measurement of International Trade in Differentiated Products*, London: Macmillan, 1975.

107. Hale, G. and C. Long: "What Determines Technological Spillovers of Foreign Direct Investment: Evidence from China", *Working Paper Series No. 0613*, Federal Reserve Bank of San Francisco, 2006.

108. Hallack, J.: "Product Quality and the Direction of Trade", *Journal of International Economics*, Vol. 68, No. 1, 2006, pp. 238 - 265.

109. Hallack, J. and P. Schott: "Estimating Cross-country Differences in Product Quality", *Working Paper*, Yale University, 2006.

110. Hanson, G. and C. Xiang: "Testing the Melitz Model: An Application to US Motion Picture Exports", *NBER Working Paper*, No. 14461, 2008.

111. Hardi, K.: "Testing for Stationarity in Heterogeneous Panel Data", *Econometric Journal*, Vol. 3, 2000, pp. 148 - 161.

112. Harris, R.: "Applied General Equilibrium Analysis of Small Open Economies with Scale Economies and Imperfect Competition", *American Economic Review*, Vol. 74, No. 3, 1984, pp. 1016 - 1032.

113. Hausmann, R., J. Hwang, and D. Rodrik. "What You Export Matters", *Journal of Economic Growth*, Vol. 12, No. 1, 2007, pp. 1 - 25.

114. Heckman, J. and L. Hansen, "The Empirical Foundations of Calibration", *Journal of Economic Perspectives*, Vol. 10, No. 1, 1996, pp. 87 - 104.

115. Helpman, E.: "International Trade in the Presence of Product Differentiation, Economies of Scale, and Monopolistic Competition: A Chamberlin-Heckscher-Ohlin Model", *Journal of International Economics*, Vol. 11, 1981, pp. 305 - 340.

116. Helpman, E.: "A Simple Theory of International Trade with Multinational Corporations", *Journal of Political Economy*, Vol. 92, No. 3, 1984, pp. 451 - 471.

117. Helpman, E.: "Imperfect Competition and International Trade: Evidence from Fourteen Industrial Countries", *Journal of the Japanese and International Economies*, Vol. 1, 1987, pp. 62 - 81.

118. Helpman, E.: "The Structure of Foreign Trade", *Journal of Economic Perspectives*, Vol. 13, No. 2, 1999, pp. 121 - 144.

119. Helpman, E.: "Trade, FDI, and the Organization of Firms", *Journal of Economic Literature*, Vol. 44, No. 3, 2006, pp. 589 - 630.

120. Helpman, E.: *Understanding Global Trade*, Cambridge, MA: Harvard University Press, 2011.

121. Helpman, E. and O. Itskhoki: "Labor Market Rigidities, Trade and Unemployment", *Review of Economic Studies*, Vol. 77, No. 3, 2010, pp. 1100 – 1137.

122. Helpman, E., O. Itskhoki, and S. Redding: "Inequality and Unemployment in a Global Economy", *Econometrica*, Vol. 78, No. 4, 2010, pp. 1239 – 1283.

123. Helpman, E. and P. Krugman: *Market Structure and Foreign Trade: Increasing Returns, Imperfect Competition and the International Economy*, Cambridge, MA: MIT Press, 1985.

124. Helpman, E. and P. Krugman: *Trade Policy and Market Structure*, Cambridge, MA: MIT Press, 1989.

125. Helpman, E., D. Marin and T. Verdier: *The Organization of Firms in a Global Economy*, Cambridge, MA: Harvard University Press, 2008.

126. Helpman, E., M. Melitz, and Y. Rubinstein: "Estimating Trade Flows: Trading Partners and Trading Volumes", *Quarterly Journal of Economics*, Vol. 123, No. 2, 2008, pp. 441 – 487.

127. Helpman, E., M. Melitz and S. Yeaple: "Export Versus FDI with Heterogeneous Firms", *American Economic Review*, Vol. 94, No. 1, 2004, pp. 300 – 316.

128. Hillberry, R. and D. Hummels: "Trade Responses to Geographic Frictions: A Decomposition Using Micro-data", *European Economic Review*, Vol. 52, No. 3, 2008, pp. 527 – 550.

129. Hopenhayn, H.: "Entry, Exit, and Firm Dynamics in Long Run Equilibrium", *Econometrica*, Vol. 60, No. 5, 1992a, pp. 1127 – 1150.

130. Hopenhayn, H.: "Exit, Selection, and the Value of Firms", *Journal of Economic Dynamics and Control*, Vol. 16, 1992b, pp. 621 – 653.

131. Hsieh, C. and R. Ossa.: "A Global View of Productivity Growth in China and India", *mimeo*, University of Chicago, 2010.

132. Hummels, D. and P. Klenow: "The Variety and Quality of a Nation's Exports", *American Economic Review*, Vol. 95, No. 3, 2005, pp. 704 – 723.

133. Hummels, D. and J. Levinsohn: "International Trade and Monopolistic Competition: Reconsidering the Evidence", *Quarterly Journal of Economics*, Vol. 110, No. 3, 1995, pp. 799 – 836.

134. Hummels, D. and A. Skiba: "Shipping the Good Apples Out: An Empirical Confirmation of the Alchian-Allen Conjecture", *Journal of Political Economy*, Vol. 112, No. 6, 2004, pp. 384 – 402.

135. Im, K., M. Pesaran and Y. Shin: "Testing for Unit Roots in Heterogeneous Panels", *Journal of Econometrics*, Vol. 115, No. 1, 2003, pp. 53 – 74.

136. Kee, H., and K. Krishna: "Firm-Level Heterogeneous Productivity and Demand Shocks: Evidence from Bangladesh", *American Economic Review*, Vol. 98, No. 2, 2008, pp. 457 – 462.

137. Kehoe, T. and K. Ruhl: "How Important Is the New Goods Margin in International Trade?" *mimeo*, 2003.

138. Kemp, M.: *The Pure Theory of International Trade*, Englewood Cliffs, NJ: Prentice-Hall, 1964.

139. Krugman, P.: "Increasing Returns, Monopolistic Competition, and International Trade", *Journal of International Economics*, Vol. 9, No. 4, 1979, pp. 469 – 479.

140. Krugman, P.: "Scale Economies, Product Differentiation, and the Pattern of Trade", *American Economic Review*, Vol. 70, No. 5, 1980, pp. 950 – 959.

141. Krugman, P.: "Intra-industry Specialization and the Gains from Trade", *Journal of Political Economy*, Vol. 89, No. 3, 1981, pp. 959 – 973.

142. Krugman, P.: "Increasing Returns and Economic Geography", *Journal of Political Economy*, Vol. 99, No. 2, 1991, pp. 483 – 499.

143. Krugman, P.: "Was it All in Ohlin?" Unpublished Notes, 1999.

144. Krugman, P. and A. Venables.: "Globalization and the Inequality of Nations", *Quarterly Journal of Economics*, Vol. 110, No. 3, 1995, pp. 857 – 880.

145. Lall, S.: "The Technological Structure and Performance of Developing Country Manufactured Exports, 1985 ~ 1998", *Oxford Development Studies*, Vol. 28, No. 3, 2000, pp. 337 – 369.

146. Lall, S., Weiss J., and J. Zhang: "The Sophistication of Exports: A New Trade Measure", *World Development*, Vol. 34, No. 2, 2006, pp. 222 – 237.

147. Lancaster, K.: "Intra-industry Trade under Perfect Monopolistic Competition", *Journal of International Economics*, Vol. 10, No. 1, 1980, pp. 151 – 171.

148. Leamer, E. and J. Levinsohn: "International Trade Theory: The Evidence", in G. Grossman and K. Rogoff, (eds.), *Handbook of International Economics*, Vol. 3, 1995, Amsterdam: Elzevier Science, pp. 1339 – 1344.

149. Lemoine, F. and D. Ünal: "Rise of China and India in International Trade: From Textiles to New Technology", *China and World Economy*, Vol. 16, No. 5, 2008, pp. 16 – 34.

150. Levin, A., C. Lin and C. Chu: "Unit Root Tests in Panel Data: Asymptotic and Finites-Sample Lewis, Properties", *Journal of Econometrics*, Vol. 108, No. 1, 2002, pp. 1 – 24.

151. Loecker, J.: "Do Exports Generate Higher Productivity? Evidence from Slovenia", *Journal of International Economics*, Vol. 73, No. 3, 2007, pp. 69 – 98.

152. Luttmer, E.: "Selection, Growth, and the Size Distribution of Firms", *Quarterly Journal of Economics*, Vol. 122, No. 3, 2007, pp. 1103 – 1144.

153. Maddala, G. and S. Wu.: "A Comparative Study of Unit Root Tests with Panel Data and A New Simple Test." *Oxford Bulletin of Econometrics and Statistics*, Vol. 61, No. 2, 1999, pp. 631 – 652.

154. Manova, K.: "Credit Constraints, Equity Market Liberalizations and International Trade", *Journal of International Economics*, Vol. 76, No. 1, 2008, pp. 33 – 47.

155. Manova, K. "Credit Constraints, Heterogeneous Firms, and International Trade", *Review of Economic Studies*, forthcoming, 2012.

156. Manova, K., S.-J. Wei, and Z. Zhang: "Firm Exports and Multinational Activity under Credit Constraints", *NBER Working Paper*, No. 16905, 2011.

157. Manova, K. and Z. Zhang: "China's Exporters and Importers: Firms, Products, and Trade Partners", *mimeo*, Stanford University, 2009.

158. Manova, K. and Z. Zhang, "Export Prices across Firms and Destinations", *Quarterly Journal of Economics*, Vol. 127, N0. 1, 2012, pp. 379 – 436.

159. Markusen, J. 1984. "Multinationals, Multi-Plant Economies, and the Gains from Trade", *Journal of International Economics*, Vol. 16, No. 1, 1984, pp. 205 – 226.

160. Matthews, R. C.: "Reciprocal Demand and Increasing Returns", *Review of Economic Studies*, Vol. 17, No. 1, 1949, pp. 149 - 158.

161. Melitz, M.: "The Impact of Trade on Intra-Industry Reallocations and Aggregate Industry Productivity", *Econometrica*, Vol. 71, No. 6, 2003, pp. 1695 - 1725.

162. Melitz, M.: "International Trade and Heterogeneous Firms", in Durlauf, S. N. and L. E. Blume (eds.), *The New Palgrave Dictionary of Economics*, 2nd edition, New York: Palgrave Macmillan, 2008.

163. Melitz, M. and G. Ottaviano: "Market Size, Trade, and Productivity", *Review of Economic Studies*, Vol. 75, No. 1, 2008, pp. 295 - 316.

164. Melvin, J.: "Increasing Returns to Scale as a Determinant of Trade", *Canadian Journal of Economics and Political Science*, Vol. 2, No. 1, 1969, pp. 389 - 402.

165. Mundell, R.: "International Trade and Factor Mobility", *American Economic Review*, Vol. 47, No. 3, 1957, pp. 321 - 335.

166. Murphy, K., A. Shleifer, and R. Vishny: "Income Distribution, Market Size, and Industrialization", *Quarterly Journal of Economics*, Vol. 104, No. 2, 1989a, pp. 537 - 564.

167. Murphy, K., A. Shleifer, and R. Vishny: "Industrialization and the Big Push", *Journal of Political Economy*, Vol. 97, No. 3, 1989b, pp. 1003 - 1026.

168. Myrdal, G.: *Economic Theory and Underdeveloped Regions*, London: Duckworth, 1957.

169. Negishi, T.: "Marshallian External Economies and Gains from Trade between Similar Countries", *Review of Economic Studies*, Vol. 36, No. 1, 1969, pp. 131 - 135.

170. Ohlin, B.: *Interregional and International Trade*, Camgridge, MA: Harvard University Press, 1933.

171. Okubo, T.: "Trade Liberalisation and Agglomeration with Firm Heterogeneity -Forward and Backward Linkages", *Regional Science and Urban Economics*, Vol. 39, No. 5, 2009, pp. 530 - 541.

172. Okubo, T., P. Picard, and J. Thisse: "The Spatial Selection of Heterogeneous Firms", *Journal of International Economics*, Vol. 82, No. 2, 2010, pp.

230 – 237.

173. Ottaviano, G., T. Tabuchi, and J. Thisse: "Agglomeration and Trade Revisited", *International Economic Review*, Vol. 43, No. 2, 2002, pp. 409 – 436.

174. Pavcnik, N.: "Trade Liberalization, Exit, and Productivity Improvements: Evidence from Chilean Plants", *Review of Economic Studies*, Vol. 69, No. 1, 2002, pp. 245 – 276.

175. Prize Committee of the Royal Swedish Academy of Sciences: "Trade and Geography – Economies of Scale, Differentiated Products and Transport Costs", *Scientific Background on the Sveriges Riksbank Prize in Economic Sciences in Memory of Alfred Nobel*, 2008.

176. Redding, S.: "Theories of Heterogeneous Firms and Trade", *Annual Review of Economics*, (forthcoming), 2012.

177. Ricardo, D.: "The Principle of Political Economy and Taxation", London: Gaersey Press, 1817.

178. Roberts, M., T. Sullivan, and J. Tybout: "Micro-Foundations of Export Booms", *mimeo*, World Bank, 1995.

179. Roberts, M. and J. Tybout: "The Decision to Export in Colombia: An Empirical Model of Entry with Sunk Costs", *American Economic Review*, Vol. 87, No. 4, 1997, pp. 545 – 564.

180. Rodrik, D.: "What's So Special about China's Exports?" *China and World Economy*, Vol. 14, No. 5, 2006, pp. 1 – 19.

181. Samuelson, P.: "Where Ricardo and Mill Rebut and Confirm Arguments of Mainstream Economists Supporting Globalization", *Journal of Economic Perspectives*, Vol. 18, No. 3, 2004, pp. 135 – 146.

182. Schott, P.: "Across-Product Versus Within-product Specialization in International Trade", *Quarterly Journal of Economics*, Vol. 119, No. 2, 2004, pp. 647 – 678.

183. Schott, P.: "The Relative Sophistication of Chinese Exports", *Economic Policy*, Vol. 53, No. 1, 2008, pp. 5 – 49.

184. Schott, P.: "Multiproduct Firms and Trade Liberalization", *The Quarterly Journal of Economics*, Vol. 126, No. 3, 2011, pp. 1271 – 1318.

185. Topalova, P.: "Trade Liberalization and Firm Productivity: The Case of India", *IMF Working Paper*, 2004.

186. Trefler, D.: "The Case of the Missing Trade and Other Mysteries", *American Economic Review*, Vol. 85, No. 5, 1995, pp. 1029 – 1046.

187. Trefler, D.: "The Long and Short of the Canada-U. S. Free Trade Agreement", *American Economic Review*, Vol. 94, No. 3, 2004, pp. 870 – 895.

188. Trefler, D. and A. Lileeva: "Does Improved Market Access Raise Plant-Level Productivity?" *mimeo*, 2007.

189. Tybout, J.: "Plant- and Firm-Level Evidence on 'New Trade Theories'", in Choi, E. and J. Harrigan (eds.), *Handbook of International Trade*, Oxford: Basil Blackwell chapter 13, 2003.

190. Verhoogen, E.: "Trade, Quality Upgrading, and Wage Inequality in the Mexican Manufacturing Sector", *Quarterly Journal of Economics*, Vol. 123, No. 2, 2008a, pp. 489 – 530.

191. Verhoogen, E.: "The Quality-Complementarity Hypothesis: Theory and Evidence from Colombia", *NBER Working Paper*, No. 14418, 2008b.

192. Wang, Y. S., X. D. Ma, and L. H. Yang: "Heterogeneity of Firms and the Export Imbalance among China's Provinces: An Empirical Analysis", in Jieli Li and Liren Zheng (eds.), *China facing the challenges of globalization: issues and prospects*, Cornell University Press, 2011.

193. Wang, Z. and S.-J. Wei: "What Accounts for the Rising Sophistication of China's Exports?" in *China's Growing Role in World Trade*, Feenstra, R. and S.-J. Wei (ed.), Chicago, IL: University of Chicago Press, 2010.

194. Waugh, M.: "International Trade and Income Differences", *American Economic Review*, Vol. 100, No. 5, 2010, pp. 2093 – 2124.

195. Wilson, C.: "On the General Structure of Ricardian Models with a Continuum of Goods: Applications to Growth, Tariff Theory, and Technical Change", *Econometrica*, Vol. 48, No. 7, 1980, pp. 1675 – 1702.

196. Xu, B.: "Measuring China's Export Sophistication", *Working Paper*, China Europe International Business School, 2007.

197. Xu, B. and J. Lu: "The Impact of Foreign Firms on the Sophistication

of Chinese Exports", *Working Paper*, China Europe International Business School and Tsinghua University, 2007.

198. Yeaple, S.: "Firm Heterogeneity, International Trade, and Wages", *Journal of International Economics*, Vol. 65, No. 1, 2005, pp. 1 - 20.

199. Yeaple, S.: "Firm Heterogeneity and the Structure of U. S. Multinational Activity: An Empirical Analysis", *Journal of International Economics*, Vol. 78, No. 2, 2009, pp. 206 - 215.

200. 北京大学中国经济研究中心课题组:《中国出口贸易中的垂直专门化与中美贸易》,《世界经济》2006 年第 5 期。

201. 包群、邵敏:《出口改善了员工收入吗?》,《经济研究》2011 年第 9 期。

202. 白重恩、王鑫、钟笑寒:《出口退税政策调整对中国出口影响的实证分析》,《经济学(季刊)》2011 年第 10 卷第 3 期。

203. 白永秀、赵勇:《企业同质性假设、异质性假设与企业性质》,《财经科学》2005 年第 5 期。

204. 陈丽丽:《国际贸易理论研究的新动向——基于异质企业的研究》,《国际贸易问题》2008 年第 3 期。

205. 陈晓华、黄先海、刘慧:《中国出口技术结构演进的机理与实证研究》,《管理世界》2011 年第 3 期。

206. 戴翔、张二震:《中国出口技术复杂度真的赶上发达国家了吗?》,《国际贸易问题》2011 年第 7 期。

207. 董联党、常云昆:《异质性厂商贸易理论研究述评》,《经济学动态》2009 年第 1 期。

208. 董秘刚:《技术进步与国际贸易——中国对外贸易增长模式研究》,中国经济出版社 2011 年版。

209. 董敏杰、梁泳梅、李钢:《环境规制对中国出口竞争力的影响——基于投入产出表的分析》,《中国工业经济》2011 年第 3 期。

210. 董直庆、夏小迪:《我国服务贸易技术结构优化了吗?》,《财贸经济》2010 年第 10 期。

211. 杜修立、王维国:《中国出口贸易的技术结构及其变迁:1980 ~ 2003》,《经济研究》2007 年第 7 期。

212. 范爱军、魏巍:《中韩两国出口制成品的技术结构比较分析》,《国际贸易》2007年第3期。

213. 范爱军、常丽丽:《中日韩进口贸易技术结构的测度与比较》,《经济学家》2010年第8期。

214. 樊纲、关志雄、姚枝仲:《国际贸易结构分析:贸易品的技术分布》,《经济研究》2006年第8期。

215. 樊瑛:《国际贸易中的异质企业:一个文献综述》,《财贸经济》2008年第2期。

216. 方世建、付文林:《影响中国出口贸易增长的因素分析》,《上海经济研究》2001年第9期。

217. 郭巍、林汉川、夏友富:《我国出口贸易结构不合理的症结与对策研究》,《国际贸易》2011年第6期。

218. 关志雄:《从美国市场看中国制造的实力——以信息技术产品为中心》,《国际经济评论》2002年第7—8期。

219. 关志雄:《摆脱重商主义——反思中国的对外开放政策》,《国际贸易》2003年第3期。

220. 洪联英、罗能生:《全球生产与贸易新格局下企业国际化发展路径及策略选择——基于生产率异质性理论的分析方法》,《世界经济研究》2007年第12期。

221. 洪联英、罗能生:《出口、投资与企业生产率:西方贸易理论的微观新进展》,《国际贸易问题》2008年第7期。

222. 胡兵、乔晶:《出口贸易与经济增长:一个出口结构视角》,科学出版社2011年版。

223. 华民:《我们究竟应当怎样来看待中国对外开放的效应?》,《国际经济评论》2006年第1—2期。

224. 华民等:《中国经济竞争力的国际贸易环境研究》,复旦大学出版社2010年版。

225. 黄苹:《人民币实际汇率与中国进出口贸易区域结构》,湖南大学出版社2008年版。

226. 江小涓:《我国出口商品结构的决定因素和变化趋势》,《经济研究》2007年第5期。

227. 江小涓:《中国开放三十年的回顾与展望》,《中国社会科学》2008 年第 6 期。

228. 江小涓:《大国双引擎增长模式——中国经济增长中的内需和外需》,《管理世界》2010 年第 6 期。

229. 兰宜生:《中国的大国贸易政策修正》,上海财经大学出版社 2010 年版。

230. 李俊青、韩其恒:《不完全金融市场、海外资产结构与国际贸易》,《经济研究》2011 年第 2 期。

231. 李贤珠:《中韩贸易结构变化探析——从产品加工阶段的视角》,《国际贸易》2010 年第 9 期。

232. 李荣林、姜茜:《我国对外贸易结构对产业结构的先导效应检验——基于制造业数据分析》,《国际贸易问题》2010 年第 8 期。

233. 李准晔、金洪起:《中韩贸易结构分析》,《中国工业经济》2002 年第 2 期。

234. 连建辉、黄文锋:《企业的同质性假设、异质性假设与企业所有权安排——两种企业治理观的经济学分析》,《当代经济研究》2002 年第 9 期。

235. 林桂军:《我国贸易条件恶化与贫困化增长》,《国际贸易问题》2007 年第 1 期。

236. 林珏:《中国产品国际竞争力之分析》,《财经研究》2006 年第 11 期。

237. 林毅夫:《要素禀赋、专业化分工、贸易的理论与实证——与杨小凯、张永生商榷》,《经济学(季刊)》2004 年第 1 期。

238. 林毅夫:《基于人民币汇率问题的思考与政策建议》,《世界经济》2007 年第 3 期。

239. 林毅夫、蔡昉、李周:《中国的奇迹:发展战略与经济改革》,上海人民出版社、上海三联书店 1994 年版。

240. 林毅夫、龚强:《发展战略与经济制度选择》,《管理世界》2010 年第 3 期。

241. 林毅夫、任若恩:《东亚经济增长模式相关争论的再探讨》,《经济研究》2007 年第 8 期。

242. 刘刚:《企业的异质性假设——对企业本质和行为基础的演化论解释》,《中国社会科学》2002 年第 2 期。

243. 刘志忠、杨海余、王耀中:《中国出口高速增长之源》,《经济评论》2007 年第 1 期。

244. 刘钻石、张娟:《中国出口贸易品技术结构的测算》,《世界经济研究》2010 年第 3 期。

245. 卢锋:《产品内分工》,《经济学(季刊)》2004 年第 1 期。

246. 马慧敏:《我国出口商品结构与经济增长——基于 1989~2004 年时序数据的计量检验分析》,《国际贸易问题》2008 年第 3 期。

247. 马相东:《企业异质性与中国出口省际失衡研究》,北京大学博士论文 2009 年 7 月。

248. 马相东:《后危机时代日本经济外交战略转型及启示》,《新视野》2011 年第 2 期。

249. 马相东、郝全洪:《奥巴马政府国家出口战略及其对中国的启示》,《中共中央党校学报》2011 年第 6 期。

250. 马相东、王跃生:《中国对外贸易出口:问题、原因与对策》,《宏观经济研究》2010 年第 12 期。

251. 马相东、王跃生:《从"刘易斯拐点"看"腾龙换鸟"》,《人民日报》2011 年 2 月 11 日。

252. 马相东、杨丽花:《企业异质性、贸易模式与国际贸易理论:研究述评与展望》,《云南财经大学学报》2010 年第 4 期。

253. 马相东、杨丽花:《美对华贸易保护主义思潮发展趋势及应对战略》,《科学社会主义》2010 年第 5 期。

254. 马相东、杨丽花:《服务贸易与低碳经济:日本经验与中国发展》,《中国地质大学学报》2010 年第 6 期。

255. 毛日晟、陈敬:《中国工业制成品贸易竞争力及结构转型分析》,《东部经济评论》2004 年第 2 期。

256. 孟祺、朱晶:《产业内贸易决定因素》,《国际贸易问题》2008 年第 11 期。

257. 潘镇:《外商直接投资的区位选择:一般性、异质性和有效性——对江苏省 3570 家外资企业的实证研究》,《中国软科学》2005 年第 5 期。

258. 裴长洪:《中国贸易政策调整与出口结构变化分析:2006~2008》,《经济研究》2009 年第 4 期。

259. 平新乔:《产业内贸易理论与中美贸易关系》,《国际经济评论》2005年第9—10期。

260. 平新乔:《市场换来了技术吗?》,《国际经济评论》2007年第9—10期。

261. 戚自科:《当代国际贸易理论解释力实证研究述评》,《经济学动态》2011年第3期。

262. 齐俊妍:《基于产品技术含量和附加值分布的国际贸易结构分析方法研究》,《现代财经》2006年第8期。

263. 齐俊妍:《金融发展与贸易结构优化》,经济科学出版社2010年版。

264. 钱学锋、王胜、黄云湖、王菊蓉:《进口种类与中国制造业全要素生产率》,《世界经济》2011年第5期。

265. 钱学锋、张艳君:《克鲁格曼真的错了吗?——对〈中心—外围模型的错误和再求解〉的质疑》,《经济学(季刊)》2011年第10卷第3期。

266. 乔纳森·安德逊:《"中国奇迹"面临的新挑战》,《比较》2005年第19辑。

267. 邱小欢、黄建忠:《生产者服务发展与贸易结构提升:基于中国的经验分析》,《国际贸易问题》2011年第4期。

268. 邵军:《中国出口贸易联系持续期及影响因素分析——出口贸易稳定发展的新视角》,《管理世界》2011年第6期。

269. 邵军、徐康宁:《中国的对外贸易结构改变了吗?》,《世界经济文汇》2009年第5期。

270. 盛斌:《中国制造业的市场结构和贸易政策》,《经济研究》1996年第8期。

271. 施炳展:《企业异质性、地理距离与中国出口产品价格的空间分布》,《南方经济》2011年第2期。

272. 施炳展、李坤望:《中国贸易结构在改善吗?》,《财贸经济》2009年第2期。

273. 石军伟、付海艳:《企业的异质性社会资本及其嵌入风险——基于中国经济转型情境的实证研究》,《中国工业经济》2010年第11期。

274. 史小龙、张峰:《外商直接投资对我国进出口贸易影响的协整分析》,《世界经济研究》2004年第4期。

275. 苏振东、逯宇铎:《人民币实际汇率与中国进出口贸易结构变迁(1997~2007年)——基于多种模型的动态分析》,《数量经济技术经济研究》2010年第5期。

276. 隋月红、赵振华:《出口贸易结构的形成机理:基于我国1980~2005年的经验研究》,《国际贸易问题》2008年第3期。

277. 孙立行:《探讨"后危机时代"中国的服务贸易发展策略》,《世界经济研究》2011年第6期。

278. 谭祖谊:《中国经济结构演进中的贸易政策选择》,人民出版社2008年版。

279. 唐宜红、林发勤:《异质性企业贸易模型对中国企业出口的适用性检验》,《南开经济研究》2009年第6期。

280. 唐宜红、王明荣:《FDI、出口相似度与我国出口商品结构优化》,《国际经贸探索》2010年第4期。

281. 汤学兵、韩晓丹:《全球经济危机对我国进出口贸易的影响——基于多参数平滑法的定量分析》,《国际贸易问题》2011年第4期。

282. 陶涛、王跃生:《日本对华投资新趋势与中日行业内贸易结构》,《国际贸易问题》2010年第2期。

283. 田东文、贾科华:《分割生产、垂直专业化、FDI与企业异质性》,《国际贸易问题》2010年第9期。

284. 王岚、盛斌:《中国出口竞争优势的空间分解——内部供给能力和外部市场潜力》,《世界经济研究》2011年第2期。

285. 王庆东:《专有知识、核心能力与企业的异质性》,《南京大学学报》2005年第3期。

286. 王群勇:《中国进出口贸易的均衡关系研究》,《当代财经》2004年第11期。

287. 王恬、王苍峰:《贸易政策变动对异质性企业生产率的影响——对我国制造业企业数据的实证研究》,《世界经济文汇》2010年第3期。

288. 王跃生:《正确认识经济转轨的社会成本问题》,《求是》2003年第24期。

289. 王跃生:《论当代企业所有权与经营权融合的趋势》,《北京大学学报》2004年第1期。

290. 王跃生:《企业走出去的"后发展大国"逻辑》,《中国经济》2010 年第 3 期。

291. 王跃生:《"后发大国模式"将在未来得到检验》,《中国经济》2011 年第 1 期。

292. 王跃生、马相东:《应对通胀:重要的是釜底抽薪》,《人民日报》2010 年 12 月 15 日。

293. 王跃生、马相东:《"占领华尔街"与基尼系数》,《人民日报》2011 年 12 月 5 日。

294. 王跃生、马相东、杨丽花:《中美、日美贸易摩擦原因的比较分析》,《经济与管理研究》2008 年第 5 期。

295. 王跃生、陶涛:《再论 FDI 的后发大国模式:基础、优势与条件》,《国际经济评论》2010 年第 6 期。

296. 王争、孙柳媚、史晋川:《外资溢出对中国私营企业生产率的异质性影响——来自普查数据的证据》,《经济学(季刊)》2009 年第 1 期。

297. 汪斌、邓艳梅:《中日贸易中工业制品比较优势及国际分工类型》,《世界经济》2003 年第 4 期。

298. 魏浩:《中国出口商品的地区结构分析》,《世界经济》2006 年第 5 期。

299. 魏浩:《中国对外贸易出口结构存在的问题》,《经济理论与经济管理》2007 年第 10 期。

300. 魏浩:《中国地区间出口差异变动的实证分析》,《国际贸易问题》2008 年第 8 期。

301. 魏浩:《生产要素、贸易利益与优化出口商品结构的经济战略》,《经济学家》2010 年第 12 期。

302. 魏浩、毛日昇、张二震:《中国制成品出口比较优势及贸易结构分析》,《世界经济》2005 年第 2 期。

303. 魏浩、王露西、李翀:《中国制成品出口比较优势及贸易结构研究》,《经济学(季刊)》2011 年第 10 卷第 3 期。

304. 武卫文、林汉川:《2009 年我国企业出口 100 强排行榜评析报告》,《国际贸易问题》2011 年第 2 期。

305. 邢斐、何欢浪:《贸易自由化、纵向关联市场与战略性环境政策——

环境税对发展绿色贸易的意义》,《经济研究》2011 年第 5 期。

306. 徐毅:《中国贸易顺差的结构分析与未来展望》,《国际贸易问题》2010 年第 2 期。

307. 许斌:《技术升级与中国出口竞争力》,《国际经济评论》2008 年第 5—6 期。

308. 姚洋、余淼杰:《劳动力、人口和中国出口导向的增长模式》,《金融研究》2009 年第 9 期。

309. 姚洋、张晔:《中国出口品国内技术含量升级的动态研究——来自全国及江苏省、广东省的证据》,《中国社会科学》2008 年第 2 期。

310. 姚洋、张林峰:《中国本土企业出口竞争优势与技术变迁分析》,《世界经济》2008 年第 3 期。

311. 杨广、韦琦:《服务贸易结构演变的世界趋势与中国悖论——基于中国与 OECD 国家的比较研究》,《国际经贸探索》2010 年第 7 期。

312. 杨小凯、张永生:《新贸易理论、比较利益理论及其经验研究的新成果:文献综述》,《经济学(季刊)》2001 年第 1 期。

313. 杨丽花、马相东:《美国对华贸易保护抬头:偶然巧合还是必然现象?》,《新视野》2008 年第 6 期。

314. 杨丽花、马相东:《中国出口贸易结构结构演进:1978~2009》,《新视野》2009 年第 6 期。

315. 杨汝岱:《中国工业制成品出口增长的影响因素研究:基于 1994~2005 年分行业面板数据的经验分析》,《世界经济》2008 年第 8 期。

316. 杨汝岱、朱诗娥:《我国对外贸易结构与竞争力研究:1978~2006》,《财贸经济》2008 年第 2 期。

317. 杨瑞龙、刘刚:《企业的异质性假设和企业竞争优势的内生性分析》,《中国工业经济》2002 年第 1 期。

318. 易靖韬:《企业异质性、市场进入成本、技术溢出效应与出口参与决定》,《经济研究》2009 年第 9 期。

319. 尹翔硕:《中国外贸依存度及进出口贸易的不平衡与不对称》,《国际贸易》2004 年第 3 期。

320. 尹志超、甘犁:《信息不对称、企业异质性与信贷风险》,《经济研究》2011 年第 9 期。

321. 余淼杰:《国际贸易的政治经济学分析:理论模型与计量实证》,北京大学出版社 2009 年版。

322. 余淼杰:《中国的贸易自由化与制造业企业生产率》,《经济研究》2010 年第 12 期。

323. 余永定:《见证失衡——双顺差、人民币汇率和美元陷阱》,《国际经济评论》2010 年第 3 期。

324. 余永定、覃东海:《中国的双顺差:性质、根源和解决办法》,《世界经济》2006 年第 3 期。

325. 张宝友:《现代物流业对进出口贸易的影响——基于我国 1995 ~ 2004 年数据的实证研究》,《国际贸易问题》2009 年第 1 期。

326. 张帆、潘佐红:《本土市场效应及其对中国省间生产和贸易的影响》,《经济学(季刊)》2006 年第 2 期。

327. 张海洋、史晋川:《中国省际工业新产品技术效率研究》,《经济研究》2011 年第 2 期。

328. 张礼卿、孙俊新:《出口是否促进了异质性企业生产率的增长:来自中国制造企业的实证分析》,《南开经济研究》2010 年第 4 期。

329. 张建清、魏伟:《国际金融危机对我国各地区出口贸易的影响分析——基于贸易结构的视角》,《国际贸易问题》2011 年第 2 期。

330. 张小蒂、李晓钟:《我国出口商品结构变化的实证分析》,《数量经济技术经济研究》2002 年第 8 期。

331. 张小蒂、孙景蔚:《基于垂直专业化分工的中国产业国际竞争力分析》,《世界经济》2006 年第 5 期。

332. 张亚斌:《内生比较优势理论与中国贸易结构转换》,中国经济出版社 2006 年版。

333. 章艳红:《美国贸易研究:美国对外贸易的结构及影响因素》,中国人民大学出版社 2008 年版。

334. 张燕生:《中国对外开放的历程、发展经验及前景》,《宏观经济研究》2008 年第 10 期。

335. 张燕生:《后危机时代:中国转变外贸增长方式最重要》,《国际经济评论》2010 年第 1 期。

336. 张燕生:《中国外向型模式转变与国际收支结构调整》,《宏观经济研究》2010 年第 7 期。

337. 张燕生、刘旭、平新乔:《中美贸易顺差结构分析与对策》,中国财政经济出版社 2006 年版。

338. 张云、杨来科:《国际碳排放权交易价格决定与最优出口规模研究》,《财贸经济》2011 年第 7 期。

339. 张天顶:《出口、对外直接投资与企业的异质性研究》,《南方经济》2008 年第 3 期。

340. 张正荣、顾国达:《人民币汇率变动与贸易结构优化》,浙江大学出版社 2010 年版。

341. 张自如:《国际产业转移与中国对外贸易结构》,中国财政经济出版社 2008 年版。

342. 张宗益等:《外商直接投资对我国进出口贸易影响实证分析》,《当代经济科学》2005 年第 2 期。

343. 赵晋平:《中国对外贸易结构调整分析及其调整对策》,《管理世界》1998 年第 4 期。

344. 赵君丽:《新新贸易理论评述》,《经济学动态》2008 年第 6 期。

345. 赵忠秀、吕智:《企业出口影响因素的研究述评——基于异质性企业贸易理论的视角》,《国际贸易问题》2009 年第 9 期。

346. 郑宝银、林发勤:《世界经济周期对我国出口贸易的影响》,《国际贸易问题》2009 年第 1 期。

347. 郑展鹏:《中国对外贸易结构及出口竞争优势的实证研究》,《国际贸易问题》2010 年第 7 期。

348. 中国企业联合会课题组:《中国企业 500 强整体分析与世界企业 500 强的对比分析》(2002～2010 年),载中国企业管理年鉴编委会编:《中国企业管理年鉴 2003》,企业管理出版社 2003～2011 年版。

349. 朱诗娥、杨汝岱:《中国本土企业出口竞争力研究》,《世界经济研究》2009 年第 1 期。

350. 祝树金、戢璇、傅晓岚:《出口品技术水平的决定性因素:来自跨国面板数据的证据》,《世界经济》2010 年第 4 期。

后　　记

本书是在我的博士学位论文基础之上修改加工而成的。从 2011 年年初有幸被人民出版社审批通过，到 2012 年 3 月最终被出版，一晃就是一年多。原以为只是数据更新，一件很简单的事情，没想到却比想象复杂得多。一是博士论文涉及大量数据和图表，其更新工作本身就是一件浩大的工程。二是随着研究的深入，对博士论文中的部分论点和论据以及指标设计进行了完善与修正。三是工作原因，不可能再像博士研究生期间那样一心一意地专注于论文写作。因此，修改加工工作断断续续，一拖就将近一年。不过还好，现在总算如愿完成。

付梓之前，谈不上有多激动，但感恩之情不可不表。饮水思源，本书能够最终被出版，离不开许多老师、领导以及亲友们的大力支持和帮助，谨此致谢。

首先，衷心感谢我的博士生导师王跃生教授。从最初慕名前往北京大学聆听王老师的精彩讲课，到随后考取其博士研究生，以及博士毕业后留在其负责下的北京大学国际经济研究所工作，八年多来王老师始终如一地给予我无私的指导和帮助，其严谨治学、行为世范的高尚品德让我高山仰止，其胸怀坦荡、和蔼可亲的人格魅力又让我备感亲切。王老师既为良师，亦成益友。同时，感谢北京大学经济学院刘伟教授、孙祁祥教授、萧琛教授、张德修教授、巫宁耕教授、黄桂田教授、王志伟教授和陶涛副教授、李权副教授、唐翔博士等，美国俄亥俄大学 Prof. Rosemary，Pro. Bolong，Prof. Jieli，Pro. Shamila，Dr. Erin，Dr. Maria，Dr. Mat，Dr. Poly 和 Dr. April，日本京都大学大西广教授、刘德强教授、矢野刚副教授、吾买尔江副教授和森本壮亮博士、孙俊芳博士、刘洋博士、山田惠里博士、宫下芙美子博士等，以及东京大学伊藤诚教授、长江商学院王一江教授、中国社会科学院张宇燕教授和剧锦文教授、北京师范大学赵春明教授、北京交通大学丁慧平教授等所有指导我博士论文写作和帮助我学术研究的老师和年轻学者们。

其次,诚挚感谢我工作单位的领导和同事们,他们是姚光业教授、李燕奇教授、高寿仙教授、袁吉富教授和李铁牛老师、喻匀老师、俞景华老师、谭凯老师、姜希智老师、常立新女士、顾伟伟博士等。感谢他们为我提供优越的科研条件和愉快的工作环境。此外,李燕奇教授和高寿仙教授还勉励我积极申报2011年度北京市委党校学术著作出版资助,让我感动之余,决心克服困难,加快进度。没有他们的支持和激励,说不定再拖一两年也未必能够最终完稿。

再次,感谢多年来为我学术研究提供教育和资助的学校和基金。一是感谢北京大学、美国俄亥俄大学和康奈尔大学以及日本京都大学、东京大学和早稻田大学等多所学府提供的得天独厚的学习资源、研究环境与交流平台。二是感谢中国国家留学基金、日本国际交流基金和笹川良一优秀青年奖学基金、韩国国际交流财团和中国香港悟宿基金以及北京大学研究生学术交流基金等教育基金提供的研究奖励与资助。三是感谢中共北京市委党校和北京大学国际经济研究所提供的出版资助。

最后,感谢我的爱人和女儿、父母和岳父母以及舅父母郭通武许巧玉夫妇和兄嫂马小文郭姿伶夫妇等所有鼓励和支持我学业的亲友们。我爱人为支持我的学业做出太多牺牲。新婚不久我便负笈远洋,在美国俄亥俄大学一呆就是一年,连女儿出生时也没能在她身边,其中的辛酸可想而知。回国之后,又忙于博士论文写作,每逢周末很晚才回家一趟。好不容易熬到博士毕业,却又东渡,在日本京都大学做博士后研究一年多,再次将全家重担压在她一人身上。每每想起这些,就感到无限愧疚。都说父女连心,一点通,此话我深有体会。女儿出生之后我特地请假从美国回国一周,到家的时候,女儿睡得正香,让我万分惊喜的是,女儿猛然睁开眼睛欢迎爸爸,走的时候也是如此,突然醒来送别爸爸。女儿一般8点入睡,但每到周五晚上就异常兴奋,一直要等到爸爸回家,哪怕深夜十一二点。每每回忆起这一幕幕,心中又无比幸福。谨以此书献给我的爱人和女儿,杨丽花和马懿洋,她们在我心灵的最深处。

马相东

2012年阳春于中共北京市委党校